KB242542

韓國의 贓物罪

『刑法 및 特別法上 贓物罪』

韓國의 賄物罪

『刑法 및 特別法上 賄物罪』

李中白 著

한국학술정보㈜

　대한민국은 정부 수립 후 60년대까지는 개발독제체제로 눈부신 경제발전과 정치적 안정을 이루는 듯했지만, 인권과 자유에 대한 억압이 끊이지 않았다. 90년대에 들어와 정부는 부정부패의 척결, 경제의 활성화, 국가 기강의 확립을 당면 과제로 총체적 개혁을 부르짖게 되었는데 그중 하나가 뇌물죄였다.

　뇌물죄는 근대 관료국가성립 후 직업 관료 및 관리의 청렴과 국가 기강을 확립하기 위해 입법화되었으며, 각국에서는 뇌물범죄를 척결하기 위하여 엄격한 처벌 규정을 두고 있다. 미국에서는 공무원은 물론 준공무원 및 직업적 뇌물죄까지 처벌하는 규정을 입법화하고, 일본에서는 특별뇌물죄의 규정을 두어 처벌하고 있다. 우리나라도 **공직자윤리법 및 공무원부패방지법 등 특별제정법**을 규정하여 뇌물죄를 방지하려고 노력하고 있다. 또한 **뇌물수수의 행태를 방지하기 위해서는** 국민들의 의식이 변해야 하고, 뇌물죄에 대해 법과 제도를 국민들이 쉽게 알 수 있도록 다양한 집단들을 통해 널리 홍보되어야 한다.

현행 뇌물죄의 규정에는 형법 및 특별법으로 되어 있다. 대부분이 특별법으로 처벌되는 뇌물죄는 모법인 형법의 규정을 퇴색하게 하는 문제점을 안고 있다. 이런 문제점을 해결하고자 제4장에서 형법에 특별법을 흡수하는 방안을 제시하였다.

이 책은 한국의 뇌물죄를 형법 및 특별법상으로 구분하여 **2006년까지 개정된 법률을 대상**으로 그 유형을 파악하고 종힙정리를 한 후 관련된 판례를 제시하였고, **공직사회의 부패방지**를 위한 관련된 법을 모아 참고토록 하였다.

끝으로 한국학술정보(주)의 채종준 대표이사님과 출판사업팀 신재훈 님 그리고 출판에 참여해 주신 한국학술정보 관계자님께 감사드리는 바이다.

2007. 1.

角化書堂터 溪源書室에서

著　著

목 차

목차

제1장 序 論

 우리의 現代史는 大韓民國 政府 수립 후 民主主義에 대한 시련과 왜곡의 연속이었다. 60년대까지는 민주주의에 대한 무분별한 열망과 그로 인한 혼란으로 5·16혁명을 불러왔고, 연이은 개발독제 체제는 눈부신 경제발전과 정치적 안정을 이루는 듯했지만, 그 이면에는 항상 체제 자체의 정통성과 도덕성에 대한 시비를 면치 못하였으며, 인권과 자유에 대한 억압이 끊이지 않았다. 이에 90년대에 들어와 정부는 부정부패의 척결, 경제의 활성화, 국가 기강의 확립을 당면 과제로 총체적 개혁을 부르짖게 되었다.[1]

 그럼에도 불구하고 韓國의 腐敗指數는 96년에는 세계 27위, 97년에는 34위, 98년에는 아프리카 짐바브웨와 나란히 세계 43위로 오히려 상승세를 타고 있고, 한 조사에 따르면 우리나라 국민 대다수도 부패가 심한 것으로 보고 있다(88.3%). **한국건설산업연구원**에 의하면 공사 현장에 발주자부터 시민압력단체까지 찾아와 금품을 요구하는 경우가 다반사라고 한다. 예컨대 공사 현장에 한 달에 10회 이상 외부 방문객들이 찾아와 금품을 요구한다는 응답이 19.0%에 달하고, 외부 방문자들의 비리 형태는 식사를 비롯한 향응이 50.0%, 촌지와 같은 금품 요구가 22.7%, 영수증 대신 처리가 13.6%, 공사 관련 청탁이 9.1%, 물품강매가 6.4%로 나타났다. 한편 금품 요구가 심한 집단의 순으로는 발주자가 35.4%, 경찰

---

1) 황지연, "신한국 창조를 위한 부정부패 척결에 관한 연구"(형사정책연구소식 통권 제18호, 7·8월호), 한국형사정책연구원, 1993, 14면.

12

서·파출소가 26.6%, 소방서가 8.9%, 군청·구청·동사무소가
8.9%, 시·도청이 6.3%, 세무서가 5.1%, 노동부 및 관련 기관이
3.8%, 언론 기관과 시민 압력단체 등이 2.5%를 차지하고 있다.[2]
이처럼 부정부패는 정부의 끊임없는 노력에도 불구하고 계속해서
발생하고 있는 것이 현실이다.

　不正腐敗의 槪念에서 不正이란 不公正(unfairness)과 違法(illegelity)
을 가리키며, 부패는 사적인 목적에 부응하기 위해 사회적으로 이
미 용인된 규범에서 이탈하는 공직자의 행동을 가리킨다.[3] 주목해
야 할 것은 이러한 관료적 부정부패는 마땅히 도덕적으로 비난받
는 것이 보통인데, 그러한 비난적 태도는 근대적 체제의 사회에서
나 볼 수 있다는 점이다. 즉 이러한 행위는 근대사회의 기준에서
판단할 때는 맞지 않는 것이며, 과도적 체제의 사회에서는 모두 미
처 인식하지 못하고 있다는 사실이다. 그리고 이들 부정부패들은

---

2) 전북일보, 1999. 7. 29, 2면.

3) 민준기·배성동 역/S. P. Huntington, 정치발전론(Political Order in
　Changing Societies), 을유문화사, 1988, 82면; 이 밖에도 ① 사적인 것과
　관련된 부나 지위의 획득 때문에 공무상의 의무로부터 벗어나는 행위 및
　어떤 형태의 사적 또는 공적인 것과 관련되는 영향력의 행사를 규제하는
　법규를 위반하는 행위를 가리킨다는 견해(유연상 역/James C. Scott, 비
　교정치부패론(Comparative Politieal Corruption), 도서출판 해동, 1981, 21
　면), ② 전통적 체제로부터 근대적 체제로 발전하는 과도적 체제의 국가
　사회에서 관리가 그의 금전문제를 해결하기 위해 그의 고객으로부터 조
　세부담 또는 법률의 집행 등 의무를 포탈해 주거나 집행을 면제해 주고받
　는 호위금(protection money)이나, 정책결정에 전혀 참여하지 못하기 때
　문에 돈으로 권력을 매수하여 기업을 하는 천민기업인이 바치는 공납금
　(baksheesh)을 갈취하는 관료적인 부정이득행위를 가리킨다는 견해(박
　동서·서원우·한영환 역/Fred W. Riggs, 신생국행정론(Administration
　in Developing Count ries-The Theory of Prismatic Society-), 대한교과
　서주식회사, 1979, 386면) 등이 있다.

과도적 체제 사회의 행정 능률을 저하시키고, 경제적·사회적 발전과 사회 문화의 진전을 저해하고 있다. 이들은 자본형성을 저해하게 되고, 기업가로 하여금 장기적 투자와 상처를 쉽게 받을 투자를 피하고, 단기적 기업 거래를 선택하지 않을 수 없게 하고 있다. 이는 결과적으로 재능과 자본의 도피를 유발시키고, 자본가층에 대한 대중의 반감과 의구심을 일으키게 되며, 경제 성장을 저지하고, 이것이 원인이 되어 사기업에 대한 고용 창출의 기회가 줄어들도록 하고 있다.[4]

이처럼 公務員의 不正腐敗는 國民 個人的으로나 國家的으로 크나큰 피해를 주기 때문에 그동안 정부에서도 수차례에 걸쳐서 부정부패근절대책을 마련하고, 실시하였을 뿐만 아니라 형법과 각종의 특별법에서도 이를 엄중히 처벌하고 있다. 그러나 이러한 처벌 위주의 부패방지대책에도 불구하고 오늘날의 부정부패는 더욱 지능화되고, 음성화되면서 규모가 커져만 가고 있다. 그리하여 오늘날까지도 여전히 공무원의 비리는 줄어들지 않고 도리어 사회질서를 파괴하고 정부를 불신하는 등 크나큰 파문을 던져주고 있다. 여기에 기존의 제도·정책 특히 법률에 어떤 문제가 있는 것은 아닌가 하는 문제가 제기되지 않을 수 없다.

이러한 不正腐敗 중에서 官僚腐敗의 代表的인 유형으로 대두되고 있는 것이 다름 아닌 뇌물죄이다. 뇌물죄는 근대 관료국가성립 후 직업 관료 및 관리의 청렴과 국가 기강을 확립하기 위해 입법화되었으며, 각국에서는 뇌물범죄를 척결하기 위하여 엄격한 처벌 규정

---

4) 박동서·서원우·한영환 역/Fred W. Riggs, 신생국행정론(Adminis
tration in Developing Countries-The Theory of Prismatic Society-), 364
면 이하.

14

을 두고 있다. 그럼에도 불구하고 날로 뇌물범죄율이 증가하고 있으며, 국가존망의 위기에까지 직면하고 있다. 따라서 국가마다 새로운 방지법을 강구하기에 이른바, 미국에서는 공무원은 물론 준공무원 및 직업적 뇌물죄까지 처벌하는 규정을 입법화하고, 일본에서는 특별뇌물죄의 규정을 두어 처벌하고 있다. 우리나라도 공직자윤리법 및 공무원부패방지법 등 특별제정법을 규정하여 뇌물죄를 방지하려고 노력하고 있다. 그런데도 현행 뇌물죄의 규정은 수뢰죄와 증뢰죄의 형량을 비롯하여 엄청난 양의 뇌물죄에 관한 특별법의 규정으로 인하여 뇌물죄에 관한 모법인 형법의 규정은 퇴색된 감이 없지 않다는 문제점을 안고 있다. 뇌물죄는 근대 관료국가가 형성되면서 공직자들을 중심으로 일반인보다 직무의 순수성과 불가매수성 및 국민의 신뢰성을 바탕으로 기강확립을 요구하게 되었다. 당시만 해도 공무원들은 일반인에 비해 교육수준이 높고 교양과 지식 및 법률수준이 월등하여 국민의 지도자로서 역할을 할 수 있었다. 그리하여 뇌물범죄의 모든 책임을 공무원에게 지워 이들을 중심으로 처벌하였던 것이고, 위와 같은 논리가 합당한 것으로 당연시되었다.

그러나 現代社會에서는 公職者에 못지않게 一般人들이 학력이나 법률에 대한 지식 등 모든 지적 수준에서 동일하거나 경우에 따라서는 더 월등한 경우도 있다. 그럼에도 불구하고 뇌물범죄의 책임을 전적으로 공무원에게만 떠넘겨 공무원을 중심으로만 純粹性과 불가매수성(不可買收性)을 유지하라는 것은 시대착오적 발상이라 아니 할 수 없다. 이러한 의미에서 뇌물죄에 관한 현행 규정을 오늘날에도 그대로 유지한다는 데 문제를 제기하지 않을 수 없다.

現代生活에서는 公務員의 職務活動을 넘어 중요한 사회적 이해관계가 걸려 있는 공적 활동에 대한 부정한 개인적 영향력에 대한 행사를 차단하기 위하여 뇌물죄 규율방식이 확대되어 가는 경향이 있다. 그러한 경향 중에 공직자의 범위를 넘어 뇌물죄 적용의 확대 방향으로 새로운 시사를 주는 것이 미국의 입법례라고 할 수 있다. 미국의 입법례는 법률상 자격 있는 공무원의 여부는 중요하지 않고 사실상의 공무원에 불과한 경우에도 뇌물의 수수·요구가 있으면 뇌물죄가 성립한다고 하고 있다. 그리하여 공무원의 뇌물죄를 처벌하는 외에도 준공무원의 뇌물죄, 상업적 뇌물죄, 영업적 뇌물죄, 스포츠 뇌물죄 등을 두고 이를 처벌하고 있어 그 처벌의 범위를 일반인에게까지 확대하고 있다.

이처럼 賂物罪의 主體를 身分을 가진 공무원에서부터 일반인에게까지 확대해 가는 이유는 첫째로 수뢰범인은 사회적 지위가 높아 교육·사회적 배경과 생활양식·문화의식·경제상대기 일반 사회인보다 윤택한 편이며, 지능적이고 계획적이다. 더욱이 권력과 조직으로 연계되어 있어 사건이 무마되기 쉽고, 정치적 고려로 형사소추가 쉽게 완화되기 때문에 이를 방지하기 위해서이다. 둘째로 증뢰범인도 사회적으로 저명한 기업가로서 수완도 좋고, 지식·지능 수준도 상당하며, 사회생활의 경험도 풍부하여 수뢰범인과 사회·경제적 지위가 유사하다고 볼 수 있다. 따라서 기존에는 수뢰자 위주로 처벌하였으나, 이제는 증뢰자에게도 같은 정도의 책임이 있다고 보기 때문에 그 주체의 범위가 넓어진 것이다. 이러한 경향으로 인해서 기존에 있던 규정만으로는 부정부패를 막을 수 없게 되어 시대현상에 알맞은 규정으로 이를 방지하지 않을 수 없게 되었다.

또한 賂物犯罪는 文化的 同類性(Cultural homogeneity)이 인정되

고, 관권이 사건을 비호·은폐함으로써 사건이 노출되지 않거나 범죄적 특성으로 인해 피해자가 불명확하다. 그래서 뇌물죄에 있어서는 직접적인 피해자를 명확하게 인식하기 어렵다.[5] 공무원은 대체로 고등교육을 받아 전문적인 지식을 가지고 전문직에 종사하기 때문에 이들의 범행 수법도 지능적·잠재적·음성적이어서 그 범행이 노출되는 일이 드물다. 뿐만 아니라 범행이 적발된다고 할지라도 그들의 높은 사회적 지위로 유죄판결을 받는 예는 드물다.[6] 그렇기 때문에 이러한 범죄는 강력범죄나 재산범죄처럼 피해자의 고소·고발·현행범에 의한 수사는 거의 없고, 수사기관의 내사 또는 정보수집에 의해 수사상 단서를 포착해야 하는 경우가 많다.[7] 따라서 노출되는 일이 거의 없는 실정이다. 특히 수뢰자와 증뢰자가 이해관계면에서 공통하기 때문에 수사기관에서 사건을 탐지하기가 곤란하다.

오늘날 賂物罪는 全世界的으로 가장 비난받아 마땅할 범죄로 인식되었고, 그 해악 또한 사회구성의 근본을 흔드는 위험성마저 내포하고 있다. 특히 뇌물죄는 공공의 신임을 받는 특정계층이 독점하는 범죄로까지 이해되고 있으며, 뇌물범죄는 사회구조적인 모순이 되었고, 이것이 결국 자본주의체제에 대한 위협으로까지 등장하게 되었다. 따라서 이렇게 막대한 위험성을 가진 뇌물죄를 더 이상 그대로 방치해 둘 수는 없게 된 것이다. 따라서 本書에서는 이러한 문제점을 가진 뇌물죄에 대해서 형법 및 특별법상 관점에서 재조명하려는 데 목적을 둔다.

---

5) 김병하, '뇌물에 관한 범죄의 사회적 양상과 이에 대한 소고', 검찰, 1971. 8, 71면.
6) 岩井弘融, 犯罪社會學, 弘文堂, 1964, 195면.
7) 김병하, '뇌물에 관한 범죄의 사회적 양상과 이에 대한 소고', 81면.

賂物에 관한 罪란 公務員 또는 仲裁人이 그 職務에 관하여 賂物을 수수·요구 또는 약속하는 것 등을 내용으로 하는 수뢰죄와 공무원 또는 중재인에게 뇌물을 공여 또는 약속·공여의 의사표시를 하는 것을 내용으로 하는 증뢰죄를 포함한다. 뇌물죄는 공무원의 물욕으로 인한 국가기능의 공정성을 해하는 바가 크므로 이를 방지하려는 데 그 입법취지가 있다. 따라서 본죄의 保護法益이 國家機關의 公定性이라는 점에는 다툼이 없다.

近代官僚國家의 成立에서 비롯된 賂物罪는 本質的으로 官僚·官吏刑法으로 신분적 형법이 규율하는 범죄성을 띠고 있었다. 그러나 현대의 행정 내지 지도적 국가의 이념 등장으로 뇌물죄는 **신분범죄에서 직무범죄**로 그 중점이 변천되어 근대 관료국가에서의 뇌물죄에 대한 행정적 징계성이 약해진 대신 일반 형법적 가벌성이 농후해지기에 이르렀다. 다민 뇌물죄라 하면 수뢰죄는 물론 증뢰죄도 포함되고 있으나, 증뢰죄가 범죄로 등장한 것은 수뢰죄보다 훨씬 후의 일이다.[8] 뇌물죄(Bribery)는 공무원 또는 중재인이 그 직무행위의 대가로 법이 인정하지 않는 이익취득을 금하는 내용의 범죄를 말하며, 공무원 또는 중재인이 금전 때문에 부패에 빠져 직무의 공정성과 직무행위의 불가매수성에 대한 국민의 신뢰위해를 방지하려는 데 그 취지가 있다.

刑法은 賂物罪를 賂物을 받는 收賂罪(Bestechlichkeit)와 賂物을 주는 贈賂罪(Bestechung)로 대별하고 있다. 수뢰죄는 공무원 또는 중재인이 직무에 관하여 뇌물을 수수·요구 또는 약속함으로써 성립하는 범죄임에 반하여, 증뢰죄는 공무원 또는 중재인에게 이를

---

8) 권문택, 주석 형법각칙(상), 한국사법행정학회, 1982, 105면 이하.

공여하는 것을 내용으로 하는 범죄이다. 다만 증뢰죄가 공무원범죄
는 아니지만 수뢰죄와 함께 논의되는 것은 공무원범죄와 관련이
있기 때문이다.

제2장 刑法上 賂物罪

제1절 序 說

　刑法上 賂物罪는 公務員 또는 仲裁人이 그 職務에 관하여 뇌물을 수수·요구 또는 약속함으로써 성립하는 단순수뢰죄(제129조 1항), 공무원 또는 중재인이 될 자가 그 담당한 직무에 관하여 청탁을 받고 뇌물을 수수·요구 또는 약속한 후 공무원이 된 경우의 사전수뢰죄(제129조 2항), 공무원 또는 중재인이 그 직무에 관하여 부정한 청탁을 받고 제3자에게 뇌물을 공여하게 하거나 공여를 요구 또는 약속한 경우인 제3자뇌물공여죄(제130조), 수뢰죄나 사전수뢰죄 또는 제3자뇌물공여죄를 범하여 부정한 행위를 한 경우인 수뢰후부정처사죄(제131조 1항), 공무원 또는 중재인이 그 직무상 부정한 행위를 한 후 뇌물을 수수·요구 또는 약속하거나 제3자에게 공여하게 하거나 공여를 요구 또는 약속한 경우인 부정처사후수뢰죄 및 제3자뇌물공여죄(제131조 2항), 공무원 또는 중재인이었던 자가 그 재직 중에 청탁을 받고 직무상 부정한 행위를 한 후 뇌물을 수수·요구 또는 약속한 경우인 사후수뢰죄(제131조 3항), 공무원이 그 지위를 이용하여 다른 공무원의 직무에 속한 사항의 알선에 관하여 뇌물을 수수·요구 또는 약속한 경우인 알선수뢰죄(제132조) 및 뇌물을 약속·공여 또는 공여의 의사표시를 한 행위나 이러한 목적으로 제3자에게 금품을 교부하거나 그 정을 알면서

교부받은 경우에 성립하는 증뢰죄(제133조)로 이루어져 있다.

따라서 賂物罪의 構成要件體系는 收賂罪의 경우에 단순수뢰죄(제129조 1항)를 기본적 구성요건으로 하여 사전수뢰죄(제129조 2항)를 감경적 구성요건으로 하고, 수뢰후부정처사죄(제131조 1항)와 부정처사후수뢰죄(제131조 2항·3항)를 가중적 구성요건으로 하며, 제3자뇌물공여죄(제130조)와 사후수뢰죄(제130조 3항) 그리고 알선수뢰죄(제132조)를 수정적 구성요건으로 한다. 이에 대하여 증뢰죄의 경우에는 단순증뢰죄(제133조 1항)와 증뢰물전달죄(제133조 2항)를 각각 독립된 구성요건으로 규정하고 있다. 따라서 본장에서는 뇌물죄를 수뢰죄와 증뢰죄로 대별하여 각 죄의 구성요건을 성격·주체·행위 등으로 나누어 고찰하기로 한다.

제2절 收賂에 관한 죄

Ⅰ. 單純收賂罪

1. 意義와 性格

單純收賂罪는 公務員 또는 仲裁人이 그 職務에 관하여 뇌물을 수수·요구 또는 약속한 때에 성립하는 범죄로 5년 이하의 징역 또는 10년 이하의 자격정지에 처한다(제129조 1항). 특히 특정범죄가중처벌 등에 관한 법률 제2조는 수뢰액을 기준으로 형법 제129

조, 제130조, 제132조에 규정된 죄를 범한 자는 수수·요구·약속한 금액이 1천만 원 이상 5천만 원 미만인 때에는 5년 이상의 유기징역, 5천만 원 이상인 때에는 무기 또는 10년 이상의 징역으로 가중처벌하고, 특정범죄가중처벌 등에 관한 법률 제4조는 뇌물적용대상을 확대하여 국가 또는 지방자치단체가 직접 또는 간접으로 자본금의 2분의 1 이상을 출자하였거나 출원금·보조금 등 그 재정지원의 규모가 그 기업체 기본재산의 2분의 1 이상인 기업체(동법 제4조 ① 1)이거나 국민경제 및 산업에 중대한 영향을 미치고 있고 업무의 공공성이 현저하여 국가 또는 지방자치단체가 법령이 정하는 바에 따라 지도·감독하거나 주주권의 행사 등을 통하여 중요 사업의 결정 및 임원의 임면 등 운영 전반에 관하여 실질적인 지배력을 행사하고 있는 기업체(동법 제4조 ② 2)의 간부직원은 공무원으로 보아 뇌물죄의 적용대상으로 삼고 있다.

　本罪는 收賂罪의 基本的 構成要件으로 성질상 추상적 위험범·결합범·선택적 다행위범·거동범·즉시범임과 동시에 진정신분범·진정직무범죄·의무범의 성격을 지닌다. 수뢰죄는 간접정범이나 부진정부작위범의 형태로도 성립할 수 있지만, 의무 있는 자만이 의무 없는 국외자를 이용하여 간접정범이 될 수 있다. 그리고 의무 있는 자만이 부진정부작위범 및 정범적격을 갖기 때문에 수뢰죄에 신분 없는 자가 가담한 때에는 비록 그 가공의 정도가 정범을 능가한다 할지라도 공동정범이 될 수 없고 교사·방조에 그친다.[1]

---

1) 김일수, 전게서, 526면.

2. 主 體

(1) 公務員

本罪의 主體는 公務員 또는 仲裁人이다. 여기의 공무원의 개념에 관해서는 국가 또는 지방자치단체의 사무에 종사하는 사람이지만 단순노무에 종사하는 자는 제외된다는 견해[2]와 국가 또는 지방자치단체의 사무에 종사하는 자로서 그 직무의 내용이 단순한 기계적·육체적인 것에 한정되어 있지 않는 자로 보는 견해가 있다.[3] 그러나 국가 또는 지방자치단체 및 이에 준한 공법인의 사무에 종사하는 자로서 그 직무내용이 단순한 기계적·육체적인 것에 한정되어 있지 않은 자로 보는 것이 타당하다.[4] 본죄의 공무원 신분은 다른 직무범죄의 공무원 개념보다 훨씬 넓은 개념으로 파악되기 때문이다.

判例도 같은 趣旨로 判示하고 있다.[5] 따라서 國家公務員 및 地方公務員法上 경력직 공무원인 일반직·특정직·기능직 공무원과 특수경력직공무원인 정무직·별정직·전문직·기능직을 포함한 다른 법령에 의해 공무원의 신분이 부여된 자는 물론, 기한부로 채용된 공무원[6] 또는 사경제 주체로서 행정사법적 작용을 담당하는 공무원도 여기에 포함된다.[7] 다만 특수경력직공무원 중 단순노동에 종

---

2) 진계호, 전게서, 638면.
3) 이재상, 전게서, 639면 이하.
4) 김일수, 전게서, 526면.
5) 대판 1978. 4. 25, 77도3709.
6) 대판 1971. 10. 1도1113.

사하는 고용직 공무원은 제외된다(국가공무원법 제2조 3항 4호).[8] 특정범죄가중처벌 등에 관한 법률이 적용될 때에는 정부관리기업체의 간부직원도 공무원으로 취급되므로 이 경우는 뇌물죄의 적용대상이 확대된다.[9]

公務員은 現職에 있는 자만이 主體가 될 수 있다. 따라서 공무원자격이 상실된 후의 뇌물수수는 사후수뢰죄(제131조 3항)가 되고, 앞으로 공무원이 될 자는 사전수뢰죄(제129조 2항)의 주체가 될 뿐이다.[10] 그러나 전직 공무원의 전직 전의 직무에 관하여 뇌물을 수수·요구·약속하면 본죄가 성립한다. 공무원의 지위에 있는 한 반드시 직무수행 중에 있지 않은 공무원이라도 상관없고, 반드시 증뢰자의 의도에 맞는 일의 직권을 갖고 있는 자일 필요도 없다.[11]

(2) 仲裁人

仲裁人이란 法令에 의하여 仲裁職務에 담당하는 자로서 공무원이 아닌 자를 말한다. 따라서 사실상 중재를 하는 사람이라든지 단지 사적인 조정자 역할을 하는 사람은 여기의 중재인이 될 수 없다. 중재인의 결격사유(중재법 제5조)에 해당한 사람도 마찬가지이

---

7) 김일수, 전게서, 527면.

8) 대판 1978. 4. 25, 77도3709.

9) 김일수, 전게서, 527면; 박상기, 형법각론, 개정판, 박영사, 1997, 653면; 이재상, 각론(신정판), 640면; 특정범죄가중처벌 등에 관한 법률 제4조; 대판 1990. 9. 28, 도1092.

10) 김일수, 전게서, 527면; 진계호, 전게서, 639면.

11) 김일수, 상게서, 527면; 진계호, 상게서, 639면.

24

다. 민사중재재판의 경우처럼 중재인이 현직 법관과 같은 공무원일 때에는 공무원의 개념을 우선 시켜야 한다.[12)

法令에 의한 仲裁人에는 仲裁法에 의한 仲裁人(동법 제4조 이하), 노동쟁의조정법에 의한 중재위원(동법 제32조), 상사중재법에 의한 중재위원, 언론중재법에 의한 중재위원 등이 있다. 그러나 상법상 회사발기인·이사·감사와 파산법상의 파산관재인·감사위원의 수뢰행위도 처벌하고 있으나(상법 제630조, 파산법 제372조), 이들은 공무원도 법령상 중재인도 아니므로 본죄의 주체가 될 수 없다고 해야 한다.[13)] 중재인도 현재 중재인의 지위에 있는 자만이 주체가 될 수 있다.

3. 行 爲

(1) 槪 意

本罪의 行爲는 職務에 관하여 賂物을 收受·要求 또는 約束만으로 성립하는 범죄이므로 그 밖에 공무원이 직무집행 중이거나 직무집행의 전·후이거나를 불문한다. 공무원이 청탁을 받았는가의 여부, 뇌물의 수수·요구·약속에 관련된 직무행위가 부정·정당·불법·적법·유효·무효의 행위인가도 문제되지 않는다. 여기서 수수·요구·약속하는 행위를 원칙적으로 필요적 공범관계와 예외적 공범관계가 아닌 일방만이 범죄행위가 될 경우도 있다. 전

___

12) 김일수, 전게서, 527면.
13) 진계호, 전게서, 639면; 김일수, 전게서, 527면.

자의 경우로는 증뢰죄의 공여, 공여의 의사표시, 약속에 대응하는 상호 간의 개념이다. 후자의 경우로는 공무원이 뇌물로 금품을 요구했고 제공자는 단지 증거물을 남기기 위해서 자기앞수표를 제공한 경우나, 금품이 뇌물로 공무원에게 부정하게 제공되었고 공무원은 증거물을 남기기 위해서 일단 받아두었다면 증뢰죄가 성립하지 않고 공여행위에 상응한 뇌물수수 또는 수뢰죄가 성립함이 없이 수수행위에 상응한 뇌물공여도 상정할 수 있다.[14]

(2) 收 受

收受란 賂物을 取得하는 것을 말한다. 여기서 취득이란 뇌물에 대한 사실상의 처분권 획득 내지 사실상의 이익향수를 뜻하고, 뇌물이 유형의 재산적 이익인 때에는 점유 이전·점유취득으로써 수수가 이루어지며, 무형의 비재산적 이익인 때에는 현실적으로 그 이익을 향유함으로써 수수가 된다.[15] 뇌물을 수수함으로써 본죄는 곧 성립하기 때문에 추상적 위태범이다.[16] 또한 수수죄는 즉시범적 성격을 지니므로 취득·향유와 같은 행위가 있는 즉시 기수에 이른다.[17] 그러나 제공행위가 선행할 경우 수뢰죄가 현실로 그것을 받아들이지는 않았더라도 그 제공을 명시적·묵시적으로 수락하는 의사표시를 하였을 때에는 이미 수수행위는 기수가 된다.[18]

---

14) 김일수, 전게서, 528면.

15) 진계호, 전게서, 639면; 김일수, 전게서, 528면.

16) 진계호, 전게서, 639면; 대판 1968. 1. 12, 68도47.

17) 김일수, 전게서, 528면.

18) 김일수, 전게서, 529면; Jescheck, LK, §331 Rdnr. 25.

26

수수가 직무집행 중 또는 직무집행 전·후에 있었는가를 묻지 않으며, 또한 일부는 직무집행 전 나머지는 직무집행 후에 수수했더라도 상관없다.

職務執行 후에 收受한 경우 반드시 집행 전에 이에 대한 요구·약속이 있어야 하는 것은 아니며 동일한 사람으로부터 수차에 걸쳐 요구·약속·수수한 때에도 포괄하여 1개의 수수죄만 성립할 뿐이다.[19] 수수에 대한 상사의 승낙은 본죄에 조각되지 않는다.[20] 수수한 동기의 여하,[21] 수수한 뇌물의 소비와 용도는 불문하며,[22] 수수한 시간과 장소 및 상황을 공개된 것도 문제되지 않는다.[23] 뇌물을 수수한 자는 반드시 공무원이나 중재인 등 본인일 필요는 없으며 가족과 같이 제3자라도 뇌물을 전달하는 역할을 하거나 수수함으로써 행위 주체가 수수한 것으로 볼 수 있는 경우에는 수수한 것이 된다.[24] 그리고 뇌물을 수수한 이상 요구 또는 약속이 있어야 하는 것은 아니며,[25] 수수한 뇌물을 공무소에서 소비해도 본죄가 성립된다.[26]

---

19) 진계호, 각론(제3판), 639면; 황산덕, 각론, 55면; 정영석, 각론, 51면; 서일교, 각론, 324면; 이재상, 각론(신정판), 640면; 김일수, 각론(하), 529면; 배종대, 각론, 595면.

20) 진계호, 상게서, 640면; 김일수, 상게서, 529면; 이재상, 상게서, 640면; 대판 1955. 10. 18, 4288형상235.

21) 대판 1995. 10. 18, 4288형상235.

22) 대판 1984. 2. 14, 83도3218.

23) 대판 1955. 10. 18, 4288형상235.

24) 박상기, 각론(개정판), 653면.

25) 대판 1986. 11. 25, 86도1433.

26) 대판 1955. 10. 18, 4288형상235.

(3) 要 求

　要求의 槪念과 관련하여 제공의 의사표시나 제공의 약속을 청구하는 것도 요구의 개념 속에 포함시켜야 한다는 견해도 있다.[27] 요구의 개념 속에서 교부(요구)의 청구만은 좁은 의미라는 것을 이유로 한다. 그러나 요구란 뇌물취득의 의사로 상대방에게 그 공여를 청구하는 것이라고 해야 한다.[28] 따라서 요구행위만으로도 본죄는 성립하며, 간접적인 방법의 요구로도 족하고, 상대방이 불응한다 해도 본죄가 성립한다. 요구죄는 즉시범적 성격을 지니므로 요구의 의사표시가 상대방에게 인지된 때 기수가 된다. 요구하여 수수한 때라도 포괄하여 뇌물수수죄만이 성립한다.[29]

(4) 約 束

　約束은 賂物을 兩 當事者 사이에 收受할 것을 합의하는 것이다. 증뢰자의 선행된 뇌물공여 의사표시가 있을 때 수뢰자가 이에 응낙하면 약속이 이루어질 수도 있으며, 불법·부정한 이익을 직무행위의 대가로 합의하는 데 행위불법의 본질이 있다.[30] 약속은 수뢰죄의 행위태양 중 불법의 정도가 가장 낮은 기본적 행위태양에 속하므로 약속은 일종의 예비적 단계의 성격을 띠지만, 그것이 범죄

---

27) 김일수, 전게서, 530면.
28) 진계호, 전게서, 640면; 이재상, 전게서, 640면; 박상기, 전게서, 653면.
29) 김일수, 상게서, 530면; 박상기, 전게서, 654면.
30) 김일수, 상게서, 530면.

적 인상을 띨 만큼 주는 자와 받을 자 사이에서 객관화되었다는 점에서 단순한 예비와 구별된다.

約束은 賂物收受에 대한 將來 利益享受의 기약이므로 그 이익이 약속을 할 때에 있을 필요는 없고 기대할 수 있으면 족하다. 예컨대 장래 설립될 회사주식도 무방하다. 약속된 가액이나 이익의 정도가 확정되어 있을 필요도 없고,31) 이익이 금전인 때에는 이행기가 확정될 필요도 없다. 약속죄도 즉시범적 성격을 지니므로 상대방의 뇌물공여에 대한 의사표시가 선행할 때에는 수뢰자가 그 청약을 명시적·묵시적으로 수락하는 의사표시를 했을 때 기수가 된다. 그리고 현실적인 약속이행 여부나 의사표시의 해제 여부는 본죄의 성립에 영향이 없다.32)

4. 主觀的 構成要件要素

(1) 構成要件的 故意

本罪는 主觀的 不法要素로서 構成要件的 故意가 필요하다. 즉 행위자 자신이 공무원 또는 중재인이라는 사실과 직무에 관하여 뇌물을 수수·요구 또는 약속한다는 사실에 대한 인식과 의사가 필요하다. 특히 목적물이 뇌물이라는 점, 그것이 직무대가라는 점에 대한 인식과 의사가 있어야 한다.33) 그러나 뇌물을 받은 대가로

---

31) 대판 1981. 8. 20, 81도698.

32) 김일수, 전게서, 530면.

33) 진계호, 각론(제3판), 640면; 이재상, 각론(신정판), 641면; 정성근,

직무집행을 할 의사가 있을 것은 필요하지 않다.[34] 미필적 고의로
도 충분하고, 행위자가 설령 약속했던 불법한 또는 정당한 직무행
위를 현실로 집행할 것을 마음속에 유보했더라도 본죄의 고의성립
에는 아무런 지장이 없다.[35]

　따라서 自己도 모르는 사이에 돈 뭉치를 놓고 간 것을 발견하고
연락하여 반환한 경우,[36] 택시를 타고 떠나려는데 돈 뭉치를 던져
놓고 가버린 경우[37] 후일 반환할 의사로 일단 받아둔 것에 불과한
경우[38] 등은 뇌물수수의 고의가 없는 것이다. 그러나 사례금조로
교부받은 자기앞수표를 은행에 예치해 두었다가 2주 만에 반환을
했더라도 뇌물수수의 고의가 있게 된다.[39] 뇌물은 규범적 구성요
건표지이므로 행위자는 뇌물의 의미를 보통인이 이해할 수 있는
수준에서 정신적으로 이해해야 한다. 만약 그 정도의 의미를 이해
하지 못했을 때에는 본죄의 구성요건고의는 배제된다. 예컨내 정당
한 보수인 줄로 잘못 알고 금품을 수령한 때에는 본죄가 성립하지
않고, 구성요건적 착오로 보아야 한다.[40]

　각론, 868면; 김일수, 한국형법 Ⅳ, 531면.

34) 진계호, 각론, 531면; 정영석, 각론, 51면; 서일교, 각론, 325면; 권문
　　택, 주각(상), 116면; 이재상, 전게서, 641면.

35) 김일수, 전게서, 531면; Jescheck, LK, §332, Rdnr. 10.

36) 대판 1978. 1. 31, 77도3755.

37) 대판 1979. 7. 10, 79도1124.

38) 대판 1979. 7. 10, 79도1314.

39) 대판 1984. 4. 10, 83도1499.

40) 김일수, 전게서, 531면.

30

(2) 特別한 主觀的 不法要素

(가) 特別한 主觀的 不法要素의 必要與否

賂物罪의 構成要件的 故意는 行爲者 자신이 공무원 또는 중재인 이라는 점, 직무에 관하여 상대방에게 뇌물을 수수·요구·약속한 다는 점에 대한 인식과 의사를 필요로 한다. 문제는 뇌물죄가 성립 하려면 구성요건적 고의 이외에 초과주관적 불법요소로서 일정한 행위경향인 주관적 직무관련성이 있어야 하는가, 즉 부패성이 있어 야 하는가이다. 이를 필요하다고 보는 견해에서는 행위자가 부패성 향이 없이 일시 뇌물을 보관한 경우라면 수뢰죄가 성립할 수 없 다.[41] 후일 반환할 의사로 뇌물을 일단 받아둔 데 불과한 경우에 는 뇌물수수의 고의가 없거나, 영득의 의사가 없기 때문이라기보다 는 이러한 의미의 '행위경향이 없기 때문'이다. 상견례를 위한 모임 에 불과한 주연에 참여한 경우에도 고의가 없기 때문이 아니라 주 관적 직무관련성향이 없기 때문이다.[42]

判例는 賂物을 收受한다는 것은 領得意思로 받는다는 것을 말한 다고 하여 영득의사를 주관적 요건으로 인정하고 있다.[43] 따라서 일단 영득의사로 뇌물을 수수하면 뒤에 반환하여도 뇌물죄는 성립 하게 된다.[44] 판례가 수수죄에 영득의사가 필요하다고 한 주된 이

---

41) 김일수, 각론(제2판), 680면.
42) 대판 1966. 12. 27, 66도1378.
43) 대판 1979. 6. 12, 78도2125; 대판 1979. 7. 10, 79도1324; 대판 1982. 2. 23, 82도1431; 대판 1985. 1. 22, 84도2082; 대판 1985. 3. 12, 83도150.
44) 대판 1986. 12. 23, 86 도 2021; 대판 1987. 9. 22, 87도1407.

유는 제공된 뇌물을 반환할 의사로 일시 받아둔 경우를 수수죄에
서 배제하기 위해서이다. 그러나 뇌물수수죄는 영득죄와 본질이나
성격이 다르므로 뇌물반환의 의사를 직무범죄의 성격에 비추어 평
가해야지 영득의사와 연결시키는 것은 이론상 타당하지 않다고 해
야 한다. 뇌물수수죄는 영득의사를 필요로 하는 범죄가 아니기 때
문이다. 따라서 뇌물수수죄는 구성요건적 고의의 이외에 특별한 주
관적 불법요소인 목적·경향 등이 필요하다.

(나) 職務關聯性을 지닌 行爲傾向性

本罪는 構成要件行爲가 行爲者의 강한 의사방향에 따라 지배될
뿐만 아니라 그 강화된 의사방향이 보호법익에 대한 특별한 위험
성을 야기하는 특성을 지닌 경향범이다. 형법상 뇌물죄에서 단순수
뢰죄·사전수뢰죄·제3자뇌물공여죄에서 구성요건적 행위를 '그 직
무에 관하여'라는 표지를 사용하고 있는 것은 행위자의 의사방향을
경향범의 일종으로 나타낸 것이라고 볼 수 있다. 따라서 본죄가 성
립하려면 구성요건적 고의 이외에 초과 주관적 불법요소로서 일정
한 행위경향인 직무관련성이 필요하다.[45] 뇌물의 개념 자체에는
이미 '직무에 관한 불법한 보수 또는 부정한 이익'이라는 의미가
포함되어 있기 때문에 뇌물을 수수·요구 또는 약속한 때라고 하
여도 객관적인 직무관련성이 있어야 한다는 점은 당연하다.

그런데도 本罪에 특히 '職務에 관하여'라는 표지를 굳이 명시한
것은 부정한 이익 또는 불법한 보수와 관련한 객관적인 직무관련

---

45) 김일수, 각론(제2판), 680면.

성과 관계없이 수뢰행위의 강화된 의사방향인 주관적인 직무관련성을 강조하기 위한 것이라 볼 수 있다. 여기에서 수뢰죄가 특히 공무원의 부패행위의 전형임을 염두에 둔다면 본죄의 행위경향인 주관적 직무관련성은 부패성(corruption)을 의미한다. 즉 수뢰자가 직무수행의 기회를 불법적인 사리사욕을 취하는 수단으로 이용하려는 행위경향인 것이다. 따라서 행위자가 이러한 부패성향 없이 일시 뇌물을 보관한 경우라면 수뢰죄가 성립할 수 없다. 예컨대 후일 반환할 의사로 뇌물을 일단 받아 둔 데 불과한 경우는 뇌물수수의 고의가 없거나 영득의사가 없기 때문이라기보다는 부패성이 없는 행위경향 때문으로 보아야 한다. 인사교환을 위한 모임에 불과한 주연에 참석한 경우도 본죄의 고의가 없기 때문이라기보다는 주관적인 직무관련성이 없기 때문으로 보아야 한다.[46]

(다) 超過主觀的 不法要素인 行爲傾向의 立證問題

超過主觀的 不法要素인 行爲傾向의 입증은 소송절차에서 구성요건적 고의의 입증보다 어렵다. 구성요건고의는 객관적 구성요건사실의 주관적 반영이기 때문에 객관적 구성요건요소의 입증으로 추론(extrapolation)이 가능하지만, 초과 주관적 불법요소는 객관적 구성요건요소와 상관관계가 없기 때문에 추론이 쉽지 않다. 따라서 행위경향의 입증은 정황증거(circumstantial evidence)에 의할 수밖에 없다.[47]

---

46) 김일수, 한국형법 Ⅳ, 532면 이하.

47) 김일수, 한국형법 Ⅳ, 533면; Perkins/Boyce, Criminal Law, p.536;

◆ 종합정리(단순수뢰죄)

(1) 죄명: 단순수뢰죄(제129조 1항)

(2) 의의: 공무원 또는 중재인이 그 직무에 관하여 뇌물을 수수·요구 또는 약속함
　　　　으로써 성립하는 범죄. 재직 중에 청탁을 받고 부정한 행위를 한 후에 전
　　　　직된 때에도 본죄 성립.

(3) 사례: 세무공무원 甲은 乙주점의 면세혜택을 주는 대가로 300만 원을 받아 챙겼다.

(4) 보호법익: 국가기능의 공정성 및 직무행위의 불가매수성(통설·판례). 이에 대
　　　　한 일반의 신뢰(유력설).

(5) 구성요건

　　1) 주체 - 공무원 또는 중재인.

　　2) 행위 - 그 직무에 관하여 뇌물을 수수·요구 또는 약속.

　　3) 고의 - 주관적 구성요건요소로 직무에 관하여 뇌물을 수수·요구 또는 약속한
　　　　다는 행위 사실의 인식·의사, 미필적 고의도 충분.

(6) 처벌: 5년 이하의 징역 또는 10년 이하의 자격정지.

(7) 공소시효: 5년.

(8) 자격정지병과 몰수·추징·몰수(제134조) 형법 제48조에 대한 특칙 규정임.

(9) 가중구성요건: ×

(10) 공범관계

　　1) 의무 있는 자 만이(진정신분범) 정범적격이 있다.

　　2) 비신분자는 공동정범은 될 수 없고, 교사범 또는 방조범만이 될 수 있다.

　　3) 수뢰자와 증뢰자 사이에도 필요적 공범관계가 있으므로 형법 제33조는 적용
　　　　되지 않는다.

(11) 타죄와의 관계

　　1) 수뢰죄와 공갈죄는 상상적 경합범 관계.

　　2) 직무집행의사 또는 직무처리와 대가관계가 없으면 공갈죄만 성립.

　　3) 공무원이 직무와 관하여 타인을 기망한 후 재물을 교부받으면 수뢰죄와 사기
　　　　죄의 상상적 경합.

　　4) 장물인 정을 알면서 뇌물을 수수하면 수뢰죄와 장물취득죄의 상상적 경합.

　　5) 수뢰 후 부정행위가 배임죄에 해당할 때는 수뢰죄와 배임죄의 경합범.

People v. Meacham, 256 Cal. App. 2d 735, 64 Cal. Rptr. 362(1967);
U. S. v. Glazer, 129 F. Supp. 285(D. C. Del. 1955); Zalla v. State,
61 So. 2d 649, 651(Fla. 1952).

6) 정치공무원인 국회의원이 정치자금 명목으로 불법하게 뇌물을 받은 때는 수뢰죄와 정치자금에관한법률 위반과 상상적 경합(특별법)

7) 특별법: 수뢰액수에 따른 가중처벌(특가법 2조 1항), 뇌물죄 적용대상 확대(특가법 4조)

(12) 죄수

1) 뇌물을 요구 또는 약속한 후 이를 수수한 때에는 포괄하여 뇌물수수죄만 성립.

2) 같은 사람으로부터 같은 이유로 계속하여 수차례에 걸쳐 뇌물을 받은 경우에는 포괄일죄인 단순수뢰죄가 된다.

3) 수 개의 수뢰행위가 각각 다른 직무행위의 대가인 경우에는 경합범이 된다.

◈ 관련판례(단순수뢰죄)

[1]===

서울중앙지법 2004. 11. 26. 2004고합1068

[1] 뇌물로 주식을 취득한 후 유상증자로 교부받은 주식은 공무원범죄에관한몰수특례법 제2조 제3호의 불법수익의 과실이라고 할 수 없어 이를 몰수 또는 추징할 수 없다고 한 사례.

[2] 뇌물로 취득한 주식과 유상증자로 교부받은 주식이 합하여진 경우, 이는 불법재산과 불법재산 외의 재산이 합하여진 경우에 해당하므로 불법재산의 비율에 상당하는 부분만을 몰수 또는 추징하여야 한다고 한 사례

[2]===

대판 2004. 3. 26. 2003도8077

[1] 공무원이 직접 뇌물을 받지 아니 하고 증뢰자로 하여금 다른 사람에게 뇌물을 공여하도록 한 경우, 그 다른 사람이 공무원의 사자 또는 대리인으로서 뇌물을 받은 경우나 그 밖에 예컨대, 평소 공무원이 그 다른 사람의 생활비 등을 부담하고 있었다거나 혹은 그 다른 사람에 대하여 채무를 부담하고 있었다는 등의 사정이 있어서 그 다른 사람이 뇌물을 받음으로써 공무원은 그만큼 지출을 면하게 되는 경우 등 사회통념상 그 다른 사람이 뇌물을 받은 것을 공무원이 직접 받은 것과 같이 평가할 수 있는 관계가 있는 경우에는 형법 제130조의 제3자뇌물제공죄가 아니라, 형법 제129조 제1항의 뇌물수수죄가 성립한다.

[2] 공무원이 실질적인 경영자로 있는 회사가 청탁 명목의 금원을 회사 명의의 예금계좌로 송금 받은 경우에 사회통념상 위 공무원이 직접 받은 것과 같이 평가할 수 있어 뇌물수수죄가 성립한다고 한 사례.

[3]==

서울중앙지법 2004. 2. 5. 2003고합1236

[1] 고위공무원인 피고인이 자신의 직무와 밀접하게 관련되어 있는 업체의 관련자들로 하여금 협력업체인 해운회사에 자신의 친동생의 취업을 알선토록 한 다음, 위 업체가 해외 운송 대상 물량을 위 해운회사에 배정함으로써 이른바 포워딩(Forwarding) 사업을 영위하도록 하여 주고, 위 친동생은 운송물량 수주 등에 대한 대가로 회사로부터 지급받은 이익배당금 상당액을 피고인에게 정기적으로 제공하였다면 위 포워딩 사업에의 참여기회를 취득한 것은 뇌물죄에서 말하는 이익으로 보기에 충분하고, 설혹 피고인이 당시 직무에 관한 구체적인 청탁을 받거나 부정한 행위를 하지 아니 하였다 하더라도 위 포워딩 사업에의 참여기회는 개인적인 친분관계에서 있을 수 있는 통상적인 호의의 범위를 넘어 피고인의 직무와 관련하여 수수된 이익으로 인정된다고 한 사례.

[4]==

대판 2002. 11. 26. 2002도3539

[1] 뇌물의 내용인 '이익'의 의미 및 투기적 사업에 참여할 기회를 얻는 것이 '이익'에 해당하는지 여부(적극): 뇌물죄에서 뇌물의 내용인 이익이라 함은 금전, 물품 기타의 재산적 이익뿐만 아니라 사람의 수요 욕망을 충족시기기에 족한 일체의 유형, 무형의 이익을 포함한다고 해석되고, 투기적 사업에 참여할 기회를 얻는 것도 이에 해당한다.

[2] 공무원이 뇌물로 투기적 사업에 참여할 기회를 제공받은 경우, 뇌물수수죄의 기수 시기: 공무원이 뇌물로 투기적 사업에 참여할 기회를 제공받은 경우, 뇌물수수죄의 기수 시기는 투기적 사업에 참여하는 행위가 종료된 때로 보아야 하며, 그 행위가 종료된 후 경제사정의 변동 등으로 인하여 당초의 예상과는 달리 그 사업 참여로 아무런 이득을 얻지 못한 경우라도 뇌물수수죄의 성립에는 영향이 없다.

[5]==

대판 2002. 7. 26. 2001도6721

[1] 형법 제129조 내지 제132조의 적용에 있어서 지방공사와 지방공단의 직원까지 공무원으로 본다고 규정한 지방공기업법 제83조는 헌법 제11조 제1항, 제37조 제2항 등에 위반된다고 볼 수 없고, 또한 지방공기업법 제83조의 명문의 규정에 반하여 지방공사와 지방공단의 직원을 특정범죄가중처벌등에관한법률 제4조 제1항 소정의 간부직원, 즉 과장대리급 이상의 직원으로 한정하여 해석할 수도 없다.

[2] 공무원이 그 직무의 대상이 되는 사람으로부터 금품 기타 이익을 받은 때에는 그것이 그 사람이 종전에 공무원으로부터 접대 또는 수수 받은 것을 갚는 것으로서 사회상규에 비추어 볼 때에 의례상의 대가에 불과한 것이라고 여겨지거나, 개인적인 친분관계가 있어서 교분상의 필요에 의한 것이라고 명백하게 인정할 수 있는 경우 등 특별한 사정이 없는 한 직무와의 관련성이 없는 것으로 볼 수 없고, 공무원의 직무와 관련하여 금품을 수수하였다면 비록 사교적 의례의 형식을 취해 금품을 주고받았다 하더라도 그 수수한 금품은 뇌물이 된다.

[6] ═══

대판 2002. 6. 11. 2000도5701

[1] 뇌물죄에 있어서 수뢰자로 지목된 자가 수뢰사실을 시종일관 부인하고 있고 이를 뒷받침할 금융자료 등 물증이 없는 경우, 증뢰자의 진술만으로 유죄를 인정하기 위한 요건: 뇌물죄에 있어서 수뢰자로 지목된 피고인이 수뢰사실을 시종일관 부인하고 있고 이를 뒷받침할 금융자료 등 물증이 없는 경우에 증뢰자의 진술만으로 유죄를 인정하기 위하여 증뢰자의 진술이 증거능력이 있어야 함은 물론 합리적인 의심을 배제할 만한 신빙성이 있어야 하고, 신빙성이 있는지 여부를 판단함에 있어서는 그 진술내용 자체의 합리성, 객관적 상당성, 전후의 일관성 등뿐만 아니라 그의 인간됨, 그 진술로 얻게 되는 이해관계 유무, 특히 그에게 어떤 범죄의 혐의가 있고 그 혐의에 대하여 수사가 개시될 가능성이 있거나 수사가 진행 중인 경우에는 이를 이용한 협박이나 회유 등의 의심이 있어 그 진술의 증거능력이 부정되는 정도에까지 이르지 않는 경우에도 그로 인한 궁박한 처지에서 벗어나려는 노력이 진술에 영향을 미칠 수 있는지 여부 등도 아울러 살펴보아야 한다.

[2] 증뢰자가 뇌물을 공여하였다는 검찰진술의 신빙성을 인정할 수 없다고 한 사례.

[7] ═══

대판 2002. 4. 9. 2001도7056

[1] 형법 제129조 제1항 소정의 뇌물수수죄는 공무원이 그 직무에 관하여 뇌물을 수수한 때에 적용되는 것으로서, 이와 별도로 형법 제130조에서 공무원이 그 직무에 관하여 부정한 청탁을 받고 제3자에게 뇌물을 공여하게 한 때에는 제3자뇌물수수죄로 처벌하도록 규정하고 있는 점에 비추어 보면, 공무원이 직접 뇌물을 받지 아니 하고 증뢰자로 하여금 다른 사람에게 뇌물을 공여하도록 한 경우에는 그 다른 사람이 공무원의 사자 또는 대리인으로서 뇌물을 받은 경우나 그 밖에 예컨대, 평소 공무원이 그 다른 사람의 생활비 등을 부담하고 있었다거나 혹은 그 다른 사람에 대하여 채무를 부담하고 있었다는 등의 사정이 있어서 그 다른 사람이 뇌물을 받음으로써 공무원은 그만큼 지출을 면하게 되는 경우 등 사회통념상 그 다른

사람이 뇌물을 받은 것을 공무원이 직접 받은 것과 같이 평가할 수 있는 관계가 있는 경우에 한하여 형법 제129조 제1항의 뇌물수수죄가 성립한다.

[2] 산악회 지부가 사업자로부터 등반대회 행사용 수건을 교부받은 것을 산악회 지부의 고문으로 있는 군수가 이를 교부받은 것과 동일시하기에는 부족하다고 보아 형법 제129조 제1항의 뇌물수수죄 성립을 부정한 사례.

[3] 원심은 공동피고인에 대하여 포괄일죄의 관계에 있는 뇌물공여 공소사실 중 일부에 대하여만 유죄로 인정하고 그 나머지 공소사실에 대하여서는 범죄사실의 증명이 없다하여 무죄로 판단하였고, 이에 대하여 검사는 원심판결에 대하여 불복상고하고 공동피고인은 상고하지 아니 하였으나, 원심이 피고인에 대하여 유죄로 인정한 특정범죄가중처벌등에 관한 법률위반 범죄사실 중 일부에 대하여 파기사유가 있고 그 파기사유는 뇌물공여죄로 기소된 공동피고인에 대하여도 공통된다 할 것이므로 형사소송법 제392조의 규정에 따라 공동피고인에 대한 부분도 파기되어야 한다.

[8]==

대판 2001. 10. 12. 99도5294

[1] 서울시 지하철공사의 임직원의 직무가 형법 제132조의 알선수뢰죄에 있어 '공무원의 직무'에 해당하는지 여부(적극) 및 그 알선수뢰죄에 있어서 '공무원이 그 지위를 이용하여'의 의미: 지방공기업법 세83조는 지방공시의 임원 및 지원을 형법 제129조 내지 제132조의 적용에 있어서 공무원으로 보도록 규정하고 있으며, 서울시 지하철공사는 위 규정이 적용되는 지방공사의 하나이므로, 피고인이 서울시 지하철공사의 임직원의 직무에 속한 사항의 알선에 관하여 뇌물을 수수하였다면 이는 형법 제132조에 해당하는 것이며, 한편 알선수뢰죄는 공무원이 그 지위를 이용하여 다른 공무원의 직무에 속한 사항의 알선에 관하여 뇌물을 수수, 요구 또는 약속하는 것을 그 성립요건으로 하고 있고, 여기서 '공무원이 그 지위를 이용하여'라 함은 친구, 친족관계 등 사적인 관계를 이용하는 경우에는 이에 해당한다고 할 수 없으나, 다른 공무원이 취급하는 사무의 처리에 법률상이거나 사실상으로 영향을 줄 수 있는 관계에 있는 공무원이 그 지위를 이용하는 경우에는 이에 해당하고, 그사이에 상하관계, 협동관계, 감독권한 등의 특수한 관계가 있음을 요하지 않는다.

[2] 공무원이 제3자를 초대하여 함께 향응을 접대 받은 경우, 뇌물수수액의 산정 방법: 피고인이 증뢰자와 함께 향응을 하고 증뢰자가 이에 소요되는 금원을 지출한 경우 이에 관한 피고인의 수뢰액을 인정함에 있어서는 먼저 피고인의 접대에 요한 비용과 증뢰자가 소비한 비용을 가려내어 전자의 수액을 가지고 피고인의 수뢰액으로 하여야 하고 만일 각자에 요한 비용액이 불명일 때에는 이를 평등하

게 분할한 액을 가지고 피고인의 수뢰액으로 인정하여야 할 것이고, 피고인이 향응을 제공받는 자리에 피고인 스스로 제3자를 초대하여 함께 접대를 받은 경우에는, 그 제3자가 피고인과는 별도의 지위에서 접대를 받는 공무원이라는 등의 특별한 사정이 없는 한 그 제3자의 접대에 요한 비용도 피고인의 접대에 요한 비용에 포함시켜 피고인의 수뢰액으로 보아야 한다.

[9]═══

대판 2001. 1. 5. 2000도4714

[1] 뇌물죄는 직무집행의 공정과 직무행위의 불가매수성을 그의 보호법익으로 하고 있으므로 뇌물성은 의무위반 행위의 유무와 청탁의 유무 등을 가리지 아니 하는 것이며, 따라서 과거에 담당하였거나 장래 담당할 직무 그 자체뿐만 아니라 그 직무와 밀접한 관계가 있는 행위 또는 관례상이나 사실상 소관 하는 직무행위 및 결정권자를 보좌하거나 영향을 줄 수 있는 직무행위도 포함되며, 뇌물의 내용인 이익이라 함은 금전, 물품 기타의 재산적 이익뿐만 아니라 사람의 수요 욕망을 충족시키기에 족한 일체의 유형·무형의 이익을 포함하는 것이다.

[2] 군에서 일차 진급 평정권자가 그 평정업무와 관련하여 진급대상자로 하여금 자신의 은행대출금채무에 연대보증하게 한 행위는 직무에 관련하여 이익인 뇌물을 받은 것에 해당된다.

[10]══

대판 2001. 1. 19. 99도5753

[1] 형법상 뇌물죄의 적용에 있어서 지방공사와 지방공단의 임원 및 직원을 공무원으로 본다고 규정한 지방공기업법 제83조가 헌법상 평등의 원칙, 법률유보의 원칙 및 죄형법정주의에 위배되는지 여부(소극): 지방공기업법은 지방자치단체가 직접 설치·경영하거나, 법인을 설립하여 경영하는 기업의 경영에 관하여 필요한 사항을 정하여 그 경영을 합리화함으로써 지방자치의 발전과 주민의 복리증진에 기여하게 함을 목적으로 하고, 그 적용 범위를 수도사업, 공업용수도사업, 궤도사업, 자동차운송사업, 지방도로사업, 지하도사업, 주택사업, 토지개발사업, 의료사업 등의 공공사업으로 하고 있는 점, 지방공기업법이 규정하는 지방공사 및 지방공단은 위와 같은 공공사업을 수행하기 위하여 설립된 기업으로서 그 임원 및 직원에게는 공무원에 버금가는 정도의 청렴성과 업무의 불가매수성이 요구되고, 이들이 직무와 관련하여 금품수수 등의 비리를 저질렀을 경우에는 이를 공무원으로 보아 엄중하게 처벌함으로써 공공사업의 정상적인 운영과 법인 업무의 공정성을 보장할 필요가 있는 점, 공무원의 신분이 아님에도 불구하고 그 직무의 공공적 성격으로 인하여 청렴성과 불가매수성이 요구되는 경우에 그 직무

와 관련된 수재행위를 공무원의 수뢰행위와 같거나 유사하게 처벌하는 사례는,
정부관리기업체의 간부직원에 관한 특정범죄가중처벌등에관한법률 제4조, 금융
기관의 임·직원에 관한 특정경제범죄가중처벌등에관한법률 제5조 제1항, 도시
재개발조합의 임·직원에 관한 도시재개발법 제61조 등 우리 형사법 체계상 흔
히 찾아볼 수 있는 점 등에 비추어 보면, 형법 제129조 내지 132조의 적용에 있
어서 지방공사와 지방공단의 임원 및 직원을 공무원으로 본다고 규정한 지방공
기업법 제83조는 헌법 제11조 제1항, 제37조 제2항 등에 위반된다고 볼 수 없으
며, 또한 지방공기업법은 제3장 제2절과 제4장에서 지방공사와 지방공단의 임원
및 직원에 관하여 구체적인 규정을 두고 있으므로, 위 제83조가 죄형법정주의에
위배되는 것이라고 할 수도 없다.

[11]===

대판 2000. 1. 28. 99도4022

[1] 뇌물죄에 있어서 '직무'의 의미: 뇌물죄는 직무집행의 공정과 이에 대한 사회의
    신뢰에 기하여 직무행위의 불가매수성을 그 직접의 보호법익으로 하고 있으므로
    뇌물성은 의무위반 행위나 청탁의 유무, 개개의 직무행위와의 대가적 관계, 금품
    수수 시기와 직무집행 행위의 전후를 가리지 아니 한다 할 것이고, 공무원의 직
    무와 금원의 수수가 전체적으로 대가관계에 있으면 뇌물수수죄는 성립하며, 뇌
    물죄에서 말하는 '직무'에는 법령에 정하여진 직무뿐만 아니라 그와 관련 있는
    직무, 과거에 담당하였거나 장래에 담당할 직무 외에 사무분장에 따라 현실적으
    로 담당하지 않는 직무라도 법령상 일반적인 직무권한에 속하는 직무 등 공무원
    이 그 직위에 따라 공무로 담당할 일체의 직무로서 직무와 밀접한 관계가 있는
    행위 또는 관례상이나 사실상 소관 하는 직무행위도 포함한다.

[12]===

대판 1999. 11. 9. 99도2530

[1] 음주운전을 적발하여 단속에 관련된 제반 서류를 작성한 후 운전면허 취소업무
    를 담당하는 직원에게 이를 인계하는 업무를 담당하는 경찰관이 피단속자로부터
    운전면허가 취소되지 않도록 하여 달라는 청탁을 받고 금원을 교부받은 경우,
    뇌물수수죄가 성립한다고 한 사례: 음주운전을 적발하여 단속에 관련된 제반 서
    류를 작성한 후 운전면허 취소업무를 담당하는 직원에게 이를 인계하는 업무를
    담당하는 경찰관이 피단속자로부터 운전면허가 취소되지 않도록 하여 달라는 청
    탁을 받고 금원을 교부받은 경우, 뇌물수수죄가 성립한다고 한 사례.
[2] 수뢰후부정처사죄로 기소된 공소사실을 공소장 변경 없이 뇌물수수죄로 인정할
    수 있다고 한 사례.

[13] ==

대판 1998. 9. 22. 98도1234

[1] 형법 제130조의 제3자뇌물제공죄를 형법 제129조 제1항의 단순수뢰죄와 비교하여 보면 공무원이 직접 뇌물을 받지 아니 하고, 증뢰자로 하여금 제3자에게 뇌물을 공여하도록 하고 그 제3자로 하여금 뇌물을 받도록 한 경우에는 부정한 청탁을 받고 그와 같은 행위를 한 경우에 한하여 단순수뢰죄와 같은 형으로 처벌하고, 공무원이 직접 뇌물을 받지 아니 하고, 증뢰자로 하여금 제3자에게 뇌물을 공여하도록 하고 그 제3자로 하여금 뇌물을 받도록 하였다 하더라도 부정한 청탁을 받은 일이 없다면 이를 처벌하지 아니 한다는 취지로 해석하여야 할 것이나, 다만 공무원이 직접 뇌물을 받지 아니 하고, 증뢰자로 하여금 다른 사람에게 뇌물을 공여하도록 하고 그 다른 사람으로 하여금 뇌물을 받도록 한 경우라 할지라도 그 다른 사람이 공무원의 사자 또는 대리인으로서 뇌물을 받은 경우나 그 밖에 예컨대 평소 공무원이 그 다른 사람의 생활비 등을 부담하고 있었다거나 혹은 그 다른 사람에 대하여 채무를 부담하고 있었다는 등의 사정이 있어서 그 다른 사람이 뇌물을 받음으로써 공무원은 그만큼 지출을 면하게 되는 경우 등 사회통념상 그 다른 사람이 뇌물을 받은 것을 공무원이 직접 받은 것과 같이 평가할 수 있는 관계가 있는 경우에는 형법 제129조 제1항의 단순수뢰죄가 성립한다.

[14] ==

대판 1998. 3. 10. 97도3113

[1] 공무원이 얻는 어떤 이익이 직무와 대가관계가 있는 부당한 이익으로서 뇌물에 해당하는지 여부는 당해 공무원의 직무의 내용, 직무와 이익제공자와의 관계, 쌍방 간에 특수한 사적인 친분관계가 존재하는지의 여부, 이익의 다과, 이익을 수수한 경위와 시기 등의 제반 사정을 참작하여 결정되어야 할 것이고, 뇌물죄가 직무집행의 공정과 이에 대한 사회의 신뢰를 그 보호법익으로 하고 있음에 비추어 볼 때, 공무원이 그 이익을 수수하는 것으로 인하여 사회일반으로부터 직무집행의 공정성을 의심받게 되는지 여부도 뇌물죄의 성부를 판단함에 있어서의 판단 기준이 된다.

[2] 건축지도계장으로 근무하는 피고인이 건축업자에게 편의를 제공한 후 동인에게 자신의 주상복합건물 신축공사를 도급주어 시공하게 한 사안에서, 통상공사비보다 다소 저렴한 액수로 공사계약을 체결한 것이 직무와 관련하여 부당하게 저렴한 가격으로 결정되었다고 볼 수 없다는 이유로 뇌물죄에 대하여 무죄를 선고한 원심판결을 법리오해, 채증법칙 위반 등을 이유로 파기한 사례.

[15]═══

대판 1996. 7. 9. 96도364

[1] 신빙성에 의심이 가는 증거들을 채용하여 뇌물수수죄에 대하여 유죄를 인정한
원심판결을 파기한 사례: 형사재판에 있어서 유죄의 인정은 법관으로 하여금
합리적인 의심을 할 여지가 없을 정도로 공소사실이 진실한 것이라는 확신을
가지게 할 수 있는 증명력을 가진 증거에 의하여야 할 것임에도 불구하고 신빙
성에 의심이 가는 증거들을 채용하여 뇌물수수죄에 대하여 유죄를 인정한 원심
판결을 채증법칙 위배를 이유로 파기한 사례.

[16]═══

대판 1996. 6. 14. 96도865

[1] 뇌물죄에 있어서 금품을 수수한 장소가 공개된 장소이고, 금품을 수수한 공무원
이 이를 부하직원들을 위하여 소비하였을 뿐 자신의 사리를 취한 바 없다 하더
라도 그 뇌물성이 부인되지 않는다.

[3] 수뢰죄에 있어 직무라는 것은 공무원의 법령상 관장하는 직무행위뿐만 아니라
그 직무와 관련하여 사실상 처리하고 있는 행위 및 결정권자를 보좌하거나 영
향을 줄 수 있는 직무행위도 포함된다.

[4] 공무원의 직무와 관련하여 금원을 수수하였다면 그 수수한 금원은 뇌물이 되는
것이고, 그것이 사교적 의례의 형식을 사용하고 있다 하여도 직무행위의 대가로
서의 의미를 가질 때에는 뇌물이 된다.

[17]═══

대판 1995. 1. 12. 94도2687

[1] 피고인이 일정 기간 사이에 룸살롱 등에서 수회에 걸쳐 술값 등 접대 명목으로
일정 금액 상당의 향응을 제공받았다면, 이러한 경우 피고인의 수뢰액을 인정함
에 있어서는 먼저 피고인의 접대에 요한 비용과 향응 제공자가 소비한 비용액을
가려내어 피고인의 접대에 요한 비용을 피고인의 수뢰액으로 인정하여야 하고
만일 각자에 요한 비용액이 불명일 때에는 이를 평등하게 분할한 액을 가지고
피고인의 수뢰액으로 인정하여야 할 것이다.

[18]═══

대판 1986. 10. 28. 85도2398

[1] 수뢰죄에 있어서의 직무의 관련성을 인정한 예: 호텔객실의 구조변경에 관한 허
가권이 비록 구청장에게 위임되어 있다고 하더라도 서울특별시장은 위임사무 처
리에 대한 지휘감독권이 있으며 한편 본건 관광호텔구조변경허가 신청사건을 처
리함에 있어 그 허가여부에 대해 구청장이 본청에 질의를 하자 당시 서울특별시

42

교통국 관광과 사업계에 근무하던 피고인이 과장의 지시에 따라 동 호텔에 나가 실사를 한 후 구조변경이 가능하다는 내용의 보고를 하였고 이에 따라 서울특별 시장 명의로 구청장에게 같은 내용의 공문이 하달되었다면 호텔객실의 구조변경 허가사무가 피고인의 직무와 관련이 없다고 할 수 없다.

[19]═══

대판 1984. 9. 25. 84도1568

[1] 뇌물죄는 직무집행의 공정과 이에 대한 사회의 신뢰를 기하여 직무행위의 불가 매수성을 그 직접적 보호법익으로 하고 있으므로 뇌물성은 의무위반행위의 유무 와 청탁의 유무 및 수수시기의 직무집행행위의 전후를 가리지 아니 하고 따라서 뇌물죄에 있어서의 직무와의 관련성도 이와 같은 성질에 따라 법령에 의하여 정 하여진 직무뿐만 아니라 그와 관련 있는 직무, 과거에 담당하였거나 또는 장래 담당할 직무 및 사무분장에 따라 현실적으로 담당하지 않는 직무라고 하더라도 법령상 일반적인 직무권한에 속하는 직무등 공무원이 그 직위에 따라 공무로 담 당할 일체의 직무를 뇌물죄에 있어서의 직무라고 새겨야 한다.

[20]═══

대판 1983.3.22. 83도113

[1] 수뢰죄에 있어서의 직무의 범위: 수뢰죄에 있어서 직무라는 것은 공무원이 법령 상 관장하는 직무행위뿐만 아니라 그 직무에 관련하여 사실상 처리하고 있는 행 위 및 결정권자를 보좌하거나 영향을 줄 수 있는 직무행위도 포함된다.

[2] 영득의 의사로 수수한 물건을 반환한 때 뇌물죄의 성부: 영득의 의사로 뇌물을 수 수한 것이라면 후일 이를 반환하였다 하더라도 뇌물죄의 성립에는 영향이 없다.

[21]═══

대판 1982. 11. 23. 82도1431

[1] 수수한 뇌물의 반환과 뇌물죄의 범의: 뇌물은 일단 영득의 의사로 수수한 것이라 면 후일 이를 반환하였다 하더라도 뇌물죄의 성립에는 소장이 없다 할 것인바, 피 고인이 수수한 금원을 약 2개월 후에 반환하였다 하더라도 반환할 때까지의 기간 에 비추어 일단영득의 의사로 수수하였던 것으로 본 원심의 조처는 타당하다.

[22]═══

대판 1982. 9. 14. 81도2774

[1] 축의금으로 낸 것을 뇌물수수로 볼 수 없다고 한 예: 피고인의 아들들의 결혼식 장에서 공소외인들이 축의금으로 낸 것을 사후에 전달받은 것일 뿐만 아니라 피 고인이 동 공소외인들과는 개인적으로도 친분관계를 맺어온 사이였다면 비록 동 공소외인들이 피고인의 직무와 관련이 있는 사업을 경영하는 사람들이었다 하더

라도 그 사정만으로 위 금원이 축의금을 빙자하여 뇌물로 수수된 것이라고 단정할 수 없다.

[23]══

대판 1980. 10. 14. 80도1373

[1] 뇌물죄에 있어서 '직무'라 함은 공무원이 법령상 관장하는 직무 그 자체뿐만 아니라 그 직무와 밀접한 관계가 있는 준식 행위 또는 관례상이나 사실상 소관 하는 직무행위 및 결정권자를 보좌하거나 영향을 줄 수 있는 직무행위도 포함된다.

[2] 법원의 참여주사가 공판에 참여하여 양형에 관한 사항의 심리내용을 공판조서에 기재한다고 하더라도 이를 가지고 형사사건의 양형이 참여주사의 직무와 밀접한 관계가 있는 사무라고는 할 수 없으므로 참여주사가 형량을 감경케 하여 달라는 청탁과 함께 금품을 수수하였다고 하더라도 뇌물수수죄의 주체가 될 수 없다.

[24]══

대판 1979. 10. 10. 78도1793

[1] 장래 시가의 앙등이 예상되는 주식을 액면가로 매수한 것이 뇌물죄에 해당되는지 여부: 뇌물죄에 있어서 뇌물의 내용인 이익이라 함은 금전. 물품 기타의 재산적 이익뿐만 아니라 사람의 수요. 욕망을 충족시키기에 족한 일체의 유형. 무형의 이익을 포함한다고 해석되고 투기적 사업에 참여할 기회를 잃는 것도 위 이익에 해당되므로 장래 시가의 앙등이 예상되고 주식을 액면가에 매수한 것은 뇌물죄에 해당된다.

[25]══

서울고법 1971. 4. 30. 71노114

[1] 가격상 상당한 차이가 있는 냉장고를 교환의 형식으로 취득한 것이 뇌물로 인정된 사례: 뇌물이란 반드시 무상으로 받아야 하는 것은 아니며 공무원의 직무행위와 관련된 대가관계가 있으면 족하다 할 것인바 피고인이 수수한 금성냉장고 1대는 비록 피고인이 소지하고 있었던 일제 중고 냉장고와는 교환한 것이나 가격상 상당한 차가 나고 뿐만 아니라 피고인이 위 범아물산공사의 외화연초의 부정유출을 방지하는 직책을 맡고 있음을 기화로 수차 전화로 감청하여 취득한 것임이 일건 기록상 명백한 것이므로 피고인이 취득한 냉장고는 단순히 교환에 의하여 취득한 것이 아니고 뇌물로 보기에 넉넉하다.

[26]══

대판 1966. 4. 6. 66도12

[1] 공무원이 직무집행의 의사 없이 또는 어느 직무처리와 대가적 관계없이 타인을 공갈하여 재물이 교부를 받은 경우 뇌물수수죄의 성부(공갈죄만 성립).

44

대판 1956. 12. 28. 56도235

[1] 수뢰죄에 있어서의 「직무에 관하여」의 의의: 전시 근로동원법시행령에 의한 동
   원 보류 유예는 특별시장 또는 도지사의 권한에 속한다 하더라도 해동원유예신
   청서의 접수진달 등의 사무에 관여하여 유예여부에 영향을 줄 수 있는 직무를
   담당하고 있는 이상 수뢰죄의 주체가 될 수 있다

[28]

대판 1955. 6. 7. 55도129

[1] 사교적 의례의 범위와 증수뢰의 성질: 사교적 의례의 범위에 속한 향응이나 물
   품의 증답은 뇌물성이 없다 할 것이다

◆ 관련판례(뇌물죄의 기초요소)

[1]

대판 2002. 11. 26. 2002도3539

[1] 뇌물의 내용인 '이익'의 의미 및 투기적 사업에 참여할 기회를 얻는 것이 '이익'
   에 해당하는지 여부(적극): 뇌물죄에서 뇌물의 내용인 이익이라 함은 금전, 물
   품 기타의 재산적 이익뿐만 아니라 사람의 수요 욕망을 충족시키기에 족한 일체
   의 유형, 무형의 이익을 포함한다고 해석되고, 투기적 사업에 참여할 기회를 얻
   는 것도 이에 해당한다.
[2] 공무원이 뇌물로 투기적 사업에 참여할 기회를 제공받은 경우, 뇌물수수죄의 기
   수 시기: 공무원이 뇌물로 투기적 사업에 참여할 기회를 제공받은 경우, 뇌물수
   수죄의 기수 시기는 투기적 사업에 참여하는 행위가 종료된 때로 보아야 하며,
   그 행위가 종료된 후 경제사정의 변동 등으로 인하여 당초의 예상과는 달리 그
   사업 참여로 아무런 이득을 얻지 못한 경우라도 뇌물수수죄의 성립에는 영향이
   없다.

[2]

대판 2002. 7. 26. 2001도6721

[1] [뇌물죄주체 범위]: 형법 제129조 내지 제132조의 적용에 있어서 지방공사와 지
   방공단의 직원까지 공무원으로 본다고 규정한 지방공기업법 제83조는 헌법 제11
   조 제1항, 제37조 제2항 등에 위반된다고 볼 수 없고, 또한 지방공기업법 제83조
   의 명문의 규정에 반하여 지방공사와 지방공단의 직원을 특정범죄가중처벌등에

관한법률 제4조 제1항 소정의 간부직원, 즉 과장대리급 이상의 직원으로 한정하여 해석할 수도 없다.

[2] [사교의례 형식]: 공무원이 그 직무의 대상이 되는 사람으로부터 금품 기타 이익을 받은 때에는 그것이 그 사람이 종전에 공무원으로부터 접대 또는 수수 받은 것을 갚는 것으로서 사회상규에 비추어 볼 때에 의례상의 대가에 불과한 것이라고 여겨지거나, 개인적인 친분관계가 있어서 교분상의 필요에 의한 것이라고 명백하게 인정할 수 있는 경우 등 특별한 사정이 없는 한 직무와의 관련성이 없는 것으로 볼 수 없고, 공무원의 직무와 관련하여 금품을 수수하였다면 비록 사교적 의례의 형식을 빌려 금품을 주고받았다 하더라도 그 수수한 금품은 뇌물이 된다.

[3]===

대판 2001. 10. 12. 99도5294

[1] 서울시 지하철공사의 임직원의 직무가 형법 제132조의 알선수뢰죄에 있어 '공무원의 직무'에 해당하는지 여부(적극) 및 그 알선수뢰죄에 있어서 '공무원이 그 지위를 이용하여'의 의미: 지방공기업법 제83조는 지방공사의 임원 및 직원을 형법 제129조 내지 제132조의 적용에 있어서 공무원으로 보도록 규정하고 있으며, 서울시 지하철공사는 위 규정이 적용되는 지방공사의 하나이므로, 피고인이 서울시 지하철공사의 임직원의 직부에 속한 사항의 알선에 관하여 뇌물을 수수하였다면 이는 형법 제132조에 해당하는 것이며, 한편 알선수뢰죄는 공무원이 그 지위를 이용하여 다른 공무원의 직무에 속한 사항의 알선에 관하여 뇌물을 수수, 요구 또는 약속하는 것을 그 성립요건으로 하고 있고, 여기서 '공무원이 그 지위를 이용하여'라 함은 친구, 친족관계 등 사적인 관계를 이용하는 경우에는 이에 해당한다고 할 수 없으나, 다른 공무원이 취급하는 사무의 처리에 법률상이거나 사실상으로 영향을 줄 수 있는 관계에 있는 공무원이 그 지위를 이용하는 경우에는 이에 해당하고, 그사이에 상하관계, 협동관계, 감독권한 등의 특수한 관계가 있음을 요하지 않는다.

[2] 공무원이 제3자를 초대하여 함께 향응을 접대 받은 경우, 뇌물수수액의 산정 방법: 피고인이 증뢰자와 함께 향응을 하고 증뢰자가 이에 소요되는 금원을 지출한 경우 이에 관한 피고인의 수뢰액을 인정함에 있어서는 먼저 피고인의 접대에 요한 비용과 증뢰자가 소비한 비용을 가려내어 전자의 수액을 가지고 피고인의 수뢰액으로 하여야 하고 만일 각자에 요한 비용액이 불명일 때에는 이를 평등하게 분할한 액을 가지고 피고인의 수뢰액으로 인정하여야 할 것이고, 피고인이 향응을 제공받는 자리에 피고인 스스로 제3자를 초대하여 함께 접대를 받은 경우에는, 그 제3자가 피고인과는 별도의 지위에서 접대를 받는 공무원이라는 등

의 특별한 사정이 없는 한 그 제3자의 접대에 요한 비용도 피고인의 접대에 요한 비용에 포함시켜 피고인의 수뢰액으로 보아야 한다.

[4]══

대판 2001. 1. 19. 99도5753

[1] 형법상 뇌물죄의 적용에 있어서 지방공사와 지방공단의 임원 및 직원을 공무원으로 본다고 규정한 지방공기업법 제83조가 헌법상 평등의 원칙, 법률유보의 원칙 및 죄형법정주의에 위배되는지 여부(소극) : 지방공기업법은 지방자치단체가 직접 설치·경영하거나, 법인을 설립하여 경영하는 기업의 경영에 관하여 필요한 사항을 정하여 그 경영을 합리화함으로써 지방자치의 발전과 주민의 복리증진에 기여하게 함을 목적으로 하고, 그 적용 범위를 수도사업, 공업용수도사업, 궤도사업, 자동차운송사업, 지방도로사업, 지하도사업, 주택사업, 토지개발사업, 의료사업 등의 공공사업으로 하고 있는 점, 지방공기업법이 규정하는 지방공사 및 지방공단은 위와 같은 공공사업을 수행하기 위하여 설립된 기업으로서 그 임원 및 직원에게는 공무원에 버금가는 정도의 청렴성과 업무의 불가매수성이 요구되고, 이들이 직무와 관련하여 금품수수 등의 비리를 저질렀을 경우에는 이를 공무원으로 보아 엄중하게 처벌함으로써 공공사업의 정상적인 운영과 법인 업무의 공정성을 보장할 필요가 있는 점, 공무원의 신분이 아님에도 불구하고 그 직무의 공공적 성격으로 인하여 청렴성과 불가매수성이 요구되는 경우에 그 직무와 관련된 수재행위를 공무원의 수뢰행위와 같거나 유사하게 처벌하는 사례는, 정부관리기업체의 간부직원에 관한 특정범죄가중처벌등에관한법률 제4조, 금융기관의 임·직원에 관한 특정경제범죄가중처벌등에관한법률 제5조 제1항, 도시재개발조합의 임·직원에 관한 도시재개발법 제61조 등 우리 형사법 체계상 흔히 찾아볼 수 있는 점 등에 비추어 보면, 형법 제129조 내지 132조의 적용에 있어서 지방공사와 지방공단의 임원 및 직원을 공무원으로 본다고 규정한 지방공기업법 제83조는 헌법 제11조 제1항, 제37조 제2항 등에 위반된다고 볼 수 없으며, 또한 지방공기업법은 제3장 제2절과 제4장에서 지방공사와 지방공단의 임원 및 직원에 관하여 구체적인 규정을 두고 있으므로, 위 제83조가 죄형법정주의에 위배되는 것이라고 할 수도 없다.

[2] 뇌물죄에 있어서 직무의 의미 : 뇌물죄에 있어서 직무라 함은 공무원이 법령상 관장하는 직무 그 자체뿐만 아니라 그 직무와 밀접한 관계가 있는 행위 또는 관례상이나 사실상 소관 하는 직무행위 및 결정권자를 보좌하거나 영향을 줄 수 있는 직무행위도 포함된다.

[5]━━━

대판 2000. 1. 28. 99도4022

[1] 뇌물죄에 있어서 '직무'의 의미: 뇌물죄는 직무집행의 공정과 이에 대한 사회의 신뢰에 기하여 직무행위의 불가매수성을 그 직접의 보호법익으로 하고 있으므로 뇌물성은 의무위반 행위나 청탁의 유무, 개개의 직무행위와의 대가적 관계, 금품수수 시기와 직무집행 행위의 전후를 가리지 아니 한다 할 것이고, 공무원의 직무와 금원의 수수가 전체적으로 대가관계에 있으면 뇌물수수죄는 성립하며, 뇌물죄에서 말하는 '직무'에는 법령에 정하여진 직무뿐만 아니라 그와 관련 있는 직무, 과거에 담당하였거나 장래에 담당할 직무 외에 사무분장에 따라 현실적으로 담당하지 않는 직무라도 법령상 일반적인 직무권한에 속하는 직무 등 공무원이 그 직위에 따라 공무로 담당할 일체의 직무로서 직무와 밀접한 관계가 있는 행위 또는 관례상이나 사실상 소관 하는 직무행위도 포함한다.

[6]━━━

대판 1999. 6. 11. 99도275

[1] 뇌물죄에 있어서 직무의 의미: 뇌물죄에 있어서의 직무라 함은 공무원이 법령상 관장하는 직무 그 자체뿐만 아니라 그 직무와 밀접한 관계가 있는 행위 또는 관례상이나 사실상 소관 하는 직무행위 및 결정권자를 보좌하기나 영향을 줄 수 있는 직무행위도 포함된다.

[2] 경찰청 정보과 근무 경찰관의 직무와 중소기업협동조합중앙회장의 외국인산업연수생에 대한 국내 관리업체 선정업무는 직무관련성이 없다고 본 사례.

[7]━━━

대판 1999. 1. 29. 98도3584

[1] 직무행위와 대가관계: 공무원의 직무와 관련하여 금품을 수수하였다면 그 수수한 금품은 뇌물이 되는 것이고, 그것이 사교적 의례의 형식을 사용하고 있다 하여도 직무행위의 대가로서의 의미를 가질 때에는 뇌물이 된다.

[2] 직무범위: 뇌물죄에 있어서의 직무라 함은 공무원이 법령상 관장하는 직무 그 자체뿐만 아니라 그 직무와 밀접한 관계가 있는 행위 또는 관례상이나 사실상 소관 하는 직무행위 및 결정권자를 보좌하거나 영향을 줄 수 있는 직무행위도 포함된다.

[3] 포괄일죄: 뇌물을 여러 차례에 걸쳐 수수함으로써 그 행위가 여러 개이더라도 그것이 단일하고 계속적 범의에 의하여 이루어지고 동일법익을 침해한 때에는 포괄일죄로 처벌함이 상당하다.

[8]==

대판 1999. 11. 9. 99도2530

[1] 뇌물죄에 있어서 '직무'의 의미: 뇌물죄는 직무집행의 공정과 이에 대한 사회의 신뢰에 기하여 직무행위의 불가매수성을 그 직접의 보호법익으로 하고 있으므로 뇌물성은 의무위반 행위나 청탁의 유무 및 금품수수 시기와 직무집행 행위의 전후를 가리지 아니 한다 할 것이고, 따라서 뇌물죄에서 말하는 '직무'에는 법령에 정하여진 직무뿐만 아니라 그와 관련 있는 직무, 과거에 담당하였거나 장래에 담당할 직무 외에 사무분장에 따라 현실적으로 담당하지 않는 직무라도 법령상 일반적인 직무권한에 속하는 직무 등 공무원이 그 직위에 따라 공무로 담당할 일체의 직무를 포함한다.

[9]==

대판 1998. 4. 28. 96도2828

[1] 건설기술관리법 제27조, 제45조, 건설기술관리법시행령 제50조 규정에 따르면, 농어촌진흥공사가 경지정리사업을 농촌근대화촉진법에 의한 농지개량사업으로 당해 군청의 의뢰에 따라 그 감리를 맡은 경우, 이를 건설기술관리법 제27조 제1항에 의하여 같은 법 제28조의 규정에 의한 감리전문회사로서 감리를 맡은 것이라고 볼 수 없으므로, 농어촌진흥공사의 직원으로 감리업무를 한 자가 같은 법 제45조에 의하여 공무원으로 의제된다고 볼 수 없다.

[2] [1]항의 농어촌진흥공사 직원이 당해 사건 범행 당시 3급 과장으로 근무하고 있었다면 정부투자기관관리기본법 제2조, 제18조, 정부투자기관관리기본법시행령 제14조, 농어촌진흥공사및농지관리기금법 제7조 제1항의 규정에 따라 뇌물수수 죄의 적용에 있어서는 공무원으로 의제된다.

[10]==

대판 1998. 4. 10. 97도3234

[1] 뇌물죄에 대하여 유죄를 인정한 원심판결을 채증법칙 위배 등을 이유로 파기한 사례: 자백한 경위, 그 구체적 내용 및 자백 후의 정황 등에 비추어 볼 때, 검찰에서의 자백이 잠을 재우지 아니 한 상태에서 임의로 진술된 것이 아니라고 의심할 만한 상당한 이유가 있음에도 그에 관하여 심리·판단 없이 이를 유죄의 증거로 삼은 원심판결을 파기한 사례.

[11]==

대판 1996. 1. 23. 94도3022

[1] 뇌물죄에 있어서 '직무'의 의미: 뇌물죄는 직무집행의 공정과 이에 대한 사회의 신뢰에 기하여 직무행위의 불가매수성을 그 직접의 보호법익으로 하고 있으므로

뇌물성은 의무위반 행위나 청탁의 유무 및 금품수수 시기와 직무집행 행위의 전후를 가리지 아니 한다 할 것이고, 따라서 뇌물죄에서 말하는 '직무'에는 법령에 정하여진 직무뿐만 아니라 그와 관련 있는 직무, 과거에 담당하였거나 장래에 담당할 직무 외에 사무분장에 따라 현실적으로 담당하지 않는 직무라도 법령상 일반적인 직무권한에 속하는 직무 등 공무원이 그 직위에 따라 공무로 담당할 일체의 직무를 포함한다.

[12]==

대판 1995. 6. 30. 94도993

[1] 뇌물공여의 상대방인 공무원이 뇌물을 수수한 사실을 부인하면서도 그 일시경에 뇌물공여자를 만났던 사실 및 공무에 관한 청탁을 받기도 한 사실 자체는 시인하였다면, 이는 뇌물을 공여하였다는 뇌물공여자의 자백에 대한 보강증거가 될 수 있다고 한 사례.

[2] 뇌물죄에 있어서 직무는 법령에 의하여 정하여진 직무뿐만 아니라 그와 관련 있는 직무, 과거에 담당하였거나 또는 장래 담당할 직무 및 사무분장에 따라 현실적으로 담당하지 않는 직무라고 하더라도 법령상 일반적인 직무권한에 속하는 직무 등 공무원이 그 직위에 따라 공무로 담당할 일체의 직무를 말한다.

[3] 뇌물죄에 있어서 뇌물의 내용인 이익은 금전 물품 기타의 재산적 이익뿐만 아니라 사람의 수요, 욕망을 충족시키기에 족한 일체의 유형, 무형의 이익을 포함한다.

[4] 경찰공무원이 슬롯머신 영업에 5천만 원을 투자하여 매월 3백만 원을 배당받기로 약속한 후 35회에 걸쳐 1억 5백만 원을 교부받은 경우, 5천만 원을 투자함으로써 바로 이익을 얻었다고는 볼 수 없고 매월 3백만 원을 지급받기로 하는 약속, 즉 뇌물의 수수를 약속한 것에 불과하고 현실적으로 매월 3백만 원씩을 지급받은 것이 뇌물을 수수한 것이라고 보아야 하므로 1억 5백만 원은 그 자체가 뇌물이 되는데, 다만 실제의 뇌물의 액수는 5천만 원을 투자함으로써 얻을 수 있는 통상적인 이익을 초과한 금액이라고 보아야 하며, 여기서 통상적인 이익이라 함은 다른 특별한 사정이 없는 한 그 경찰공무원의 직무와 관계없이 투자하였더라면 얻을 수 있었을 이익을 말하는데, 구체적으로는 위 투자의 형태가 실질에 있어서는 금원을 대여하고 그에 대하여 이자를 받은 것과 다를 바 없으므로 슬롯머신 업소 경영자와 같은 사람에게 5천만 원을 직무와 관계없이 대여하였더라면 받았을 이자 상당이 통상적인 이익이 되며 그 이율은 양 당사자의 자금사정과 신용도 및 해당 업계의 금리체계에 따라 심리 판단해야 하며, 그 경찰공무원이 다른 방법으로 그 돈을 투자하였더라면 어느 정도의 이익을 얻을 수 있었을 것인지는 원칙적으로 고려할 필요가 없다.

50

[13]==

대판 1984. 8. 14. 84도1139

[1] 정부관리기업체의 간부직원이 공무원으로 재직 중의 직무에 관하여 금품을 수수
한 경우, 특정범죄가중처벌등에관한법률 제4조의 적용여부(소극): 특정범죄가중
처벌등에관한법률 제4조의 규정은 형법 제129조 내지 제132조의 적용에 있어서
는 정부관리기업체의 간부직원은 이를 공무원으로 본다는 뇌물죄의 적용대상을
확대한 것으로 정부관리기업체의 간부직원이 그 정부관리기업체의 직무에 관하
여 형법 제129조 내지 132조의 죄를 범하였을 때 각 그 죄가 성립한다는 것으로
현재 정부관리기업체의 간부직원으로 있는 자가 공무원으로 재직 중의 직무에
관하여 금품을 수수하였을 때는 구체적 사안에 따라 사후수뢰죄 등이 성립함은
별론으로 하고 이의 적용이 없음은 명문상 명백하다.

[2] 공무원의 의무위반 행위를 수반하지 않는 금품수수의 뇌물성 및 시도지사에게
위임된 칸트리클럽 지도감독업무와 교통부장관 보좌관의 직무관련성: 뇌물죄는
직무집행의 공정과 이에 대한 사회의 신뢰를 기하여 직무행위의 불가매수성을
그 직접적 보호법익으로 하고 있으므로 뇌물성은 의무 위반 행위의 유무와 청
탁의 유무 등은 이를 가리지 않는 것이며 또 설사 칸트리클럽에 대한 지도 감
독업무가 각 시도지사에게 위임되었다 하더라도 지방자치단체의 장에게 위임한
국가행정사무에 관하여는 당해 주무부장관이 이를 지휘, 감독하도록 되어 있으
므로 피고인이 교통부장관을 보좌하여 관광호텔 골프장 등 관광이용시설업체의
지휘, 감독 등의 업무를 관장하고 있었다면 이를 들어 피고인의 직무의 관련성
을 부정할 수 없다.

[14]==

대판 1983. 7. 26. 82도1208

[1] 뇌물죄에 있어서 "직무에 관하여"의 의미: 뇌물죄에 있어서 "직무에 관하여"라
함은 당해 공무원이 그 지위에 수반하여 공무로서 취급하는 일체의 직무를 말하
는 것으로서 그 권한에 속하는 직무행위뿐만 아니라, 이에 밀접한 관계가 있는
경우와 그 직무에 관련하여 사실상 처리하고 있는 행위까지도 포함한다.

[15]==

대판 1983. 3. 22. 83도113

[1] 수뢰죄에 있어서의 직무의 범위: 수뢰죄에 있어서 직무라는 것은 공무원이 법령
상 관장하는 직무행위뿐만 아니라 그 직무에 관련하여 사실상 처리하고 있는 행
위 및 결정권자를 보좌하거나 영향을 줄 수 있는 직무행위도 포함된다.

[16] ══

대판 1982. 11. 23. 82도1549

[1] 뇌물죄에 있어서의 '직무에 관하여'의 의미: 뇌물죄에 있어서의 '직무에 관하여'
라 함은 당해 공무원이 그 지위에 수반하여 공무로서 취급하는 일체의 직무를
말하는 것으로서 그 권한에 속하는 직무행위뿐 아니라 이와 밀접한 관계가 있는
경우와 그 직무에 관련하여 사실상 처리하고 있는 행위까지도 포함한다.

[17] ══

서울고법 1973. 12. 28. 73노590

[1] 형법 6조 단서의 규정에 의하여 우리나라 형법이 적용될 수 없다고 판시한 사례
: 피고인이 미국시민권을 취득하여 한국국적을 상실한 외국인인 이상 그가 미국
에서 대한민국 국민에게 뇌물을 공여하였다는 공소사실은 외국인이 외국에서 대
한민국 또는 대한민국 국민에 대하여 범한 죄이므로 행위지의 법률에 의하여 범
죄를 구성하는지 여부와 소추 또는 형의 집행이 면제된 여부를 살펴보아야 할
것이었는데 그 점에 나아가 살펴보지 않은 것은 위법한 것이다.

[18] ══

대편 1956. 12. 28. 56도235

[1] 수뢰죄에 있어서의 「직무에 관하여」의 의의: 전시 근로동원법시행녕에 의힌 동
원 보류 유예는 특별시장 또는 도지사의 권한에 속한다 하더라도 해동원유예신
청서의 접수진달 등의 사무에 관여하여 유예여부에 영향을 줄 수 있는 직무를
담당하고 있는 이상 수뢰죄의 주체가 될 수 있다

II. 事前收賂罪

1. 意義와 性格

事前收賂罪는 公務員 또는 仲裁人이 될 자가 그 담당할 직무에
관하여 청탁을 받고 뇌물을 수수·요구 또는 약속한 후 공무원 또
는 중재인이 된 때 처벌하는 범죄로 5년 이하의 징역 또는 10년 이
하의 자격정지에 처한다((제129조 2항). 이 범죄 역시 단순수뢰죄

와 마찬가지로 특정범죄가중처벌 등에 관한 법률 제2조 1항 1호·2호의 규정에 따라 수뢰액이 5천만 원 이상인 때에는 무기 또는 10년 이상의 징역, 1천만 원 이상 5천만 원 미만인 때에는 5년 이상의 유기징역에 처하게 된다. 또 본죄는 특정범죄가중처벌 등에 관한 법률 제4조의 뇌물죄적용대상의 확대에도 해당된다.

本罪는 單純收賂罪에 비해 豫備的 段階의 범죄로 볼 수 있어 취임 전의 비공직자라도 취임으로 개시될 직무에 관하여 청탁을 받고 뇌물을 수수한 경우에 공무의 공정성에 대한 일반인의 신뢰를 해할 위험성이 높다는 데에 본죄의 규정취지가 있다.[48] 본죄는 취임 전의 수뢰행위를 처벌하기 위한 범죄로 단순수뢰죄에 비해 불법감경적 구성요건이며,[49] 단순수뢰죄의 주체인 공무원 또는 중재인과 같은 신분을 현재 가지고 있지는 않지만 장차 신분이 예정되어 있는 자라는 점에서 그에 준하는 진정신분범의 일종으로 보아야 한다.[50] 또한 본죄는 공무원·중재인이 될 자가 공무원 또는 중재인이 된 것을 요건으로 뇌물을 수수·요구·약속함으로써 성립하는 추상적 위태범·거동범·즉시범의 성격을 가지고 있다.[51]

2. 主　體

本罪의 主體는 公務員 또는 仲裁人이 될 지위에 있는 자이다. 본

---

48) 김일수, 한국형법 Ⅳ, 535면.
49) 진계호, 각론(제3판), 643면.
50) 김일수, 상게서, 536면.
51) 진계호, 상게서, 644면.

죄의 주체 범위는 공무원 또는 중재인이 될 것이 확실할 것까지는 없더라도 예정되어 있는 자이거나,[52] 일반적으로 기대할 수 있는 자로 보아야 한다.[53] 본죄가 예비적 단계의 범죄인 성격을 갖고 있어서 그 한계를 정하지 않으면 가벌성이 확대될 위험성이 있기 때문이다. 결재를 위하여 상신 중에 있는 자 또는 채용원을 제출 중에 있는 자,[54] 공무원채용시험에 합격하여 발령을 대기 중인 자 또는 공선에 의해 당선이 확정된 자[55] 등이 이에 해당한다.

大統領, 國會議員 또는 地方自治團體長選擧의 입후보자에 대하여 선거운동기간 동안의 여론이나 민심의 동향에 따라 당선가능성이 가장 높은 자로 지목되고 있는 후보자 정도가 되어야 본죄의 주체가 된다는 견해도 있다.[56] 그러나 선거의 입후보자도 본죄의 주체가 된다고 해야 한다.[57] 본죄는 미수범의 처벌규정이 없고, 형법 제133조의 뇌물공여죄에서 뇌물을 약속·공여 또는 공여의 의사를 표시한 자는 처벌한다는 규정으로 보거나, 당선가능성이 가장 높은 자만을 주체로 하면 당선 불가능한 입후보자들의 사전수뢰를 허용해 버리는 결과가 될 수 있기 때문이다. 따라서 대통령·국회의원 또는 지방자치단체장 선거의 입후보자에 대해서 선거의 입후보자 모두가 본죄의 주체가 된다고 해야 한다.

---

52) 진계호, 전게서, 643면.
53) 김일수, 전게서, 536면.
54) 진계호, 전게서, 643면.
55) 김일수, 전게서, 536면.
56) 김일수, 전게서, 536면.
57) 진계호, 전게서, 643면; 정성근, 각론, 871면.

3. 行　爲

本罪의 行爲는 將來 그 擔當할 職務에 關하여 청탁을 받고 뇌물을 수수·요구 또는 약속하는 것이다. 여기의 담당할 직무란 어느 정도 구체적 직무내용이 전제되며,[58] 담당할 것으로 예정되어 있는 직무라고 할 수 있다.[59] '관하여'란 뇌물개념 자체의 객관직무관련성이 아니고 청탁 및 뇌물의 수수·요구·약속행위와 관련된 행위자의 주관적 의사방향 내지 행위경향을 의미한다.[60] '청탁'이란 일정한 직무행위에 대하여 성사될 것을 의뢰하는 것이고,[61] '청탁을 받고'란 그러한 의뢰에 응하기로 수락하는 일체의 행위사정을 말한다. 청탁을 받는 것과 뇌물의 수수·요구·약속 사이에는 기술되지 아니 한 구성요건 면에서 인과관계가 있어야 한다. 다만 직무행위나 청탁에 부정할 것을 요하지 않으며, 청탁과 승낙이 명시적일 것까지는 없다.[62] 그러나 청탁을 받은 직무행위는 특정적일 필요는 없으나 어느 정도 구체성은 필요하다.[63] 작위·부작위를 불문한다.[64]

本罪는 重疊的 多行爲犯이므로 제1行爲인 請託을 받는 행위의 개시가 있으면 실행의 착수에 이른다. 따라서 상대방의 청약에 명시적·묵시적인 응락의 의사표시가 있으면 실행의 착수가 된다. 본

---

58) 박상기, 각론, 655면.

59) 김일수, 전게서, 537면.

60) 김일수, 상게서, 537면.

61) 진계호, 전게서, 644면; 김일수, 상게서, 537면; 박상기, 전게서, 655면.

62) 진계호, 전게서, 644면; 김일수, 상게서, 537면.

63) 진계호, 상게서, 644면; 김일수, 상게서, 537면.

64) 진계호, 상게서, 644면.

죄는 즉시범적인 성격을 가지므로 뇌물을 수수·요구·약속 행위의 종료로 기수에 이른다.[65]

4. 客觀的 處罰條件

本罪의 構成要件的 故意는 行爲者 자신이 공무원 또는 중재인이 될 자라는 점, 그 담당할 직무에 관해 청탁을 받고 응낙한다는 점 및 뇌물을 수수·요구·약속한다는 점에 대한 인식 및 의사이다. 그 밖에도 본죄는 고의범·경향범이기 때문에 구성요건적 고의 이외에 초과 주관적 불법요소인 특별한 행위경향도 필요하다. 문제는 본죄에 객관적 처벌조건이 필요한가이다. 이에 대해서는 본죄는 객관적 처벌조건이 필요 없나는 견해도 있다.[66] 이에 의하면 '공무원 또는 중재인이 된 때'를 구성요건요소라고 해석하게 된다. 그러나 본죄는 객관적 처벌조건이 필요하다고 해야 한다.[67] 필요하다는 견해에 의하면 본죄는 추상적 위험범·거동범·즉시범의 성격을 가지기 때문에 구성요건행위의 종료로서 기수가 된다. 그럼에도 불구하고 법문이 '공무원 또는 중재인이 된 때'라는 요건을 명시한 것은 객관적 처벌조건을 부가한 것으로 보아야 하기 때문이다.

---

65) 김일수, 상게서, 537면.

66) 유기천, 각론, 312면.

67) 진계호, 전게서, 644면; 정영석, 각론, 51면; 서일교, 각론, 325면; 권문택, 주각(상), 117면; 이재상, 각론(신정판), 644면; 배종대, 각론, 597면; 김일수, 전게서, 538면.

◆ 종합정리(사전수뢰죄)

(1) 죄명: 사전수뢰죄(제129조 2항)

(2) 의의: 공무원 또는 중재인이 될 자가 그 담당할 직무에 관하여 청탁을 받고 뇌물을 수수·요구 또는 약속한 후 공무원 또는 중재인이 된 때에 처벌하는 범죄(취직 전의 수뢰행위 처벌)

(3) 사례: 사법시험에 합격한 甲은 사업가인 친구 乙과 함께 축하 술을 마시면서 乙이 甲주에게 검사로 재직하면 내 뒤를 봐주라고 부탁하며 1천만 원을 주자, "친구 간에 당연하지 그런데 뭐 이런 것까지" 하면서 받아 넣었다. 2년 후 검사로 발령을 받았다.

(4) 보호법익: 국가기능의 공정성 및 직무행위의 불가매수성(통설·판례), 이에 대한 일반의 신뢰(유력설)

(5) 구성요건

　　1) 주체 - 공무원 또는 중재인이 될 자.

　　2) 행위 - 장차 담당할 직무에 관하여 청탁을 받고 뇌물을 수수·요구 또는 약속.

　　3) 고의 - 고의범·경향범으로 청탁을 받고 응낙과 뇌물을 수수·요구 또는 약속에 대한 인식·의사.

(6) 처벌: 3년 이하의 징역 또는 7년 이하의 자격정지.

(7) 공소시효: 3년.

(8) 자격정지병과 몰수·추징: 몰수(제134조) - 형법 제48조에 대한 특칙 규정임.

(9) 가중구성요건: 단순수뢰죄에 대한 불법감경적 구성요건임.

(10) 공범관계: ×

(11) 타죄와의 관계

　　1) 수뢰액수에 따른 가중처벌(특가법 2조 1항)

　　2) 뇌물죄 적용대상 확대(특가법 4조)

(12) 죄수: ×

◆ 관련판례(사전수뢰죄)

[1]==

대판 1999. 7. 23. 99도1911

[1] 사전수뢰죄에 있어서 청탁의 의미와 방법: 형법 제129조 제2항의 사전수뢰는 단순수뢰의 경우와는 달리 청탁을 받을 것을 요건으로 하고 있는바, 여기에서 청

탁이라 함은 공무원에 대하여 일정한 직무행위를 할 것을 의뢰하는 것을 말하는 것으로서 그 직무행위가 부정한 것인가 하는 점은 묻지 않으며 그 청탁이 반드시 명시적이어야 하는 것도 아니라고 할 것이다.

Ⅲ. 第3者 賂物供與罪

1. 意義와 性格

第3者 賂物提供罪는 公務員 또는 仲裁人이 그 職務에 관하여 부정한 청탁을 받고 제3자에게 뇌물을 제공하게 하거나 공여를 요구 또는 약속한 때 처벌하는 범죄로 5년 이하의 징역 또는 10년 이하의 자격정지에 처한디(제130조). 이 범죄 역시 단순수뢰죄, 사전수뢰죄와 마찬가지로 특정범죄가중처벌 등에 관한 법률의 적용을 받아 수뢰액이 5천만 원 이상인 때에는 무기 또는 10년 이상의 징역, 1천만 원 이상 5천만 원 미만인 때에는 5년 이상의 유기징역에 처하게 된다(동법 제2조 1항 1호·2호). 그리고 특정범죄가중처벌 등에 관한 법률 제4조의 뇌물죄적용대상의 확대에도 해당된다. 뇌물죄에서 뇌물은 공무원 또는 중재인에게 개인적인 이익도 되고 가족이나 친지 또는 자기와 특별한 관계가 있는 집단의 이익에까지 영향을 준다. 뇌물이 당사자는 물론 제3자로 하여금 뇌물을 얻게 하는 행위를 처벌하지 않는다면 공직자의 부패와 공직의 공정성에까지 일반인의 신뢰에 대한 배신을 막을 수 없게 된다는 데에 본죄의 규정취지가 있다.

本罪의 性格에 관해서는 賂物을 받는 자가 공무원·중재인이 아닌 제3자라는 점에서 실질적인 간접수뢰를 규정한 것으로 보는 견해[68]와 간접정범이 직접정범과 본질적인 차이가 없듯이 간접수뢰는 직접수뢰와 차이가 없으므로 간접수뢰와는 구별되는 수뢰죄의 일종으로 보는 견해가 있다.[69] 전설의 경우는 공무원·중재인과 제3자 사이에 간접적인 이해관계가 있을 것을 요함에 반하여, 후설의 경우는 반드시 이해관계가 있을 것을 요하지 않으며 간접수뢰란 공무원이 그의 가족을 시켜 수뢰한 경우처럼 직접수뢰와 본질적으로 동일시할 수 있는 경우를 의미하기 때문에 본죄를 간접수뢰라 부르는 것 자제가 형용의 모순이라는 시각이다. 생각건대 본죄를 제129조와 분리하여 규정했을 뿐만 아니라, 공무원과 제3자 사이에 이해관계를 인정할 수 있고, 그것이 공무원에게 간접적 이익이 된다고 생각되므로 전설이 타당하다고 해야 한다. 따라서 공무원이 처에게 뇌물을 공여할 것을 약속·요구하면 단순수뢰죄가 성립할 뿐이다. 그러나 후설에서는 이런 경우를 간접수뢰라고 한다.

2. 行 爲

本罪는 不正한 請託을 받고서 贈賂者로 하여금 제3자에게 뇌물을 제공하게 하거나 제공하도록 요구 또는 약속하는 것이다. 본죄의 '부정한 청탁'이란 위법한 것과 부당한 것을 포함한다. 문제는 여기의 청탁에 대하여 두 가지 견해가 대립하고 있다. 하나는 사전

---

68) 진계호, 각론(제3판), 644면; 황산덕, 각론, 57면; 정영석, 각론, 52면; 권문택, 주각(상), 117면; 서일교, 각론, 326면; 김일수, 한국형법 Ⅳ, 540면.
69) 유기천, 각론(하), 295면; 이재상, 각론(신정판), 645면; 배종대, 각론, 597면.

수뢰죄에서의 내용과 같다는 관점으로 굳이 부정한 용어를 덧붙일 필요가 없다는 견해이다.[70] 다른 하나는 본죄의 수단이 간접적인 점을 강조하여 그 성립요건을 더 엄격하게 제한하려는 의미로 보아야 한다는 견해가 있다.[71] 생각건대 청탁이란 일정한 직무행위를 해 줄 것을 의뢰하는 것이기 때문에 현실적으로 뇌물이 관여가 되었다면 부정한 용어에 관계없이 내용면에서 사전수뢰죄와 같다고 보아야 한다. '제3자'란 행위자와 공동 정범자 이외의 사람을 말한다. 따라서 자연인·법인·법인격 없는 단체나 교사범 및 종범은 제3자가 될 수 있다.[72] 특히 기부금 명목으로 회사·동창회·향우회·종단·문중·교회·정당·각종 사회단체 등에 금품을 제공하게 한 경우에도 본죄에 해당한다. 그러나 처자 기타 생활관계를 같이 하고 있는 동거가족은 포함되지 않는다.[73]

　제3자는 本罪의 犯行主體인 公務員·仲裁人과 直接的인 이해관계가 아닌 간접적인 사실상의 이해관계만 있어도 된다. 본죄를 간접수뢰로 보는 입장에서는 간접의 의미를 광의로 보면 실제 양자 사이에 별 차이가 없어지게 되기 때문이다. 따라서 공무원이 자기의 직무와 관련하여 임의의 제3자로 하여금 뇌물을 받게 한 경우에도 양자 사이에는 사실상의 이해관계가 있다고 보며, 그것이 공무원에게 모종의 즐거움이 된다면 간접적인 이익이 된다고 해야 할 것이다.[74] 그러나 본죄가 간접수뢰가 아니고 단지 수뢰죄의 일

---

70) 진계호, 상게서, 967면; 이건호, 각론, 54면; 서일교, 각론, 327면.

71) 정영석, 각론, 51면; 권문택, 주각(상), 704면; 김일수, 전게서, 541면.

72) 진계호, 상게서, 645면; 박상기, 각론, 656면; 이재상, 각론(신정판), 645면.

73) 진계호, 전게서, 645면; 김일수, 상게서, 542면.

74) 정성근, 각론, 873면; 김일수, 상게서, 542면.

종으로 보아야 한다는 입장에서는 행위자와 제3자 사이에 아무런 이해관계가 없는 경우에도 본죄가 성립한다. 본죄에서 제3자는 그 정을 알았는지 몰랐는지를 상관치 않으며, 또한 제3자가 뇌물의 수수를 거절했더라도 본죄는 성립한다. 그리고 제3자가 행위자의 주선에 의한 뇌물임을 알고 받은 경우에는 실질적으로 본죄의 방조범이 되나, 본죄가 필요적 공범이고 또 제3자의 필요적 방조행위를 처벌하는 별도의 규정이 없는 이상 제3자를 처벌할 수 없다.[75]

本罪는 職務에 관하여 不正한 請託을 받고 제3자에게 뇌물을 제공하게 하거나 공여를 요구 또는 약속하는 실행행위이다. 이러한 행위는 중첩적 다행위범이 된다. 그러므로 부정한 청탁에 대해 명시적·묵시적인 응낙을 하는 때에는 실행의 착수가 되며, 제3자에게 뇌물을 제공하게 하는 의사표시를 하거나 공여를 요구·약속함으로써 기수가 된다.[76] 따라서 제3자의 수락의 의사표시나 뇌물수수행위는 본죄 성립에 지장을 주지 않는 추상적 위태범이다. 이러한 간접적 방법에 의한 이익향유는 그 증명이 사실상 곤란하고 현실적인 이익취득이 없더라도 직무의 공정을 해칠 수 있으며 의심도 받을 수 있기 때문이다.

◈ 종합정리(제3자뇌물제공죄)

(1) 죄명: 제3자뇌물제공죄(제130조)
(2) 의의: 공무원 또는 중재인이 그 직무에 관하여 부정한 청탁을 받고 제3자에게 뇌물을 공여하거나 공여를 요구 또는 약속함으로써 성립하는 범죄. 제3자에게 뇌물을 주라고 증뢰자에게 지시하는 죄.

---

75) 김일수, 상게서, 542면.
76) 진계호, 전게서, 645면; 김일수, 상게서, 542면.

(3) 사례: 경제기획원의 주무국장 甲(제3자에게 뇌물을 주라고 지시한 자)은, 乙회사(증뢰자)의 차관도입에 특혜를 주는 대신, 자기 동생이 회장으로 있는 조기축구회(제3자)에 100만 원을 기부하라고 했다. [주무국장 갑은 제3자 뇌물제공죄, 을은 증뢰죄, 자기 동생이 회장으로 있는 조기축구회는 제3자로서 필요적 방조 행위에 대한 별도규정이 없는 한 처벌 못함].

(4) 보호법익: 국가기능의 공정성 및 직무행위의 불가매수성(통설·판례), 이에 대한 일반의 신뢰(유력설).

(5) 구성요건

　　1) 주체 – 공무원 또는 중재인.

　　2) 행위 – 그 직무에 관하여 부정한 청탁을 받고, 제3자에게 뇌물을 제공하게 하거나 공여를 요구 또는 약속하는 것.

　　3) 고의 – 고의범, 부정한 청탁을 받고 뇌물을 제3자에게 공여하게 하거나 공여를 요구 또는 약속에 대한 인식·의사.

(6) 처벌: 5년 이하의 징역 또는 10년 이하의 자격정지.

(7) 공소시효: 5년.

(8) 자격정지병과 몰수·추징: 몰수(제134조) – 형법 제48조에 대한 특칙 규정임. 공무원 범죄에 대한 몰수특례법으로 형법상 몰수보다 그 대상을 확대함.

(9) 가중구성요건: ×

(10) 공범관계: ×

(11) 타죄와의 관계

　　1) 특별법: 수뢰액수에 따른 가중처벌(특가법 2조 1항), 뇌물죄 적용대상 확대(특가법 4조)

(12) 죄수: ×

◆ 관련판례(제3자뇌물제공죄)

[1]===

대판 2004. 3. 26. 2003도8077

[1] 공무원이 직접 뇌물을 받지 아니 하고 증뢰자로 하여금 다른 사람에게 뇌물을 공여하도록 한 경우, 그 다른 사람이 공무원의 사자 또는 대리인으로서 뇌물을 받은 경우나 그 밖에 예컨대, 평소 공무원이 그 다른 사람의 생활비 등을 부담하고 있었다거나 혹은 그 다른 사람에 대하여 채무를 부담하고 있었다는 등의 사정이 있어서 그 다른 사람이 뇌물을 받음으로써 공무원은 그만큼 지출을 면하

게 되는 경우 등 사회통념상 그 다른 사람이 뇌물을 받은 것을 공무원이 직접 받은 것과 같이 평가할 수 있는 관계가 있는 경우에는 형법 제130조의 제3자뇌물제공죄가 아니라, 형법 제129조 제1항의 뇌물수수죄가 성립한다.

[2] ==

대판 2002. 4. 9. 2001도7056

[1] 형법 제129조 제1항 소정의 뇌물수수죄는 공무원이 그 직무에 관하여 뇌물을 수수한 때에 적용되는 것으로서, 이와 별도로 형법 제130조에서 공무원이 그 직무에 관하여 부정한 청탁을 받고 제3자에게 뇌물을 공여하게 한 때에는 제3자뇌물수수죄로 처벌하도록 규정하고 있는 점에 비추어 보면, 공무원이 직접 뇌물을 받지 아니 하고 증뢰자로 하여금 다른 사람에게 뇌물을 공여하도록 한 경우에는 그 다른 사람이 공무원의 사자 또는 대리인으로서 뇌물을 받은 경우나 그 밖에 예컨대, 평소 공무원이 그 다른 사람의 생활비 등을 부담하고 있었다거나 혹은 그 다른 사람에 대하여 채무를 부담하고 있었다는 등의 사정이 있어서 그 다른 사람이 뇌물을 받음으로써 공무원은 그만큼 지출을 면하게 되는 경우 등 사회통념상 그 다른 사람이 뇌물을 받은 것을 공무원이 직접 받은 것과 같이 평가할 수 있는 관계가 있는 경우에 한하여 형법 제129조 제1항의 뇌물수수죄가 성립한다.

[2] 산악회 지부가 사업자로부터 등반대회 행사용 수건을 교부받은 것을 산악회 지부의 고문으로 있는 군수가 이를 교부받은 것과 동일시하기에는 부족하다고 보아 형법 제129조 제1항의 뇌물수수죄 성립을 부정한 사례.

[3] 원심은 공동피고인에 대하여 포괄일죄의 관계에 있는 뇌물공여 공소사실 중 일부에 대하여만 유죄로 인정하고 그 나머지 공소사실에 대하여서는 범죄사실의 증명이 없다 하여 무죄로 판단하였고, 이에 대하여 검사는 원심판결에 대하여 불복상고하고 공동피고인은 상고하지 아니 하였으나, 원심이 피고인에 대하여 유죄로 인정한 특정범죄가중처벌등에관한법률위반 범죄사실 중 일부에 대하여 파기사유가 있고 그 파기사유는 뇌물공여죄로 기소된 공동피고인에 대하여도 공통된다 할 것이므로 형사소송법 제392조의 규정에 따라 공동피고인에 대한 부분도 파기되어야 한다.

[3] ==

대판 1998. 9. 22. 98도1234

[1] 형법 제130조의 제3자뇌물제공죄를 형법 제129조 제1항의 단순수뢰죄와 비교하여 보면 공무원이 직접 뇌물을 받지 아니 하고, 증뢰자로 하여금 제3자에게 뇌물을 공여하도록 하고 그 제3자로 하여금 뇌물을 받도록 한 경우에는 부정한 청탁을 받고 그와 같은 행위를 한 경우에 한하여 단순수뢰죄와 같은 형으로 처벌하

고, 공무원이 직접 뇌물을 받지 아니 하고, 증뢰자로 하여금 제3자에게 뇌물을 공여하도록 하고 그 제3자로 하여금 뇌물을 받도록 하였다 하더라도 부정한 청탁을 받은 일이 없다면 이를 처벌하지 아니 한다는 취지로 해석하여야 할 것이나, 다만 공무원이 직접 뇌물을 받지 아니 하고, 증뢰자로 하여금 다른 사람에게 뇌물을 공여하도록 하고 그 다른 사람으로 하여금 뇌물을 받도록 한 경우라 할지라도 그 다른 사람이 공무원의 사자 또는 대리인으로서 뇌물을 받은 경우나 그 밖에 예컨대 평소 공무원이 그 다른 사람의 생활비 등을 부담하고 있었다거나 혹은 그 다른 사람에 대하여 채무를 부담하고 있었다는 등의 사정이 있어서 그 다른 사람이 뇌물을 받음으로써 공무원은 그만큼 지출을 면하게 되는 경우 등 사회통념상 그 다른 사람이 뇌물을 받은 것을 공무원이 직접 받은 것과 같이 평가할 수 있는 관계가 있는 경우에는 형법 제129조 제1항의 단순수뢰죄가 성립한다.

[4]==

대판 1985. 6. 25. 85도546

[1] 제3자뇌물공여죄로 기소된 공소사실이 뇌물공여죄로 인정되는 사실과 기본적 사실관계를 달리한다고 본 사례: 이 건 공소사실은 피고인이 그의 상사에게 의사 국가고시에 부정한 방법으로 합격케 하여 달라는 청탁으로 제3자에게 전달하여 달라고 금 250,000원을 교부하였다는 것으로 이는 피고인이 의사고시응시준비를 위하여 장기결근을 하였는데 그의 상사가 이를 출근한 것으로 처리하여 봉급까지 타게 해주어 고맙다는 뜻에서 그에게 금 200,000원을 제공하였다는 것과는 그 기본적 사실을 달리하는 것이므로 공소장변경 등의 절차가 없는 한 이를 심판의 대상으로 삼을 수는 없다.

Ⅳ. 收賂後不正處事罪

1. 意義와 性格

收賂後不正處事罪는 公務員 또는 仲裁人이 전 2조의 죄(단순수뢰죄, 사전수뢰죄, 제3자뇌물제공죄)를 범하여 부정한 행위를 한 때에 처벌하는 범죄로 1년 이상의 유기징역에 처하고 10년 이하의 자격정지를 병과할 수 있다(제131조 1항). 이 범죄에 대해서는 특정범죄가중처벌 등에 관한 법률의 적용을 받는다는 규정은 없다. 그러나 가중처벌하는 취지로 보아 단순수뢰죄, 사전수뢰죄, 제3자뇌물제공죄와 마찬가지로 본죄의 경우도 포함된다고 본다.[77] 따라서 본죄는 특정범죄가중처벌 등에 관한 법률 제2조 1항 1호·2호의 규정에 따라 수뢰액이 5천만 원 이상인 때에는 무기 또는 10년 이상의 징역, 1천만 원 이상 5천만 원 미만인 때에는 5년 이상의 유기징역에 처하게 된다. 그리고 특정범죄가중처벌 등에 관한 법률 제4조의 뇌물죄적용대상의 확대에도 해당된다.

收賂後不正處事罪는 公務員 또는 仲裁人이 단순수뢰죄·사전수뢰죄·제3자뇌물제공죄를 범하여 수뢰를 하였을 뿐만 아니라 더 나아가 부정한 행위까지 함으로써 공무의 공정성과 직무행위의 불가매수성에 대한 일반인의 신뢰가 단순수뢰죄보다 훨씬 큰 위험에 처하도록 하는 행위를 한 범죄이다. 그러므로 본죄는 수뢰를 한 후에 다시 부정한 행위를 하여 국가기능의 공정성을 구체적으로 침해한 것이고,[78] 직무행위의 불가매수성에 대한 일반의 신뢰를 단순수뢰죄보다 훨씬 큰 위험에 처하도록 하였기 때문에 단순수뢰죄에 비하여 불법이 가중된 구성요건이다.[79] 본죄가 추상적 위험범·거동범·즉시범의 성격을 띤다는 점은 다른 수뢰죄와 같다. 따라서 부정한 행위가 수뢰행위에 중첩되어 있지만 부정한 행위결과

---

77) 대판 1969. 12. 9, 69도1288.

78) 진계호, 각론(제3판), 645면; 이재상, 각론(신정판), 645면; 정성근, 각론, 876면.

79) 김일수, 한국형법 Ⅳ, 543면; 박상기, 각론(개정판), 656면.

의 발생을 요하지는 않으며, 공공의 신뢰에 대한 구체적 위험의 발생을 필요로 하지도 않는다.

2. 構成要件

本罪의 主體는 公務員 또는 仲裁人이다. 그러나 사전수뢰죄와의 관련으로 공무원 또는 중재인이 될 자도 포함된다고 해야 한다.[80] 본죄는 단순수뢰죄·사전수뢰죄·제3자뇌물공여죄를 범한 수뢰행위와 부정행위의 전후관계가 연결된 중첩된 다행위범이다. 그러나 이러한 양자 사이에는 일정한 인과관계, 즉 객관적인 인과관계는 필요 없고 주관적인 목적관련성만 있으면 된다.[81] 따라서 뇌물을 수수·요구·약속한 후 부정한 행위를 하지 않거나 양자 사이에 목적에 대한 연관관계가 없을 때에는 단순수뢰죄나 사전수뢰죄 또는 제3자뇌물제공죄만 성립할 뿐 불법가중구성요건인 본죄는 문제되지 않는다.[82]

收賂後不正處事罪는 公務員 또는 仲裁人이 수뢰했을 뿐만 아니라 나아가 부정한 행위를 함으로써 성립하는 범죄이다. 여기의 '부정한 행위'란 직무에 위배된 모든 행위를 말한다. 위법·부당한 행위는 물론 직권남용행위, 법규위반뿐만 아니라 재량권의 한계일탈이나 그 남용의 경우,[83] 직무 자체는 물론 이와 밀접한 관련행위를 포함

---

80) 진계호, 각론(제3판), 645면; 황산덕, 각론, 57면; 정성근, 각론, 875
   면; 배종대, 각론, 598면; 김일수, 한국형법 Ⅳ, 544면.
81) 김일수, 전게서, 544면.
82) 권문택, 주각(상), 705면; 김일수, 상게서, 544면.

한다. 그러나 직무 이외의 사적 행위에 대한 부정한 행위가 있어도 이에 해당되지 않는다. 적극적으로 부정행위를 한 작위인가 아니면 당연히 해야 할 행위를 하지 않는 부작위인가는 문제되지 않는다.[84] 작위에 의한 부정행위로는 수사기록조서의 일부를 파기·소각하거나,[85] 입찰업무에 종사자가 최고가격과 최저가격의 내용을 응찰자에게 미리 알려주거나, 세금의 면탈방법을 알려주는 경우를 들 수 있다. 부작위에 의한 부정행위로는 의원이 회의장에 불참하거나, 피의자의 요청에 따라 증거품의 압수를 중단하거나, 경찰관이 범죄인을 묵과해 버리는 경우 등을 들 수 있다.[86]

本罪는 抽象的 危險犯으로 賂物의 收受·要求·約束 등과 부정한 행위 사이에는 인과관계 내지 불법한 대가관계가 필요하다. 그러나 현실적으로 공무에 손해가 발생되었는가는 필요치 않는다.[87] 본죄는 추상적 위험범·거동범·즉시범으로서의 성격을 가지기 때문에 부정한 행위만으로 기수가 된다. 그 밖에 행위자가 공무원 또는 중재인이거나 공무원 또는 중재인이 자신이 될 것이라는 사실, 직무에 관하여 뇌물을 수수·요구·약속한다는 사실 및 그에 대한 대가로 직무에 위반하여 부정한 행위를 한다는 점이 있어야 할 뿐만 아니라, 수뢰행위와 부정행위 사이에 인과관계의 인식과 의사인 구성요건적 고의가 필요하다. 그러나 그 고의는 미필적 고의로 충분하다.[88]

---

83) 김일수, 상게서, 544면.

84) 진계호, 전게서, 645면; 이재상, 전게서, 645면.

85) 대판 1958. 9. 12, 4291형상271.

86) 진계호, 전게서, 646면; 김일수, 전게서, 544면.

87) 진계호, 전게서, 646면.

3. 罪數 및 他罪와의 關係

賂物을 要求·約束한 後에 職務違背行爲를 하고 난 후 뇌물을 수수한 경우에도 수뢰후부정처사죄만 성립한다.[89] 예컨대 사법경찰관 갑이 피의자의 요청으로 사례금을 받기로 약속하고 증거물의 압수를 포기한 후, 현금 50만 원을 받은 경우 사전수뢰죄와 수뢰죄가 되는 것이 아니라 수뢰후부정처사죄만 된다. 직무위배행위인 부정한 행위가 허위공문서작성죄, 공문서위조죄와 그 행사죄, 횡령죄 또는 배임죄가 구성한 때는 본죄와 상상적 경합이 된다.[90] 판례도 같은 입장이다.[91] 그러나 뇌물을 수수·요구·약속한 후에 부정행위가 없었다면 제129조 또는 제130조의 죄만 해당된다.

◈ 종합정리(수뢰후부정처사죄)

(1) 죄명: 수뢰후부정처사죄(제131조 1항)

(2) 의의: 공무원 또는 중재인이 단순수뢰죄(제129조 1항), 사전수뢰죄(제129조 2항), 제3자뇌물공여죄(제130조)를 범하여 부정한 행위를 함으로써 성립하는 범죄. 수뢰 후 다시 부정행위를 한 죄.

(3) 사례: 사법경찰관 甲이 피의자의 요청을 받아 뇌물을 수수하고, 증거물의 압수를 포기하였다.

(4) 보호법익: 국가기능의 공정성 및 직무행위의 불가매수성(통설·판례). 이에 대한 일반의 신뢰(유력설)

(5) 구성요건

---

88) 김일수, 전게서, 545면.

89) 정성근, 각론, 876면; 김일수, 전게서, 545면.

90) 진계호, 전게서, 646면; 정성근, 전게서, 877면; 김일수, 상게서, 545면; 이재상, 전게서, 646면; 박상기, 전게서, 657면.

91) 대판 1983. 7. 26, 83도1378.

1) 주체 - 공무원 또는 중재인(제129조 1항, 제130조), 공무원 또는 중재인이 되기 전에 수뢰행위를 한 자(제129조 2항)
2) 행위 - 부정한 행위.
3) 고의 - 수뢰행위와 부정행위와의 인과관계에 대한 인식·의사. 미필적 고의도 충분.

(6) 처벌: 1년 이상의 유기징역에 처하고, 10년 이하의 자격정지 병과 가능.(*유기 - 1월 이상 15년 이하, 가중 시는 25년 이하. *무기 - 종신형. 단, 10년 경과 후 가석방 가능)

(7) 공소시효: 7년

(8) 자격정지병과 몰수·추징: 몰수(제134조) - 형법 제48조에 대한 특칙 규정임. 10년 이하 자격정지 병과가 가능함(동조 4항)

(9) 가중구성요건: 수뢰 후 다시 부정한 행위를 한 불법가중적 구성요건임(단순수뢰죄에 대한 불법가중적구성요건임) - 국가 기능의 공정성을 구체적으로 침해.

(10) 공범관계: ×

(11) 타죄와의 관계
1) 특별법: 수뢰액수에 따른 가중처벌(특가법 2조 1항), 뇌물죄 적용대상 확대 (특가법 4조)
2) 부정처사가 공문서위조죄나 동 행사죄, 횡령죄 또는 배임죄를 구성할 때는 수뢰후부정처사죄와 상상적 경합.

(12) 죄수: 뇌물을 요구·약속한 후 직무위배행위를 하고, 다시 그 후에 뇌물을 수수한 경우에도 1 죄만 성립

◆ 관련판례(수뢰후부정처사죄)

[1]===

대판 2004. 3. 26. 2003도8077

[1] 형법 제131조 제1항은 공무원 또는 중재인이 형법 제129조, 제130조의 죄를 범한 후에 부정한 행위를 한 때에 가중처벌 한다는 규정이므로, 형법 제131조 제1항의 죄를 범한 자는 특정범죄가중처벌등에관한법률 제2조 제1항 소정의 형법 제129조, 제130조에 규정된 죄를 범한 자에 해당된다.

[2]===

대판 2003. 6. 13. 2003도1060

[1] 뇌물죄는 직무집행의 공정과 이에 대한 사회의 신뢰에 기하여 직무행위의 불가

매수성을 그 직접의 보호법익으로 하고 있으므로 뇌물성은 의무위반 행위나 청탁의 유무 및 금품수수 시기와 직무집행 행위의 전후를 가리지 아니 한다 할 것이고, 따라서 뇌물죄에서 말하는 '직무'에는 법령에 정하여진 직무뿐만 아니라 그와 관련 있는 직무, 과거에 담당하였거나 장래에 담당할 직무 외에 사무분장에 따라 현실적으로 담당하지 않는 직무라도 법령상 일반적인 직무권한에 속하는 직무 등 공무원이 그 직위에 따라 공무로 담당할 일체의 직무를 포함한다 할 것이고, 수뢰후부정처사죄에서 말하는 '부정한 행위'라 함은 직무에 위배되는 일체의 행위를 말하는 것으로 직무행위 자체는 물론 그것과 객관적으로 관련 있는 행위까지를 포함한다.

[3]═══

대판 2001. 2. 9. 2000도1216

[1] 형법 제131조 제1항의 수뢰후부정처사죄에 있어서 공무원이 수뢰 후 행한 부정행위가 공도화변조 및 동행사죄와 같이 보호법익을 달리하는 별개 범죄의 구성요건을 충족하는 경우에는 수뢰후부정처사죄 외에 별도로 공도화변조 및 동행사죄가 성립하고 이들 죄와 수뢰후부정처사죄는 각각 상상적 경합 관계에 있다고 할 것인바, 이와 같이 공도화변조죄와 동행사죄가 수뢰후부정처사죄와 각각 상상적 경합범 관계에 있을 때에는 공도화변조죄와 동행사죄 상호 간은 실체적 경합범 관계에 있다고 할지라도 상상적 경합범 관계에 있는 수뢰후부정처사죄와 대비하여 가장 중한 죄에 정한 형으로 처단하면 족한 것이고 따로 경합범 가중을 할 필요가 없다.

[4]═══

대판 1999. 11. 9. 99도2530

[1] 뇌물죄는 직무집행의 공정과 이에 대한 사회의 신뢰에 기하여 직무행위의 불가매수성을 그 직접의 보호법익으로 하고 있으므로 뇌물성은 의무위반 행위나 청탁의 유무 및 금품수수 시기와 직무집행 행위의 전후를 가리지 아니 한다 할 것이고, 따라서 뇌물죄에서 말하는 '직무'에는 법령에 정하여진 직무뿐만 아니라 그와 관련 있는 직무, 과거에 담당하였거나 장래에 담당할 직무 외에 사무분장에 따라 현실적으로 담당하지 않는 직무라도 법령상 일반적인 직무권한에 속하는 직무 등 공무원이 그 직위에 따라 공무로 담당할 일체의 직무를 포함한다.

[2] 음주운전을 적발하여 단속에 관련된 제반 서류를 작성한 후 운전면허 취소업무를 담당하는 직원에게 이를 인계하는 업무를 담당하는 경찰관이 피단속자로부터 운전면허가 취소되지 않도록 하여 달라는 청탁을 받고 금원을 교부받은 경우, 뇌물수수죄가 성립한다고 한 사례.

[3] 수뢰후부정처사죄로 기소된 공소사실을 공소장 변경 없이 뇌물수수죄로 인정할
　　수 있다고 한 사례.

[5] ══

　대판 1996. 8. 23. 96도1231

[1] 행정청의 내부방침에 위배하여 허위의 복명서를 작성한 후 대규모소매점개설신
　　고서를 수리한 직무위배 행위 역시 형법 제131조 제2항 소정의 '직무상 부정한
　　행위'에 해당되고, 관계 법령상 대규모소매점개설신고의 요건을 심사하여 수리
　　여부를 결정할 수 있는 권한이 행정청에 있는 것이 아니라 하여 달리 볼 것은
　　아니라고 한 사례.

[6] ══

　대판 1995. 12. 12. 95도2320

[1] 과세 대상에 관한 규정이 명확하지 않고 그에 관한 확립된 선례도 없었던 경우,
　　공무원이 주식회사로부터 뇌물을 받은 후 관계 법령에 대한 충분한 연구, 검토
　　없이 위 회사에 유리한 쪽으로 법령을 해석하여 감액처분하였더라도 위 감액처
　　분이 위법하지 않으면 그 공무원이 수뢰 후 '부정한 행위'를 한 것으로서 수뢰후
　　부정처사죄를 범하였다고 볼 수는 없다고 한 사례.

V. 不正處事後收賂罪

1. 意義와 性格

　不正處事後收賂罪는 公務員 또는 仲裁人이 그 職務上 不正한 행
위를 한 후 뇌물을 수수·요구 또는 약속하거나 제3자에게 이를 공
여하게 하거나 공여를 요구 또는 약속한 때에 처벌하는 범죄로 1년
이상의 유기징역에 처하고, 10년 이하의 자격정지를 병과할 수 있
다(제131조 2항). 예컨대 구청공무원이 불법한 인·허가를 내어 주
고 그 대가로 뇌물을 수수·요구 또는 약속하거나, 자기 동생 구좌

에 일정액을 입금토록 요구 또는 약속한 경우가 이에 해당한다. 이 범죄 역시 단순수뢰죄, 사전수뢰죄, 제3자뇌물제공죄 및 수뢰후부정처사죄와 마찬가지로 특정범죄가중처벌 등에 관한 법률 제2조 1항 1호·2호의 규정에 따라 수뢰액이 5천만 원 이상인 때에는 무기 또는 10년 이상의 징역, 1천만 원 이상 5천만 원 미만인 때에는 5년 이상의 유기징역에 처해야 한다. 왜냐하면 특정범죄가중처벌 등에 관한 법률 제4조의 뇌물죄적용대상의 확대에도 해당되기 때문이다.

本罪는 現職 公務員 또는 仲裁人이 먼저 不正한 行爲를 한 후에 뇌물을 수수하는 등으로 퇴직이 아닌 전직 후에 수뢰한 점에서 사후수뢰죄와 차이가 있고, 수뢰후부정처사죄(제131조 1항)와는 행위 순서가 바뀌었다는 점에서 서로 대칭되는 양태에 있다. 본죄에 대해서 부정행위가 선행하고 수뢰행위가 사후적이라는 점에서 사후수뢰죄(제131조 3항)의 성격과 같기 때문에 이 두 가지를 합히어 사후수뢰죄라고 하자는 견해도 있다.[92] 그러나 본죄는 사후수뢰죄와는 요건을 달리하므로 체계적 명료성의 측면에서 부정처사후수뢰죄와 수뢰후부정처사죄를 구별하고 별도로 사후수뢰죄라는 고유한 이름을 붙여 구별하는 것이 타당하다고 본다.[93] 본죄는 단순수뢰죄에 비해 불법이 가중된 가중적 구성요건으로 공무원이 수뢰도 하고 더 나아가 부정행위까지 하여 공무의 공정성과 직무행위의 불가매수성에 대한 일반의 신뢰도가 단순수뢰죄보다 훨씬 큰 위험에 있다는 점에서 가중처벌한 것이다.

---

92) 이재상, 각론, 646면; 정성근, 각론, 877면; 배종대, 각론, 599면.
93) 김일수, 상게서, 546면; 이재상, 상게서, 646면; 정성근, 전게서, 877면; 배종대, 형법각론, 599면.

2. 構成要件

本罪의 主體는 公務員 또는 仲裁人이나 事前收賂罪(제129조 2 항)와의 관계상 공무원 또는 중재인이 될 자도 포함된다고 하는 수뢰후부정처사죄와 동일하다. 본죄의 구성요건에서 부정한 행위란 직무에 위배되는 모든 행위로 위법·부당한 행위는 물론 직권남용 행위도 포함한다. 직무행위 자체는 물론 그것과 객관적인 관련행위 와 직무 이외의 사적 행위를 제외한 작위·부작위, 소극적·적극적 행위, 내부적·외부적 행위를 불문한다. 위배는 법규위반뿐만 아니 라 재량권의 한계일탈 및 그 남용의 경우도 포함한다. 그리고 본죄 의 성격상 추상적 위험범·거동범·즉시범적인 범죄이기 때문에 부정한 행위 자체가 기수가 되며, 그 밖에 국가 또는 공공단체에 현실로 위해가 발생하거나 구체적인 위험이 발생될 필요는 없다.

本罪의 故意는 行爲者가 자신이 공무원 또는 중재인이거나 공무 원 또는 중재인이 될 자라는 사실, 직무상 부정한 행위를 한 후 뇌 물을 수수·요구 또는 약속하거나, 제3자에게 이를 공여하게 하거 나 공여를 요구 또는 약속한다는 사실, 그에 대한 대가라는 점 및 수뢰행위와 부정행위의 인과관계에 대한 인식과 의사를 필요로 한 다. 그러나 여기의 고의는 미필적 고의로도 충분하다. 직무위배행 위를 한 후 뇌물을 수수·요구·약속하고, 다시 그 후에 뇌물을 수 수한 경우에도 본죄 1죄만 성립한다. 그러나 부정한 행위가 동시에 허위공문서작성죄·공문서위조죄나 그 행사죄, 횡령죄, 배임죄 등 에 해당할 때는 본죄와 상상적 경합이 된다.

◈ 종합정리(부정처사후수뢰죄)

(1) 죄명: 부정처사후수뢰죄(제131조 2항)

(2) 의의: 공무원 또는 중재인이 그 직무상 부정행위를 한 후, 뇌물을 수수·요구 또는 약속하거나, 제3자에게 이를 공여하게 하거나, 공여를 요구 또는 약속함으로써 성립하는 범죄. 먼저 부정행위를 한 후 뇌물 수수로 퇴직이 아닌 전직 후 수뢰한 때.

(3) 사례: 경찰관 甲은, 절도죄 혐의로 A파출소에서 조사 받던 乙 이 조서를 유리하게 써주라고 부탁하며 50만 원을 주려고 하자, 내일 경찰서로 전보되어 가니 그곳으로 가져오라고 약속하고, 유리하게 써 주고 그 대가로 다음날 받아 챙겼다.

(4) 보호법익: 국가기능의 공정성 및 직무행위의 불가매수성(통설·판례), 이에 대한 일반의 신뢰(유력설)

(5) 구성요건

  1) 주체 ─ 현재 공무원 또는 중재인이 먼저 부정행위를 한 뒤에 수뢰행위를 한 자.

  2) 행위 ─ 그 직무에 관하여 뇌물을 수수·요구 또는 약속(단순수뢰죄), 부정행위(수뢰후부정처사죄)

  3) 고의 ─ 부정행위 수뢰행위의 인과관계에 대한 인식·의사. 미필적 고의도 충분.

(6) 처벌: 1년 이상의 유기징역에 처하고, 10년 이하의 자격정지 병과 가능.

(7) 공소시효: 7년

(8) 자격정지병과 몰수·추징: 몰수(제134조) ─ 형법 제48조에 대한 특칙 규정임. 10년 이하 자격정지 병과가 가능함(동조 4항)

(9) 가중구성요건: 부정행위와 뇌물죄가 결합되어 형이 가중된 구성요건임.

(10) 공범관계: ×

(11) 타죄와의 관계

  1) 특별법: 뇌물죄 적용대상 확대(특가법 4조)해석으로 보아 수뢰액수에 따른 가중처벌(특가법 2조 1항)에 해당된다고 봐야 한다.

(12) 죄수

  1) 직무위배행위를 한 후 뇌물을 수수·요구·약속하고, 다시 그 후에 뇌물을 수수한 경우에도 부정처사수뢰죄만 성립한다.

  2) 퇴직했다가 다시 동일한 직무에 취임하고서 퇴직 전의 위반행위에 관하여 뇌물을 수수하거나 또는 제3자에게 공여하게 한 때에는 부정처사후수뢰죄가 성립한다.

◆ 관련판례(부정처사후수뢰죄)

[1]===

대판 2004. 4. 9. 2003도7762

[1] 공무원인 의사가 허위의 진단서를 작성한 행위에 대하여 허위공문서작성죄와 허위진단서작성죄의 상상적 경합을 인정한 원심의 판단이 법률 적용을 그르친 잘못이 있다고 할 것이나, 원심이 이와 실체적 경합범 관계에 있으며 형이 중한 부정처사후수뢰죄에 정한 형에 경합범 가중을 하여 처단형을 정하였으므로, 원심의 죄수 평가의 잘못이 판결 결과에 영향을 미쳤다고 보기 어렵다고 한 사례.

[2]===

대판 1997. 10. 24. 97도2042

[1] 형법 제357조 제1항의 배임수재죄는 타인의 사무를 처리하는 자의 청렴성을 보호법익으로 하는 것으로, 그 임무에 관하여 부정한 청탁을 받고 재물을 수수함으로써 성립하고 반드시 수재 당시에도 그와 관련된 임무를 현실적으로 담당하고 있음을 그 요건으로 하는 것은 아니므로, 타인의 사무를 처리하는 자가 그 임무에 관하여 부정한 청탁을 받은 이상 그 후 사직으로 인하여 그 직무를 담당하지 아니 하게 된 상태에서 재물을 수수하게 되었다 하더라도, 그 재물 등의 수수가 부정한 청탁과 관련하여 이루어진 것이라면 배임수재죄가 성립한다.[배임수재(변경된 주위적 죄명: 부정처사후수뢰)]

VI. 事後收賂罪

1. 意義와 性格

事後收賂罪는 公務員 또는 仲裁人이었던 자가 그 재직 중에 청탁을 받고 직무상 부정한 행위를 한 후 뇌물을 수수·요구 또는 약속한 때에 처벌하는 범죄로 5년 이하의 징역 또는 10년 이하의 자격정지에 처한다(제131조 3항). 징역형을 과할 경우 10년 이하의 자격정지를 병과할 수 있다(동법 4항). 이 범죄 역시 단순수뢰죄, 사전수뢰죄, 제3자뇌물제공죄, 수뢰후부정처사죄 및 부정처사후수뢰죄와 마찬가지로 특정범죄가중처벌 등에 관한 법률 제2조 1항 1호·2호의 규정에 따라 수뢰액이 5천만 원 이상인 때에는 무기 또는 10년 이상의 징역, 1천만 원 이상 5천만 원 미만인 때에는 5년 이상의 유기징역에 처해야 한다. 왜냐하면 특정범죄가중처벌 등에 관한 법률 제4조의 뇌물죄적용대상의 확대에도 해당되기 때문이다.

本罪는 事前收賂罪(제129조 2항)와 대칭되는 犯罪樣態라고 할 수 있다.[94] 사전수뢰죄는 공무원 또는 중재인이 될 자가 그 담당할 직무에 관하여 청탁을 받고 공무원이 된 경우에 죄가 성립하고, 본죄는 공무원 재직 중 청탁을 받고 직무상 부정한 행위까지 한 후 퇴직 상태에서 뇌물을 수수·요구 또는 약속하는 범죄이다. 본죄는 불법의 양과 질에서 사전수뢰죄보다 더 무겁다고 한 점은 청탁을 받고 직무상 부정한 행위를 한다는 점이다. 본죄에서 특이한 점은 사전수뢰죄처럼 비의무범적 진정신분범이라는 점이다.[95]

2. 構成要件

本罪는 退職 後의 收賂이므로 退職이 아닌 轉職 후에 수뢰한 때에는 부정처사후수뢰죄(제131조 2항)에 해당한다.[96] 공무원이 부정한 행위를 하고 퇴직했다가 다시 동일한 직무에 취임하고서 퇴

---

94) 유기천, 각론(하), 297면; 김일수, 전게서, 547면.
95) 김일수, 상게서, 547면.
96) 정영석, 각론, 54면; 권문택, 주각(상), 120면; 김일수, 상게서, 547면.

직 전의 직무위배행위에 관하여 대가로 뇌물을 수수하거나 또는 제3자에게 공여케 한 때에는 사후수뢰죄(제131조 3항)가 된다는 견해[97]와 부정처사후수뢰죄(제131조 2항)라는 견해[98]가 대립되고 있다. 그러나 수뢰행위 시 공무원 또는 중재인의 지위에 있었던 점으로 보아 부정처사후수뢰죄가 타당하다고 본다.[99]

本罪는 在職 中 職務上 不正한 行爲를 할 것을 요하므로 재직 중 정당한 행위를 하고서 퇴직 후 그에 대한 대가로 뇌물을 수수·요구·약속해도 본죄는 성립하지 않으나,[100] 재직 중에 청탁을 받고 부정한 행위를 한 후에 전직된 때에는 단순수뢰죄가 성립할 뿐이다.[101] 본죄는 특정범죄가중처벌 등에 관한 법률 제2조에 포함되지 않으나, 특가법 제4조의 뇌물죄적용대상의 확대 자에 해당될 때는 본죄도 특가법 제2조 1항의 규정에 따라 소정의 수뢰죄가 적용된다.

◆ 종합정리(사후수뢰죄)

(1) 죄명: 사후수뢰죄(제131조 3항)

(2) 의의: 공무원 또는 중재인이었던 자가 그 재직 중에 청탁을 받고 부정한 행위를 한 후 퇴직하여 그 신분이 없는 상태에서 뇌물을 수수·요구 또는 약속함으로써 성립하는 범죄.

(3) 사례: 교사 A는 자기반 B학생의 모친으로부터 아들이 대학에 다니는 것이 소원이라 하며, 무단결석 3회를 병결로 처리해주라고 부탁하자, 별일 없겠지 하는 생각으로 고쳐주어 대학에 합격하였다. 교사는 그 후 퇴직하여 쉬고 있는데, 학부형이 찾아와 내 성의이니 "옷이나 사세요" 하며 50만 원을

---

97) 정창운, 형법학각론, 박영사, 1960, 345면.

98) 권문택, 주각(상), 120면; 정성근, 각론, 878면.

99) 진계호, 전게서, 647면; 김일수, 전게서, 548면.

100) 김일수, 상게서, 548면.

101) 진계호, 전게서, 647면.

주자 받아 넣었다.

(4) 보호법익: 국가기능의 공정성 및 직무행위의 불가매수성(통설·판례), 이에 대
　　　한 일반의 신뢰(유력설)

(5) 구성요건

　　1) 주체－공무원 또는 중재인이었던 자.

　　2) 행위－그 재직 중에 청탁을 받고 부정한 행위를 한 후, 신분 없는 상태에서
　　　　뇌물을 수수·요구 또는 약속.

　　3) 고의－고의범. 청탁을 받고 부정한 행위를 한 후, 신분 없는 상태에서 뇌물을
　　　　수수·요구·약속에 대한 인식·의사.

(6) 처벌: 5년 이하의 징역 또는 10년 이하의 자격정지.

(7) 공소시효: 5년

(8) 자격정지병과 몰수·추징: 몰수(제134조)－형법 제48조에 대한 특칙 규정임. 징
　　　역형을 과할 경우 10년 이하의 자격정지 병과가능(제131 4항)

(9) 가중구성요건: ×

(10) 공범관계: ×

(11) 타죄와의 관계

　　1) 특별법: 수뢰액수에 따른 가중처벌(특가법 2조 1항), 뇌물죄 적용대상 확대
　　　　(특가법 4조)

(12) 죄수

　　1) 직무위배행위를 한 후 뇌물을 수수·요구·약속하고, 다시 그 후에 뇌물을
　　　　수수한 경우에도 부정처사후수뢰죄만 성립한다.

　　2) 퇴직이 아닌 전직 후 수뢰한 때는 부정처사후수뢰죄(제131조 2항)가 성립한다.

(13) 기타: 사전수뢰죄와 동일하게 비 의무범적 진정신분범.

◆ 관련판례(사후수뢰죄)

[1]==

대판 1997. 2. 25. 94도3346

[1] 특정범죄가중처벌등에관한법률 제5조 소정의 배임에 의한 국고 손실죄의 공동정
　　범인 공무원이 다른 공범으로부터 그 범행에 의하여 취득한 금원의 일부를 받은
　　경우, 그 금원의 성격은 그 성질이 공동정범들 사이의 내부적 이익분배에 불과
　　한 것이고 별도로 뇌물수수죄(사후수뢰죄)에 해당하지 않는다.

[2]═══

대판 1983. 4. 26. 82도2095

[1] 부정행위 후 잔별금의 수수와 사후수뢰죄의 성부: 공사의 입찰업무를 담당하고
   있는 장교가 비밀로 하여야 할 그 공사의 입찰예정가격을 응찰자에게 미리 알려
   준 소위는 직무에 위배되는 행위로서 형법 제131조 제2항의 부정한 행위에 해당
   한다 할 것이어서 입찰이 끝난 후 20여 일이 경과한 후 전속시의 전별금 명목으
   로 금원을 받았다 하더라도 이는 직무행위의 부정행위와 관련된 금품의 수수에
   해당하므로 사후 수뢰죄를 구성한다.

Ⅶ. 斡旋收賂罪

1. 意義와 性格

斡旋收賂罪는 公務員이 그 地位를 이용하여 다른 공무원의 직무
에 속한 사항의 알선에 관하여 뇌물을 수수·요구 또는 약속한 때
에 처벌하는 범죄로 3년 이하의 징역 또는 7년 이하의 자격정지에
처한다(제132조). 예컨대 경찰서장이 상공부의 과장에게 친지의 일
을 부탁하고 그 사례금을 받아 부하직원의 후생비에 사용한 경우
가 이에 해당한다. 이 범죄 역시 단순수뢰죄, 사전수뢰죄, 제3자뇌
물제공죄, 수뢰후부정처사죄, 부정처사후수뢰죄, 사후수뢰죄와 마찬
가지로 특정범죄가중처벌 등에 관한 법률 제2조 1항 1호·2호의
규정에 따라 수뢰액이 5천만 원 이상인 때에는 무기 또는 10년 이
상의 징역, 1천만 원 이상 5천만 원 미만인 때에는 5년 이상의 유
기징역에 처하게 된다. 그리고 특정범죄가중처벌 등에 관한 법률
제4조의 뇌물죄적용대상의 확대에도 해당된다.

國家機能에서 節次의 複雜性·難解性·權威主義 官僚體制 등으로 일반인들은 정상적인 절차를 통해 공평한 서비스를 받기 어려움으로 자기와 친분관계에 있는 다른 공무원을 통해 접근이 용이하다. 이런 경우에 공무원이 직무권한을 가진 다른 공무원과 고객 사이를 연결하고 알선하는 대가로 뇌물이 사용되는 경향이 있다.[102] 이와 같이 간접적이라 할지라도 이로 인하여 직무의 공정을 해하게 된다는 점을 고려하여 직무에 관한 수뢰와 같이 처벌하려는 데 본죄의 입법취지가 있다. 즉 본죄도 직무행위의 不可買收性을 보호하는 점에서 수뢰죄와 본질이 같다.[103] 그래서 형법은 공무원이 그 지위를 이용하여 다른 공무원의 직무에 속한 사항을 알선해 주고 그에 상응한 대가를 수뢰하는 경우도 자기의 직무에 관한 수뢰와 동일하게 규율하는 입장이라고 할 수 있다.[104]

斡旋收賂罪의 保護法益은 職務의 公正性과 職務行爲의 不可買收性에 대한 일반의 신뢰이며,[105] 보호의 정도는 추상적 위험범으로서의 보호이다. 본죄에서 불법유형은 공무원의 자기지위를 이용한 알선행위이며, 직무행위의 불가매수성은 이 알선행위에 대해서는 직접적인 보호법익이고, 알선을 받은 공무원의 직무행위에 대해서는 간접적인 보호법익이라 할 수 있다. 그리고 직무의 공정성도 알선 공무원에 대해서는 직접적인 보호법익이고, 알선을 받은 공무원에 대해서는 간접적인 보호법익이라고 해야 할 것이다.

---

102) 김일수, 전게서, 549면

103) 진계호, 전게서, 647면: 김일수, 상게서, 548면: 이재상, 상게서, 647면.

104) 김일수, 상게서, 549면.

105) 김낙현, "알선수뢰죄에 관하여"(검찰 1969. 4, 통권 제12호), 29면: 정창운, "알선수뢰죄"(사법행정 1964. 8), 22면.

2. 構成要件

(1) 主 體

本罪의 主體는 公務員에 한한다. 따라서 중재인은 본죄의 주체가 되지 못한다. 다만 법문에 '그 지위를 이용하여'라고 규정한 점을 미루어 공무원의 지위의 고하는 불문한다.[106] 그러나 공무원에 대한 임명권자나 특수한 지위권자일 필요는 없으나 적어도 직무를 처리하는 공무원과 직무상 직접·간접으로 연관을 가지고 법률상·사실상 영향을 미칠 수 있는 공무원일 것을 요한다.[107] 그렇다고 다른 공무원에 대한 임명권을 보유한다거나 압력을 가할 수 있는 법적 관계의 존재가 필요한 것은 아니다.[108] 상하관계나 감사관계 또는 협조관계가 존재할 것도 필요치 않다.[109]

本罪의 主體가 다른 公務員의 職務에 속한 사항의 알선에 관하여 금품이나 이익을 수수·요구·약속한 경우에는 특별법우선의 원칙에 따라 특가법 제3조의 알선수재죄가 우선하여 적용된다. 다만 특가법 제3조의 알선수재죄는 그 주체를 공무원에 제한하지 않고 있어서 보통사람이 공무원의 직무사항을 알선하면서 금품 등을 수수·요구·약속한 경우에도 특가법 제3조의 죄가 성립한다. 예컨대 일반개인이 공무원의 직무에 속한 사항의 알선·청탁과 관련하여 금품 등을 수수 또는 약속한 때에는 특가법 제3조의 알선수재죄와 변호사법

---

106) 대판 1970. 10. 30, 70도1586.
107) 대판 1982. 6. 8, 82도404; 대판 1993. 7. 13, 93도1056.
108) 대판 1961. 1. 31, 4290형상942.
109) 대판 1971. 3. 31, 70도2743; 대판 1992. 5. 8, 92도532.

제90조 1호의 죄와의 상상적 경합이 된다. 그러나 양 죄 사이에는 법정형의 경중이 없으므로 그중 하나를 선택하여 적용하면 된다.[110]

(2) 行　爲

　斡旋收賂罪의 行爲는 地位를 利用하여 다른 공무원의 직무에 속한 사항을 알선하고 뇌물을 수수·요구·약속하는 것이다. 여기서 '지위를 이용 한다'함은 다른 공무원이 직무에 일반적·구체적으로 영향을 미칠 수 있는 관계를 이용하는 것을 말한다.[111] 그 영향은 직접이거나 간접적이거나, 법률적이거나 사실적이거나를 불문한다.[112] 다만 영향력을 미칠 수 있는 지위에 있지 않다고 한 판례[113]의 입장은 본죄의 지위이용의 범위를 너무 축소한 것으로서 타당하다고 할 수 없다.[114] 지위이용의 범위에 관하여 다른 공무

---

110) 김일수, 전게서, 550면.

111) 대판 1956. 3. 2, 4288형상179(법원장은 예하법관의 직무에 관하여); 대판 1969. 8.26, 69도1120(병무청 심리연구사보는 병무담당자의 직무에 관하여); 대판 1982. 6.8, 82도403(육군참모총장의 수석부관이 장교의 진급업무에 관하여); 대판 1989. 9.12, 89도1297(노동부 고용대책과장이 연예인 국외공급사업에 관하여); 대판 1988.1. 19, 86도1138(군교육청 관리과 서무계장은 초등학교 고용원 임원에 관하여); 대판 1990. 7. 27, 90도890(지역경제계장이 직전에 자신이 계장으로 있던 지적과 지정계직원에게 토지거래계약허가를 받도록 알선하거나); 대판 1989. 12. 26, 89도2018(다른 세무서에서 징세계장으로 근무하는 전임징세계장이 후임징세계장의 직무에 관하여) 각각 공무원이 그 지위를 이용한 경우에 해당한다고 판시하고 있다.

112) 대판 1973. 2. 13, 66도403.

113) 대판 1984. 1. 31, 83도3015(군청건설과 농림계공무원은 도지사의 직무에 관하여);대판 1982. 6. 8, 82도404(검찰주사는 검사의 직무에 관하여).

원의 직무에 일반적 또는 구체적으로 영향을 미칠 수 있는 관계에 있어야 한다는 견해[115]와 공무원의 기강확립과 직무의 공정성유지를 위해서는 아무 제한 없이 공무원의 지위이용을 넓게 인정해야 한다는 견해[116]가 대립되고 있다. 본죄가 직무범죄의 일종인 한 공무원이 단순히 사적인 입장에서 행한 때는 지위이용의 범위에 포함할 수 없다.[117] 그 밖의 경우에는 그 지위이용이 직·간접적인 영향력이건, 사실상·법률상의 영향력이건, 구체적·일반적 영향력이건 간에 특별한 제한 없이 넓게 인정함이 타당하다고 생각된다.[118] 최근의 판례는 "공무원이 그 지위를 이용한다 함은 다른 공무원이 취급하는 사무 처리에 영향을 줄 수 있는 관계가 있으면 족하고, 반드시 상하관계·협동관계·감독관계 등의 특수한 지위에 있을 필요는 없다"고 판시하고 있다.[119] 그리고 본죄에서 지위이용의 행위표시는 내적 경향의 표시로서 행위자의 부패성향을 의미하므로 하나의 경향범으로 특징을 지우는 역할을 한다.[120]

本罪에서 斡旋이란 일정한 事項을 仲介하여 양 당사자 사이에 교섭이 성립되도록 편의를 제공하는 것이다. 예컨대 명함·소개장에

---

114) 진계호, 각론, 972면.

115) 황산덕, 각론, 57면; 이재상, 전게서, 648면; 정성근, 각론, 880면; 대판 1971. 4. 28, 71도1788; 대판 1959. 9. 4, 4291형상284; 대판 1968. 12. 17, 68도1303.

116) 진계호, 전게서, 972면; 권문택, 각론(공저), 707면.

117) 유기천, 각론(하), 298면; 대판 1984. 4. 10, 82도766.

118) 김일수, 전게서, 551면.

119) 대판 1992. 5. 8, 92도532; 대판 1994. 10. 21, 94도852; 대판 1995. 1. 12, 94도2687.

120) 김일수, 전게서, 551면.

선처요망 등의 기재가 있으면 알선에 해당하나, 우인·친족 기타 사적 관계의 이용은 알선으로 볼 수 없다. 알선이란 공무원의 지위를 이용한 때에 한하기 때문이다. 알선의 편의는 증뢰자나 제3자를 위한 것이든 상관치 않으며, 시점도 문제되지 않는다. 정당한 직무행위의 알선에는 본죄가 성립하지 않는다는 견해가 있으나,[121] 이때에도 본죄가 성립한다고 해야 한다.[122] 직무행위의 적법·위법은 문제가 되지 않기 때문이다. 판례도 동일한 입장이다.[123] 본죄는 알선행위의 보수로서 뇌물의 수수·요구·약속이 있는 때 기수가 되며, 현실적 알선행위는 불필요하다.[124] 본죄는 알선행위와 수뢰행위가 중첩하는 다행위범이다. 양자 간에 객관적인 인과관계가 있어야 할 필요는 없으나, 주관적인 목적 관련성은 있어야 한다.[125]

(3) 故意와 罪數

本罪는 故意犯이므로 行爲者 자신이 공무원이라는 점, 다른 공무원의 직무에 속한 사항을 알선한다는 점 및 그에 대한 대가로 뇌물을 수수·요구 또는 약속한다는 점에 대한 인식과 의사가 있어

---

121) 서일교, 각론, 329면.

122) 진계호, 전게서, 648면; 권문택, 주각(상), 121면; 이재상, 전게서, 648면; 배종대, 각론, 600면; 김일수, 전게서, 552면; 정성근, 각론, 881면.

123) 대판 1992. 5. 8, 92도532(그 공무원의 직무에 속하는 사항에 관한 것이면 되는 것이지 반드시 부정행위라거나 그 직무에 관하여 결재권한이나 최종결재권한을 가질 필요가 없다.).

124) 진계호, 전게서, 649면.

125) 김일수, 전게서, 552면.

84

야 한다. 고의 외에 초과 주관적 불법요소로서 지위를 이용하는 부
패성향도 있어야 한다.126)

本罪를 斡旋意思 없이 斡旋한 것처럼 기망하여 뇌물을 수수하면
본죄가 아니라 사기죄만 성립하고, 알선의사를 가지고 다만 그 내
용에 관해 상대방을 속여 재물을 교부받았다면 본죄와 사기죄의
상상적 경합이 된다. 또한 알선수뢰한 금원 중 일부를 증뢰한 경우
에는 본죄와 증뢰죄의 실체적 경합이 된다.127) 판례도 같은 입장
이다.128)

◆ 종합정리(알선수뢰죄)

(1) 죄명: 알선수뢰죄(제132조)
(2) 의의: 공무원이 그 지위를 이용하여 다른 공무원의 직무(직·간접 영향력으로)
　　　　　에 속한 사항의 알선에 관하여 뇌물을 수수·요구 또는 약속함으로써 성
　　　　　립하는 범죄.
(3) 사례: 경찰서장 甲은 상공부의 乙과장에게 친지(丙)의 일을 부탁하고 그 사례금
　　　　　을 받아 부하직원의 후생비에 사용하였다.
(4) 보호법익: 직무행위의 불가매수성.
(5) 구성요건
　　1) 주체 - 공무원.
　　2) 행위 - 그 지위의 이용, 알선하고 뇌물을 수수·요구 또는 약속.
　　3) 고의 - 고의범. 행위자 자신이 공무원이라는 점, 다른 공무원의 직무에 속한
　　　　사항을 알선 한다는 점 및 그에 대한 대가로 뇌물을 수수·요구 또는 약속한
　　　　다는 점에 관한 인식·의사.
(6) 처벌: 3년 이하의 징역 또는 10년 이하의 자격정지.
(7) 공소시효: 3년

---

126) 김일수, 상게서, 552면.
127) 진계호, 전게서, 648면; 김일수, 상게서, 553면.
128) 대판 1967. 1. 31, 66도1581.

(8) 자격정지병과 몰수·추징: 몰수(제134조) - 형법 제48조에 대한 특칙 규정임.

(9) 가중구성요건: ×

(10) 공범관계: ×

(11) 타죄와의 관계

    1) 특정범죄가중처벌위반

    ① 공무원이 아니더라도 공무원처럼 영향력을 행사할 수 있는 사람으로 공무원의 직무에 관해 알선하고 돈을 받았을 경우

    ② 수뢰액수에 따른 가중처벌(특가법 제2조 1항)

    ③ 뇌물죄 적용 확대(특가법 제4조)

    ④ 알선수죄 가중처벌(특가법 제3조)

    2) 특정경제범죄가중처벌법위반: 공무원이 아니더라도 공무원처럼 영향력을 행사할 수 있는 사람으로 알선 대상이 공무원이 아니고 금융기관일 경우에 적용함(형법 제357조 배임수증죄)

    3) 알선수뢰한 금원 중 일부를 증뢰한 때에는 알선수뢰죄와 증뢰죄의 실체적 경합.

    4) 알선의사를 가지고서 다만 그 내용에 관해 상대방을 속여 재물을 교부받았다면 알선수뢰죄와 사기죄의 상상적 경합

(12) 죄수: ×

◈ 관련판례(알선수뢰죄)

[1]==

헌재 2005. 11. 24. 2003헌바108자

[1] 특정범죄가중처벌등에관한법률 제3조(알선수뢰) 위헌소원(1990년 12월 31일 법률 제4291호로 개정된 것. 이하 '이 사건 규정'이라 한다)는 행위자가 공무원의 신분을 가지고 있는지 여부를 불문하고 누구든지 공무원의 직무에 속한 사항에 관해 알선을 명목으로 금품 등을 수수하면 형사 처벌을 하고 있다. 그런데 공무원 신분을 가지지 않은 자도 학연이나 지연 또는 개인의 영향력 등을 이용하여 공무원의 직무에 영향력을 미칠 수 있는바, 이러한 자가 공무원의 직무와 관련하여 알선자 내지는 중개자로서 알선을 명목으로 금품 등을 수수하는 등의 행위를 하게 되면, 현실적으로 담당 공무원에게 알선을 주선했는지 여부와 관계없이 공무원의 직무 집행의 공정성은 의심받게 될 것이므로 이 사건 규정이 공무의 공정성과 그에 대한 사회의 신뢰성 등을 보호하기 위해 알선 명목의 금품수수행위를 형사 처벌하고 있다고 하더라도 이것이 입법의 한계를 일탈한 것이라고 볼 수 없다. 다만, 다원화되고

있는 현대 사회에서 국가기관 등의 정책결정 및 집행과정에 로비스트와 같은 중개자나 알선자를 통해 자신의 의견이나 자료를 제출할 수 있도록 허용한다면, 국민은 언제나 이러한 의견 전달 통로를 이용해 국정에 참여할 수 있을 것이므로 국민주권의 상시화가 이루어질 수 있을 것이다. 그러나 금전적 대가를 받는 알선 내지 로비활동을 합법적으로 보장할 것인지 여부는 그 시대 국민의 법 감정이나 사회적 상황에 따라 입법자가 판단할 사항으로, 우리의 역사에서 로비가 공익이 아닌 특정 개인이나 집단의 사익을 추구하는 도구로 이용되었다는 점이나 건전한 정보제공보다는 비합리적인 의사결정을 하게 하여 시민사회의 발전을 저해하는 요소가 되었다는 점을 감안하여 청원권 등의 구체적인 내용 형성에 폭넓은 재량을 가진 입법부가 대가를 받는 로비제도를 인정하고 않고, 공무원의 직무에 속한 사항의 알선에 관하여 금품 등을 수수하는 모든 행위를 형사 처벌하고 있다고 하더라도 이것이 청원권이나 일반적 행동자유권을 침해하는 것으로 볼 수 없다.

[2] 이 사건 규정은 '공무원의 직무에 속한 사항'이나 '알선'과 같은 다소 추상적이고 광범위한 의미를 가진 것으로 보이는 용어를 사용하고 있는데, 먼저 '공무원의 직무에 속한 사항'에 관하여 보면, 이 사건 규정이 보호하고자 하는 법익은 공무의 공정성과 이에 대한 사회일반의 신뢰성 및 직무의 불가매수성으로 뇌물 관련 범죄에서 이러한 법익의 침해가 의심되는 경우에는 예외 없이 이를 처벌할 필요성이 인정되므로 이 사건 규정이 공무원의 직무에 속한 사항인 경우에 그 중요성 정도나 법령 등에 정해진 직무인지의 여부를 가리지 않고 모두 처벌할 수 있도록 수식어로서 어떤 제한도 가하지 않고 단순히 공무원의 직무에 속한 사항이라고만 규정하고 있다고 하더라도 이것이 죄형법정주의의 명확성원칙에 위반하고 있다고 할 수 없다. 또한 '알선'은 '일정한 사항에 관하여 어떤 사람과 그 상대방 사이에 서서 중개하거나 편의를 도모하는 것'으로 청탁한 취지를 상대방에게 전하거나 그 사람을 대신하여 스스로 상대방에게 청탁을 하는 행위도 '알선'행위에 해당한다 할 것이므로 이 부분 규정도 죄형법정주의의 명확성원칙에 위반된다고 할 수 없다.

[2] ══

서울중앙지법 2005. 6. 2. 2005고합237

[1] 1,000만 원 이상의 뇌물액수를 약속한 공무원에 대하여 검사가 형법 제132조를 적용하여 기소한 사안에서, 죄형법정주의, 특정범죄 가중처벌 등에 관한 법률의 입법 취지, 특별법의 제정에 의한 일반법의 개정 방식 등에 비추어 형법 제132조는 뇌물의 액수가 1,000만 원 미만인 경우만을 그 적용대상으로 한다고 보아 특정범죄 가중처벌 등에 관한 법률 위반(뇌물)죄를 적용하여야 한다고 한 사례.

[2] 1,000만 원 이상의 뇌물액수를 약속한 공무원에 대하여 검사가 형법 제132조를

적용하여 기소한 사안에서, 형법상 뇌물죄를 적용하는 것은 사실상 실효된 법률을 적용하는 것과 마찬가지이고, 행위 시 처벌규정이 개정된 경우 유효한 법률을 적용하는 것은 법원의 권한이자 의무이며, 피고인의 입장에서도 법원이 인정하는 범죄사실과 완전히 동일한 범죄사실에 대하여 방어를 한 이상 법정형만이 다를 뿐인 특정범죄 가중처벌 등에 관한 법률을 적용하더라도 그 방어권 행사에 현저한 불이익을 받았다고 보기 어려우므로, 법원이 공소장변경 없이 특정범죄 가중처벌 등에 관한 법률 위반(뇌물)죄로 의율할 수 있다고 한 사례.

[3] ==

서울중앙지법 2004. 11. 26. 2004고합1068

[1] 뇌물로 주식을 취득한 후 유상증자로 교부받은 주식은 공무원범죄에관한몰수특례법 제2조 제3호의 불법수익의 과실이라고 할 수 없어 이를 몰수 또는 추징할 수 없다고 한 사례.

[2] 뇌물로 취득한 주식과 유상증자로 교부받은 주식이 합하여진 경우, 뇌물로 취득한 주식의 비율에 상당하는 부분만을 몰수 또는 추징하여야 한다고 한 사례.

[4] ==

대판 2001. 10. 12. 99도5294

[1] 서울시 지하철공사이 임직원의 직무가 형법 제132조의 알선수뢰죄에 있어 '공무원의 직무'에 해당하는지 여부(적극) 및 그 알선수뢰죄에 있어서 '공무원이 그 지위를 이용하여'의 의미: 지방공기업법 제83조는 지방공사의 임원 및 직원을 형법 제129조 내지 제132조의 적용에 있어서 공무원으로 보도록 규정하고 있으며, 서울시 지하철공사는 위 규정이 적용되는 지방공사의 하나이므로, 피고인이 서울시 지하철공사의 임직원의 직무에 속한 사항의 알선에 관하여 뇌물을 수수하였다면 이는 형법 제132조에 해당하는 것이며, 한편 알선수뢰죄는 공무원이 그 지위를 이용하여 다른 공무원의 직무에 속한 사항의 알선에 관하여 뇌물을 수수, 요구 또는 약속하는 것을 그 성립요건으로 하고 있고, 여기서 '공무원이 그 지위를 이용하여'라 함은 친구, 친족관계 등 사적인 관계를 이용하는 경우에는 이에 해당한다고 할 수 없으나, 다른 공무원이 취급하는 사무의 처리에 법률상이거나 사실상으로 영향을 줄 수 있는 관계에 있는 공무원이 그 지위를 이용하는 경우에는 이에 해당하고, 그사이에 상하관계, 협동관계, 감독권한 등의 특수한 관계가 있음을 요하지 않는다.

[5] ==

대판 1999. 6. 25. 99도1900

[1] 알선수뢰죄는 공무원이 그 지위를 이용하여 다른 공무원의 직무에 속한 사항의

알선에 관하여 뇌물을 수수, 요구 또는 약속하는 것을 그 성립 요건으로 하고 있고, 여기서 '공무원이 그 지위를 이용하여'라 함은 친구, 친족관계 등 사적인 관계를 이용하는 경우에는 이에 해당한다고 할 수 없으나, 다른 공무원이 취급하는 사무의 처리에 법률상이거나 사실상으로 영향을 줄 수 있는 관계에 있는 공무원이 그 지위를 이용하는 경우에는 이에 해당하고, 그사이에 상하관계, 협동관계, 감독권한 등의 특수한 관계가 있음을 요하지 않는다.

[6] ==

대판 1995. 1. 12. 94도2687

[1] 형법 제132조 소정의 알선수뢰죄에 있어서 "공무원이 그 지위를 이용하여"라 함은 친구, 친족관계 등 사적인 관계를 이용하는 경우에는 여기에 해당한다고 할 수 없으나, 다른 공무원이 취급하는 사무 처리에 법률상이거나 사실상으로 영향을 줄 수 있는 관계에 있는 공무원이 그 지위를 이용하는 경우에는 여기에 해당하고 그사이에 반드시 상하관계, 협동관계, 감독권한 등의 특수한 관계에 있음을 요하지 않는다.

[7] ==

대판 1994. 10. 21. 94도852

[1] 알선수뢰죄에 있어서 "공무원이 그 지위를 이용하여"에 해당하는 경우: 형법 제132조 소정의 알선수뢰죄에 있어서 "공무원이 그 지위를 이용하여"라고 함은 친구, 친족관계 등 사적인 관계를 이용하는 경우이거나 단순히 공무원으로서의 신분이 있다는 것만을 이용하는 경우에는 여기에 해당한다고 볼 수 없으나, 다른 공무원이 취급하는 업무 처리에 법률상 또는 사실상으로 영향을 줄 수 있는 공무원이 그 지위를 이용하는 경우에는 여기에 해당하고 그사이에 반드시 상하관계, 협동관계, 감독권한 등의 특수한 관계에 있거나 같은 부서에 근무할 것을 요하는 것은 아니다.

[8] ==

대판 1991. 7. 23. 91도1190

[1] 알선수뢰죄에 있어서 공무원이 그 지위를 이용한다 함의 의미: 알선수뢰죄에 있어서 공무원이 그 지위를 이용한다 함은 다른 공무원이 취급하는 사무 처리에 영향을 줄 수 있는 관계에 있으면 족하고 반드시 상하관계, 협동관계, 감독권한 등의 특수한 지위에 있음을 요하지 아니 한다.

[2] 토지구획정리사업 등의 업무를 담당하던 시청 도시계장이 토지구획정리사업시행 여부를 결정하기 위하여 현지에 답사 차 내려온 건설부 소속 공무원들에게 청탁하여 사업시행인가가 날수 있도록 하여 달라는 명목으로 지급하는 금원을 교부받았다면 알선수뢰죄에 해당한다고 본 사례.

제3절 贈賂에 관한 죄

I. 槪　說

贈賂에 관한 죄는 제129조 내지 제132조에 기재한 뇌물을 약속·공여 또는 공여의 의사표시를 하거나 또는 이러한 행위에 공할 목적으로 제3자에게 금품을 교부하거나 그 정을 알면서 교부를 받는 것을 내용으로 하는 범죄를 가리킨다. 수뢰죄가 직무위반행위에 관한 공무원 또는 중재인, 공무원 또는 중재인이 될 자라고 하는 身分犯을 이루고 있는 데 반하여, 본죄는 공무원이라는 신분요소는 없다고 힐지라도 수뢰행위를 교사 또는 방조하는 관련적 성격을 갖는 행위이기 때문에 이를 처벌하려는 데 그 취지가 있다.

沿革的으로 贈賂罪는 收賂罪가 나타난 훨씬 뒤에 등장하였다. 영국에서는 처음에 수뢰죄만 처벌해 오다가 코우크시대(Coke's day)에 이르러서야 증뢰죄도 처벌할 수 있다는 견해가 대두되었다. 그러나 처벌할 수 있는 대상으로 확정되지는 않다가 1788년의 제정법에서 본격적으로 논의된 이래 블랙스톤(Blackstone)에 와서야 증뢰죄에 대한 처벌이 확립되었다.[129] 독일에서는 1974년 개정형법 제333조에 증뢰죄에 대한 처벌조항을 도입하기 전까지는 증뢰죄에 대한 처벌을 인정하지 않았었다.[130]

贈賂罪를 考察하지 않을 수 없는 이유는 수뢰에는 반드시 증뢰

---

129) Perkins/Boyce, Criminal Law, 527면.
130) 김일수, 한국형법 Ⅳ, 553면.

의 관념을 수반하고, 刑法典에도 수뢰와 아울러 증뢰를 구성요건으로 하여 처벌규정을 두고 있고, 수뢰죄에서의 요구와 증뢰죄에 있어서 공여의 의사표시를 제외하고는 양 범죄는 받는 범죄와 주는 범죄라는 점에서 상호 밀접한 관계를 맺고 있으며 또한 형법전 제7장에 함께 규정되어 있으므로 이론상·처벌상 문제가 되지 않을 수 없기 때문이다. 따라서 본 절에서는 단순증뢰죄와 증뢰물전달죄에 관하여 문제되는 부분을 구체적으로 고찰하기고 한다.

Ⅱ. 單純贈賂罪

1. 槪　觀

單純贈賂罪는 刑法 제129조 내지 제132조에 기재한 뇌물을 약속·공여 또는 공여의 의사를 표시한 자를 처벌하는 범죄로 5년 이하의 징역 또는 2천만 원 이하의 벌금에 처한다. 즉 공무원 또는 중재인에게 직무와 관련하여 뇌물을 약속·공여하거나 공여의 의사를 표시를 하거나 또는 공여하기로 약속함으로써 성립하는 범죄를 말한다(제133조 1항). 수뢰죄가 공무원·중재인의 직무범죄임에 반하여, 본죄는 비공무원이 수뢰행위를 방조·교사하는 共犯的 성격을 갖는 행위를 독립된 범죄로 처벌하는 규정이다.[131] 본죄에서 뇌물을 공여·약속하는 행위는 수뢰죄의 수수·약속과 필요적 공범관계에 놓이는 것이 원칙이지만, 공여의 의사표시는 그렇지 않

---

[131] 진계호, 각론(제3판), 649면; 유기천, 각론(하), 298면; 이재상, 각론(신정판), 649면; 정성근, 각론, 882면; 김일수, 한국형법 Ⅳ, 553면.

다. 본죄는 공무원 또는 중재인에게 **직접 뇌물을 공여하거나 제3자를 통하여 공여하고자 하는 범죄**로서 공직자의 직무를 부패시키는 직무관련범죄이다. 그러나 공무원 신분을 가진 신분범·의무범·직무범은 아니며, 그 밖의 것들은 수뢰죄의 경우와 유사하다.

2. 構成要件

(1) 主體 및 客體

本罪의 主體는 제한이 없다. 따라서 비공무원이 보통이나 공무원이라 할지라도 주체가 될 수 있다.[132] 즉 공무원이라도 뇌물을 받는 자리에 없고, 다른 공무원에게 뇌물을 공여하는 자리에 있을 때에는 본죄의 주체가 된다.[133] 본죄의 객체는 뇌물이다. 공무원 또는 중재인에게 증뢰자가 직접 뇌물을 약속·공여 또는 공여의 의사표시를 하기 때문이다. 이 경우 법조문에는 명시되지 않았으나 뇌물의 성격상 직무와의 객관적 관련성이 필요하다.

(2) 行 爲

本罪의 行爲는 賂物을 約束·供與 또는 供與의 의사표시인 증뢰행위이다. 이 증뢰행위는 공무원 또는 중재인의 직무에 관한 행위를 가리킨다. 뇌물의 객관적 직무관련성에 관해서는 부정설과 긍정

---

132) 이재상, 상게서, 649면; 박상기, 각론, 660면.
133) 김일수, 전게서, 554면.

설이 대립되고 있다. 부정설은 문언상 직무에 관하여라는 명시가 없으므로 뇌물의 객관적 직무관련성을 부인함에 반하여,[134] 긍정설은 뇌물 자체가 직무행위에 대한 대가라는 점에서 명문규정의 유무를 묻지 않고 이를 긍정한다.[135] 뇌물 자체가 객관적인 직무관련성을 본질적 내용으로 한다는 점에 비추어 긍정설이 타당하다고 해야 한다. 판례도 긍정설의 입장을 취하고 있다.[136]

約束이란 賂物을 주고받는 두 당사자 사이에 뇌물행위에 대한 의사의 합치이다. 공무원의 요구를 승낙하는 경우 이외에 자진해서 뇌물공여의 의사표시를 하는 경우에도 포함된다.[137] 그러나 자진하여 뇌물공여의 의사표시를 한 경우에 의사의 합치가 있어야 되는가에 대해서는 견해가 대립된다. 자진하여 뇌물공여의 의사표시를 한 경우에 공무원이 그것을 응낙하지 않거나 액수를 몰랐어도 약속이 된다는 견해[138]와 공무원이 그것에 대한 상대방의 응낙을 통한 의사합치가 있어야만 약속으로 본다는 견해가 그것이다.[139] 일반적으로 승낙하면 족하기 때문에 약속한 뇌물의 종류·수량·액수 등을 공무원·중재인이 구체적으로 알 필요는 없다. 따라서 구체적인 약속이 필요 없다는 견해가 타당하다고 본다. 약속의 시기는 공무원·중재인의 직무행위의 전후면 족하다.

供與란 公務員·仲裁人이 賂物을 收受하도록 하는 것이다. 현실

---

134) 권문택, 주각(상), 122면.

135) 진계호, 전게서, 650면; 황산덕, 각론, 59면; 서일교, 각론, 319면; 이재상, 전게서, 650면; 김일수, 전게서, 555면; 정성근, 각론, 882면.

136) 대판 1982. 9. 80도2309; 대판 1987. 11. 24, 87도1463.

137) 진계호, 전게서, 649면; 이재상, 전게서, 649면; 박상기, 전게서, 660면.

138) 진계호, 각론, 974면; 대판 1959. 9. 4, 4291형상284.

139) 김일수, 전게서, 555면.

적으로 상대방이 뇌물을 취득할 필요는 없고, 수수할 수 있는 상태면 족하다. 그러므로 공무원에게 제공할 취지로 그의 처나 동거가족에게 주는 것도 공여가 된다.140) 수뢰죄의 수수와 증뢰죄의 공여는 필요적 공범관계이나 증뢰죄의 뇌물제공에 대해 공무원·중재인이 증거 포착을 위해 일단 받아 둔 경우에는 뇌물공여죄만 성립한다.141) 본죄는 객관적인 직무관련성만 있으면 부정한 청탁이 없어도 공여죄가 성립하고, 공여자가 반드시 부정한 청탁을 전제하고 공여하는 것은 아니다.142) 공여의 의사표시는 상대방에게 뇌물제공을 하겠다는 의사를 표하는 것이다.143) 상대방의 요구에 응하여 증뢰의 의사표시를 한 경우 약속행위와의 관계상 공여의 의사표시는 적어도 일방적으로 하는 경우만을 지칭해야 한다는 견해도 있다.144) 그러나 공여의 의사표시라고 지칭할 수 있는 경우여야 한다고 본다.

供與者는 收賂者를 相對로 하여 表示하는 만큼 일정한 대상이 존재하며 필요적 공범관계로 보기 때문이다. 다만 수뢰자가 알 수 있는 상태에 있는 것만으로 족하고, 이익을 현실로 수수할 수 있는 상태에 둘 필요는 없다. 의사표시의 방법에도 제한이 없으므로 구두·서면, 명시적·묵시적이거나를 불문한다.145) 상대방은 반드시 공무원 또는 중재인 자신일 필요가 없고 그의 처나 가족이라도 무

---

140) 김일수, 전게서, 555면: 이재상, 상게서, 649면; 대판 1968. 10. 8, 68도1066.
141) 대판 1987. 12. 12, 87도1699.
142) 대판 1995. 6. 30, 94도1017.
143) 진계호, 전게서, 649면; 이재상, 전게서, 649면; 박상기, 전게서, 660면.
144) 김일수, 전게서, 556면.
145) 진계호, 전게서, 649면; 김일수, 상게서, 556면; 이재상, 전게서, 649면.

방하다.[146] 상대방이 인지할 수 있는 상태에 이르게 되면 기수가 되고, 주위환경이 뇌물수수를 승낙할 수 없는 상태였다고 할지라도 본죄가 성립한다.[147]

(3) 故 意

本罪의 主觀的 構成要件要素인 고의는 상대방에게 뇌물을 약속, 공여 또는 공여의 의사표시에 대한 인식·의사라는 견해가 있으나,[148] 공여의사표시죄의 성립에는 공무원이 뇌물인 것에 대한 인식이 필요치 않다고 보아야 한다.[149] 다만 단순증뢰죄는 구성요건적 행위가 행위자의 강한 의사방향에 따라 지배되고, 강화된 의사방향이 보호법익에 특별한 위험성을 불러일으키는 특성으로 보아 경향범으로 보아야 한다.[150] 본죄의 규정에는 '직무에 관하여'라는 의사방향표지를 명시하지 않고 있으나 단순수뢰죄와의 체계적 관련성을 고려할 때 이와 같은 표지가 있는 것처럼 해석하는 것이 타당하다고 본다. 본죄에서 행위경향은 행위자가 공공의 신뢰이익보다 사리사욕을 채우기 위해 공무원의 직무행위를 금품으로 매수하여 영향력을 갖고자 하는 부패성향 때문이다.[151]

---

146) 진계호, 상게서, 649면; 김일수, 상게서, 556면; 대판 1968. 10. 8, 68도1066.

147) 진계호, 전게서, 650면; 정성근, 각론, 883면; 김일수, 상게서, 556면.

148) 김일수, 전게서, 557면.

149) 진계호, 전게서, 650면.

150) 김일수, 전게서, 557면.

151) 김일수, 상게서, 557면; Perkins/Boyce, Criminal Law, p.537; State v. Beattie, 129Me. 229, 151 A. 427, 1930.

(4) 共犯 및 罪數

共謀한 者가 金品의 交付나 饗應提供을 한 경우에 현실로 출비를 하지 않은 경우에도 증뢰죄의 공동정범이 된다. 수뢰자가 특정되지 안 했어도 공모자들이 공동정범이 되고,[152] 증뢰액이 부족함을 알고 금전을 대여하는 것은 증뢰죄의 방조범이 된다.[153] 수뢰죄와 증뢰죄가 필요적 공범관계에 있다는 의미는 본 범죄의 성립에 행위의 공동을 필요로 하는 것이지 반드시 협력자 모두 범죄에 대한 책임을 지는 것은 아니다. 수뢰자가 무죄라 할지라도 증뢰죄의 성립만을 인정할 수 있기 때문이다.[154] 1개의 행위로 수인의 공무원에게 증뢰한 경우에 범의의 단복에 따라 증뢰죄의 수가 결정된다는 견해도 있으나,[155] 공무원의 수에 따라 각각의 증뢰죄가 성립하고 이들 관계는 상상적 경합이 된다고 해야 한다.[156] 약속 또는 공여의 의사표시를 한 후에 실제로 뇌물을 공여한 때에는 약속죄와 공여의사표시죄는 공여죄에 흡수되어 일죄가 성립된다.[157] 알선수뢰한 금원 중 일부만을 증뢰한 때에는 알선수뢰죄와 증뢰죄의 경합범이 된다.[158]

---

152) 황산덕, 각론, 60면; 권문택, 주각(상), 124면; 대판 1971. 3. 9, 70도2536.
153) 진계호, 상게서, 650면; 김일수, 상게서, 558면.
154) 대판 1963. 2. 7, 62도270; 대판 1987. 12. 22, 87도1699.
155) 이건호, 각론, 58면.
156) 서일교, 각론, 330면; 유기천, 각론, 318면; 정성근, 각론, 884면; 정영석, 각론, 55면; 황산덕, 각론, 60면; 김일수, 전게서, 558면; 이재상, 전게서, 650면.
157) 진계호, 상게서, 650면; 김일수, 상게서, 558면; 이재상, 상게서, 650면.
158) 대판 1967. 1. 31, 66도1581.

(5) 다른 犯罪와의 關係

　公務員이 公務執行의 意思 없이 또는 직무처리와 대가관계 없이 타인을 공갈하여 재물을 교부하게 한 경우에는 재물의 교부자는 뇌물공여죄가 성립되지 않고 공갈죄만 성립한다. 이는 공무원의 해악의 고지로 인해 공포심을 갖고 금품을 제공한 것이 되어 공갈죄의 피해자에 해당하기 때문이다.[159] 공무원이 직무와 관련하여 공갈적 방법으로 뇌물을 공여하게 한 경우에는 그 공무원에게 공갈죄와 수뢰죄의 상상적 경합이 된다. 이 경우에 피공갈자는 증뢰죄가 성립한다는 견해도 있으나,[160] 증뢰죄가 성립되기 어렵다고 해야 한다.[161] 공무원이 사기적 방법으로 뇌물을 공여하게 한 경우는 그 공무원에게 사기죄와 수뢰죄의 상상적 경합이 된다. 이때 기망당한 제공자에게도 증뢰죄가 성립할 수도 있다.

◈ 종합정리(단순증뢰죄)

(1) 죄명: 단순증뢰죄(제133조 1항)

(2) 의의: 공무원 또는 중재인에게 직무와 관련하여 뇌물을 약속·공여 또는 공여의 의사를 표시함으로써 성립하는 범죄.

(3) 사례: 세무공무원 甲이 乙주점에게 면세 혜택을 주는 대가로 100만 원을 요구하자 다음날 주기로 약속하였다.[갑 - 단순수뢰죄, 을 - 단순증뢰죄]

(4) 보호법익: 국가기능의 공정성 및 직무행위의 불가매수성(통설·판례), 이에 대한 일반의 신뢰(유력설)

(5) 구성요건

---

159) 대판 1994. 12. 22. 94도2528.

160) 정성근, 전게서, 884면.

161) 김일수, 전게서, 558면.

1) 주체 - 일반인(공무원이건 비공무원이건 불문)

2) 행위 - 수뢰행위를 교사·방조하는 독립범죄 행위. 뇌물을 약속·공여 또는 공여의 의사표시.

3) 고의 - 주관적 구성요건요소로서 직무에 관하여 증뢰한다는 것에 대한 인식·의사. 미필적 고의로도 충분. 단, 공여의사표시죄의 성립에는 공무원이 뇌물인 것에 대한 인식불요.

(6) 처벌: 5년 이하의 징역 또는 2천만 원 이하의 벌금.

(7) 공소시효: 5년

(8) 자격정지병과 몰수·추징: ×

(9) 가중구성요건: ×

(10) 공범관계

1) 공모하여 금품의 교부나 향연제공을 한 경우에 현실로 출비를 하지 않은 자도 증뢰죄의 공동정범이 된다.

2) 수뢰자가 누구인지 몰랐어도 공모자 모두 공동정범이 된다.

3) 증뢰액이 부족함을 알고 금전을 대여하는 것은 증뢰죄의 종범이 된다.

(11) 타죄와의 관계

1) 알선수뢰한 금원 중 일부를 증뢰한 경우에는 알선수뢰죄와 증뢰죄의 경합범.

2) 공무원이 사기적 방법으로 뇌물을 공여하게 한 경우 그 공무원에게 사기죄와 수뢰죄의 상상적 경합. 이때 기망당한 제공자에게도 경우에 따라 증뢰죄가 성립할 수 있다.

3) 공무원이 직무에 관하여 공갈적 방법으로 뇌물을 공여하게 한 경우 그 공무원에게 공갈죄와 수뢰죄의 상상적 경합. 피공갈자에게는 증뢰죄 성립이 어렵다.

(12) 죄수

1) 1개의 행위로 수인이 공무원에게 증뢰한 때는 공무원의 수에 응한 증뢰죄가 성립하고 상상적 경합관계.

2) 약속 또는 공여의 의사표시를 한 후에 뇌물을 실제로 공여한 때는 약속죄와 공여의사표시죄는 공여죄에 흡수되어 일죄가 성립한다.

◈ 관련판례(단순증뢰죄)

[1]==

대판 2002. 11. 26. 2002도3539

[1] 재개발주택조합의 조합장이 그 재직 중 고소하거나 고소당한 사건의 수사를 담당

한 경찰관에게 액수 미상의 프리미엄이 예상되는 조합아파트 1세대를 분양해 준 경우, 뇌물공여죄에 해당한다고 한 사례: 재개발주택조합의 조합장이 그 재직 중 고소하거나 고소당한 사건의 수사를 담당한 경찰관에게 액수 미상의 프리미엄이 예상되는 그 조합아파트 1세대를 분양해 준 경우, 그 아파트가 당첨자의 분양권 포기로 조합에서 임의분양하기로 된 것으로서 예상되는 프리미엄의 금액이 불확실하였다고 하더라도, 조합, 즉 조합장이 선택한 수분양자가 되어 분양계약을 체결한 것 자체가 경제적인 이익이라고 볼 수 있으므로 뇌물공여죄에 해당한다고 한 사례.

[2] ═══

대판 2002. 7. 26. 2001도6721

[1] 형법 제129조 내지 제132조의 적용에 있어서 지방공사와 지방공단의 직원까지 공무원으로 본다고 규정한 지방공기업법 제83조는 헌법 제11조 제1항, 제37조 제2항 등에 위반된다고 볼 수 없고, 또한 지방공기업법 제83조의 명문의 규정에 반하여 지방공사와 지방공단의 직원을 특정범죄가중처벌등에관한법률 제4조 제1항 소정의 간부직원, 즉 과장대리급 이상의 직원으로 한정하여 해석할 수도 없다.

[2] 공무원이 그 직무의 대상이 되는 사람으로부터 금품 기타 이익을 받은 때에는 그것이 그 사람이 종전에 공무원으로부터 접대 또는 수수 받은 것을 갚는 것으로서 사회상규에 비추어 볼 때에 의례상의 대가에 불과한 것이라고 여겨지거나, 개인적인 친분관계가 있어서 교분상의 필요에 의한 것이라고 명백하게 인정할 수 있는 경우 등 특별한 사정이 없는 한 직무와의 관련성이 없는 것으로 볼 수 없고, 공무원의 직무와 관련하여 금품을 수수하였다면 비록 사교적 의례의 형식을 취해 금품을 주고받았다 하더라도 그 수수한 금품은 뇌물이 된다.

[3] ═══

대판 2002. 6. 11. 2000도5701

[1] 뇌물죄에 있어서 수뢰자로 지목된 피고인이 수뢰사실을 시종일관 부인하고 있고 이를 뒷받침할 금융자료 등 물증이 없는 경우에 증뢰자의 진술만으로 유죄를 인정하기 위하여는 증뢰자의 진술이 증거능력이 있어야 함은 물론 합리적인 의심을 배제할 만한 신빙성이 있어야 하고, 신빙성이 있는지 여부를 판단함에 있어서는 그 진술내용 자체의 합리성, 객관적 상당성, 전후의 일관성 등뿐만 아니라 그의 인간됨, 그 진술로 얻게 되는 이해관계 유무, 특히 그에게 어떤 범죄의 혐의가 있고 그 혐의에 대하여 수사가 개시될 가능성이 있거나 수사가 진행 중인 경우에는 이를 이용한 협박이나 회유 등의 의심이 있어 그 진술의 증거능력이 부정되는 정도에까지 이르지 않는 경우에도 그로 인한 궁박한 처지에서 벗어나

려는 노력이 진술에 영향을 미칠 수 있는지 여부 등도 아울러 살펴보아야 한다.

[2] 증뢰자가 뇌물을 공여하였다는 검찰진술의 신빙성을 인정할 수 없다고 한 사례.

[4]==

대판 1995. 6. 30. 94도993

[1] 뇌물공여의 상대방인 공무원이 뇌물을 수수한 사실을 부인하면서도 그 일시경에 뇌물공여자를 만났던 사실 및 공무에 관한 청탁을 받기도 한 사실 자체는 시인하였다면, 이는 뇌물을 공여하였다는 뇌물공여자의 자백에 대한 보강증거가 될 수 있다고 한 사례.

[2] 경찰공무원이 슬롯머신 영업에 5천만 원을 투자하여 매월 3백만 원을 배당받기로 약속한 후 35회에 걸쳐 1억 5백만 원을 교부받은 경우, 5천만 원을 투자함으로써 바로 이익을 얻었다고는 볼 수 없고 매월 3백만 원을 지급받기로 하는 약속, 즉 뇌물의 수수를 약속한 것에 불과하고 현실적으로 매월 3백만 원씩을 지급받은 것이 뇌물을 수수한 것이라고 보아야 하므로 1억 5백만 원은 그 자체가 뇌물이 되는데, 다만 실제의 뇌물의 액수는 5천만 원을 투자함으로써 얻을 수 있는 통상적인 이익을 초과한 금액이라고 보아야 하며, 여기서 통상적인 이익이라 함은 다른 특별한 사정이 없는 한 그 경찰공무원의 직무와 관계없이 투자하였더라면 얻을 수 있었을 이익을 말하는데, 구체적으로는 위 투자의 형태가 실질에 있어서는 금원을 대여하고 그에 대하여 이자를 받은 것과 다를 바 없으므로 슬롯머신 업소 경영자와 같은 사람에게 5천만 원을 직무와 관계없이 대여하였더라면 받았을 이자 상당이 통상적인 이익이 되며 그 이율은 양 당사자의 자금사정과 신용도 및 해당 업계의 금리체계에 따라 심리 판단해야 하며, 그 경찰공무원이 다른 방법으로 그 돈을 투자하였더라면 어느 정도의 이익을 얻을 수 있었을 것인지는 원칙적으로 고려할 필요가 없다.

[5]==

대판 1982. 9. 28. 82도1656

[1] 직무와 관련된 금품수수의 장소가 반 공개된 곳이었다거나, 피고인이 공소외인의 직무수행을 통하여 환급받은 부가가치세액에 비하여 공여한 금액이 소액이었다는 사정만으로 그 뇌물성을 부여할 수 없다.

[6]==

서울고법 1977. 9. 21. 72노1113

[1] 특정범죄가중처벌등에관한법률 4조는 형법 129조 내지 132조의 적용을 받는 공무원의 범위를 확대한 규정에 불과하므로 동법조에 의하여 공무원으로 간주되는 자에게 뇌물을 제공하면 형법상의 증뢰죄가 성립한다.

III. 贈賂物傳達罪

1. 意義와 性格

贈賂物傳達罪는 형법 제129조 내지 제132조에 기재한 뇌물을 약속·공여 또는 공여의 의사를 표시한 자의 행위에 供할 목적으로 제3자에게 금품을 교부하거나 그 정을 알면서 교부를 받는 자에 대해서 처벌하는 범죄로 5년 이하의 징역이나 2천만 원 이하의 벌금에 처한다(제133조 2항). 제3자 증뢰물전달 행위는 증뢰행위에 제공할 목적을 수행하기 위한 행위경향하에서 행하여져야 하고, 이 한에서 본죄는 목적수행적 행위표지를 지닌 경향범적인 성격을 가진다.[162]

2. 構成要件

本罪의 主體는 非公務員이 보통이나 공무원과 비신분자인 제3자라도 본죄의 주체가 될 수 있다. 증뢰죄에 사용할 목적으로 제3자에게 금품을 교부하는 자의 경우는 증뢰죄의 주체와 동일하고, 그 정을 알면서 교부받은 자는 제3자라고 할 수 있다. 본죄의 객체는 금품이다. 공무원·중재인에게 이 금품이 전달될 단계에서는 뇌물성이 확실하나 그 이전 단계에서 비신분자인 본죄의 주체가 역시 비신분자인 제3자에게 전달하는 물건은 아직 객관적인 직무관련성

---

162) 김일수, 전게서, 556면.

을 지닌 뇌물의 성격으로 보기에는 미약하다. 제3자 증뢰물전달죄의 구성요건적 행위는 금품을 교부 또는 그 정을 알면서 교부받는 증뢰물전달행위이다.163)

本罪에서 제3자가 贈賂者로부터 金品을 交付 받는 경우 수뢰자에게 전달할 금품인 정을 알면서 교부받으면 곧 성립하고, 제3자가 그 받은 금품을 뒤에 수뢰예정자에게 전달이나 또는 교부자에게 반환 여부와는 상관없이 본죄가 성립한다.164) 또한 공무원·중재인이 제3자로부터 전달받은 금품을 증뢰자에게 곧바로 반환한 경우라도 본죄는 성립한다.165) 본죄에서 제3자는 증뢰할 금품을 교부하는 행위자의 상대방의 지위와 그 정을 알면서 교부받는 경우에는 알선수뢰죄의 알선자에 대칭되는 지위인 중개자가 된다. 이런 점에서 본죄의 **제3자는 단순증뢰죄의 공범관계**가 해당되나, **형법은 독립된 범죄구성요건으로 하며 단순증뢰죄와 동일하게 취급**하고 있다.166)

本罪의 構成要件的 故意는 제3자에게 금품을 교부한다는 점 또는 그 정을 알면서 그 교부를 받는 점에 대한 인식과 의사를 필요로 한다. 그리고 금품이 증뢰행위에 제공된다는 사실에 대해서는 知情故意(直接故意)가 필요하고, 그 밖의 점에 관해서는 미필적 고의라도 상관없다. 또한 본죄의 규정 속에 '前項의 행위에 供할 목적으로'라는 文言이 있어 본죄가 고의 이외에 초과된 내적 경향인 目的을 필요로 하는 목적범인 듯한 외관을 나타내지만, 여기서 목

---

163) 김일수, 상게서, 555면.
164) 대판 1965. 10. 26, 도785; 대판 1985. 1. 22, 84도1033.
165) 대판 1983. 6. 28, 82도3129.
166) 김일수, 전게서, 557면.

적한 바는 목적범의 초과된 내적 경향이 아니라 경향범의 강화된 내적 경향이라고 해야 한다.[167] 행위자가 제3자에게 금품을 교부하는 것은 다른 의도가 아니라 사회적 의미에 따른 증뢰행위의 목적을 수행하려는 강한 행위경향이기 때문이다.

◆ 종합정리(증뢰물전달죄)

(1) 죄명: 증뢰물전달죄(제133조 2항)

(2) 의의: 증뢰죄에 쓸 목적으로 제3자에게 금품을 교부하거나 그 정을 알면서 교부를 받음으로써 성립하는 범죄.

(3) 사례: 세무공무원 甲은, 乙주점에게 면세 혜택을 주는 대가로 100만 원을 요구하자, 乙주점의 주인은 친구인 병(丙)에게 대신 전달하라고 100만 원을 주었다. 〔갑 : 단순수뢰죄, 병 : 증뢰물전달죄→ 수뢰죄가 성립하지 않아도 본죄는 성립함. 을과 병은 단순증뢰죄의 공범관계이나 형법은 독립된 범죄구성요건으로 하여 단순증뢰죄와 동일하게 취급함〕

(4) 보호법익: 국가기능의 공정성 및 직무행위의 불가매수성(통설·판례), 이에 대한 일반의 신뢰(유력설)

(5) 구성요건

  1) 주체 - 일반인(공무원이건 비공무원이건 불문)

  2) 행위 - 금품을 교부 또는 그 정을 알면서 교부받는 것.

  3) 고의 - 제3자에게 금품을 교부한다는 점 또는 그 정을 알면서 그 교부를 받는 점에 대한 인식과 의사. 금품이 증뢰행위에 제공된다는 사실에 대해서 직접 고의. 미필적 고의로도 충분.

(6) 처벌: 5년 이하의 징역 또는 2천만 원 이하의 벌금.

(7) 공소시효: 5년

(8) 자격정지병과 몰수·추징: ×

(9) 가중구성요건: ×

(10) 공범관계

  1) 공모 후 금품의 교부나 향응을 제공한 경우에는 현실로 출연치 않아도 증뢰죄의 공동정범.

---

167) 김일수, 상게서, 557면.

　　2) 증뢰액의 부족분을 알고 대여해 준 경우는 증뢰죄의 방조범.
(11) 타죄와의 관계
　　1) 수뢰죄가 불성립해도 본죄는 성립.
(12) 죄수: ×

◆ 관련판례(증뢰물전달죄)

[1]===

　　대판 2002. 6. 14. 2002도1283

[1] 형법 제133조 제2항은 증뢰자가 뇌물에 공할 목적으로 금품을 제3자에게 교부하
　　거나 또는 그 정을 알면서 교부받는 증뢰물전달행위를 독립한 구성요건으로 하
　　여 이를 같은 조 제1항의 뇌물공여죄와 같은 형으로 처벌하는 규정으로서, 제3
　　자의 증뢰물전달죄는 제3자가 증뢰자로부터 교부받은 금품을 수뢰할 사람에게
　　전달하였는지의 여부에 관계없이 제3자가 그 정을 알면서 금품을 교부받음으로
　　써 성립하는 것이고, 본죄의 주체는 비공무원을 예정한 것이나 공무원일지라도
　　직무와 관계되지 않는 범위 내에서는 본죄의 주체에 해당될 수 있다 할 것이므
　　로, 피고인이 자신의 공무원으로서의 직무와는 무관하게 군의관 등의 지무에 관
　　하여 뇌물에 공할 목적의 금품이라는 정을 알고 이를 전달해준다는 명목으로 취
　　득한 경우라면 제3자뇌물취득죄가 성립된다.

[2]===

　　대판 1997. 9. 5. 97도1572

[1] 형법 제133조 제2항은 증뢰자가 뇌물에 공할 목적으로 금품을 제3자에게 교부하
　　거나 또는 그 정을 알면서 교부받는 증뢰물전달행위를 독립한 구성요건으로 하
　　여 이를 같은 조 제1항의 뇌물공여죄와 같은 형으로 처벌하는 규정으로서, 제3
　　자의 증뢰물전달죄는 제3자가 증뢰자로부터 교부받은 금품을 수뢰할 사람에게
　　전달하였는지 여부에 관계없이 제3자가 그 정을 알면서 금품을 교부받음으로써
　　성립하는 것이며, 나아가 <u>제3자가 그 교부받은 금품을 수뢰할 사람에게 전달하
　　였다고</u> 하여 증뢰물전달죄 외에 **별도로 뇌물공여죄가 성립**하는 것은 아니다.

[3]===

　　대판 1965. 10. 26. 65도785

[1] 증뇌물전달의 죄는 증뢰자나 수뢰자가 아닌 제3자가 증뢰자로부터 수뢰할 사람
　　에게 전달될 금품이라는 정을 알면서 그 금품을 받으면 그때 위 죄가 성립하고

그 금품을 그 후 전달하였는지의 여부는 위 죄의 성립에 영향이 없다.

[2] 검사가 증뇌물전달죄로 기소한 공소사실 또는 적용법조의 추가, 철회, 변경이 없는 한 법원은 수뢰죄로 심판할 수 없다.

◆ 종합정리(몰수 · 추징)

(1) 죄명: 몰수 · 추징(제134)

(2) 의의: 범죄행위로 인하여 발생한 재산을 박탈하여 국고에 귀속시키는 재산형. 범인 또는 정을 아는 제3자가 받은 뇌물 또는 뇌물에 공할 금품은 필요적으로 몰수한다(제48조 1항). 그를 몰수하기 불가능한 때에는 그 가액을 추징(제48조 2항). 문서 · 도화 · 전자기록 등 특수매체기록 또는 유가증권의 일부가 몰수에 해당하는 때에는 그 부분을 폐기함(제48조 3항).

(3) 몰수 · 추징의 성격

  1) 형법 재48조 - 행위자 또는 공범의 소유인 물건의 몰수는 재산형의 성질이고, 제3자 소유의 물건의 몰수는 대물적 보안처분의 성질로 임의적 몰수가 원칙이고 법관의 자유재량에 의한다.

  2) 형법 제134조 - 뇌물의 몰수와 추징에 관하여 특별규정이다(형법 제48조의 특칙규정임). 본 규정은 필요적 규정으로 되어 몰수 또는 추징에 대한 법관의 자유재량이 허용되지 아니 한다.

(4) 몰수 · 추징의 대상

  1) 몰수 · 추징의 대상으로는 범인 또는 정을 아는 제3자가 받은 뇌물 또는 뇌물에 제공할 금품이다.

  2) 공직자가 직무와 관련하여 일정액수 내지 적어도 특정할 수 있을 정도의 금품을 요구했을 때에 한해서만 추징이 가능(판례).

  3) 추징의 사유는 뇌물의 전부 또는 일부가 몰수하기 불가능한 때(예: 대접받은 향응 · 서비스 등 비재산적인 무형의 이익 또는 금품수수 후 소비 · 훼손 · 멸실 · 가공 · 다른 물건과의 혼동 등 및 선의의 제3자에게 소유권 이전 등: 통설)

(5) 몰수 · 추징의 상대방

  1) 뇌물을 현재 보유하고 있는 자로부터 몰수할 것.

  2) 뇌물 자체가 반환된 때에는 증뢰자로부터 몰수 · 추징한다(통설 · 판례).

  3) 수수한 뇌물의 일부를 다시 타인에게 증뢰한 때에는 제1수뢰자로부터 전액을 몰수할 것(최근 판례)

  4) 돈세탁 형태(수뢰자가 일단 수뢰한 뇌물을 소비하고 같은 액수의 금원을 증

뢰자에게 반환한 경우, 뇌물로 받은 자기앞수표를 소비하고 그 금액을 반환
한 경우, 은행에 예치한 후 같은 액수의 돈을 반환한 경우)를 취했을 때에는
수뢰자로부터 추징할 것(학설·판례)

(6) 몰수·추징의 방법

　　1) 수수한 뇌물을 공동으로 소비했거나 분배액이 분명치 않을 때에는 평등분할
하여 추징한다(판례).

　　2) 공동정범관계가 인정되지 않는 제3자에게 금품의 일부를 나누어 주었더라도
이는 소비의 일부이므로 전액을 추징해야 한다(판례).

　　3) 뇌물과 사교의례가 불가분적으로 제공된 때에는 그 전체가 뇌물성을 가진다
고 보아 전부에 대해서 추징한다.

　　4) 수뢰한 돈을 증뢰자에게 반환하고 그것을 증뢰자에게 매각처분이나 소비한
때에는 증뢰자로부터 가액을 추징한다(판례).

　　5) 수뢰자가 수뢰한 금액을 소비한 후 그에 상당액을 증뢰자에게 반환한 때에는
수뢰자로부터 징수해야 한다(판례).

(7) 추징가액산정기준: 몰수를 할 수 없게 된 사유가 발생한 때를 기준, 시장가격기
준, 몰수 및 추징절차는 형사소송법, 몰수·추징은 부가형이므로 판결선고
시를 기준(판례)

(8) 특정공무원범죄에 대한 몰수특례법

　　1) 특정공무원범죄-뇌물죄(형법 제129조~제132조), 횡령·배임죄(형법 제355
조), 특정범죄가중처벌등에관한법률 제2조 및 제5조를 범한 죄.

　　2) 특정공무원범죄를 통하여 취득한 불법수익재산(예: 불법수익의 과실로 얻은
재산, 불법수익의 대가로서 얻은 재산, 이들 재산의 대가로서 얻은 재산 등
불법수익의 변형 또는 증식으로 형성된 재산)은 몰수한다.

　　3) 불법수익이 불법수익과 관련 없는 재산과 합하여 변형되거나 증식된 경우에
는 불법수익에서 비롯된 부분에 한하여 몰수한다.

◈ 관련판례(추징·몰수)

[1]===

대판 2005. 10. 28. 2005도5822

[1] 제1심판결에서 선고된 추징을 항소심판결로 몰수로 변경하는 것은 형식적으로
보면 제1심이 선고하지 아니 한 전혀 새로운 형을 선고하는 것으로 보일지 모
르나, 추징은 몰수할 물건의 전부 또는 일부를 몰수하지 못할 때 몰수에 갈음하

여 그 가액의 납부를 명하는 처분으로서, 실질적으로 볼 때 몰수와 표리관계에 있어 차이가 없는 것이고, 형법 제134조나 공무원범죄에 관한 몰수특례법 소정의 필요적 몰수와 추징은 어느 것이나 공무원이 뇌물수수 등 직무관련범죄로 취득한 부정한 이익을 계속 보유하지 못하게 하는 데 그 목적이 있으므로, 항소심이 몰수의 가능성에 관하여 제1심과 견해를 달리하여 추징을 몰수로 변경하더라도, 그것만으로 피고인의 이해관계에 실질적 변동이 생겼다고 볼 수는 없으며, 따라서 이를 두고 형이 불이익하게 변경되는 것이라고 보아서는 안 된다.

[2] 피고인이 뇌물로 받은 주식이 압수되어 있지 않고 주주명부상 피고인의 배우자 명의로 등재되어 있으며, 위 배우자는 몰수의 선고를 받은 자가 아니어서 그에 대해서는 몰수물의 제출을 명할 수도 없고, 몰수를 선고한 판결의 효력도 미치지 않는 등의 이유로 위 주식을 몰수함이 상당하지 아니 하다고 보아 몰수하는 대신 그 가액을 추징할 수 있다고 한 사례.

[3] 주형과 몰수 또는 추징을 선고한 항소심판결 중 몰수 또는 추징부분에 관해서만 파기사유가 있을 때에는 상고심이 그 부분만을 파기할 수 있으나, 항소심이 몰수나 추징을 선고하지 아니 하였음을 이유로 파기하는 경우에는 항소심판결에 몰수나 추징부분이 없어 그 부분만 특정하여 파기할 수 없으므로, 결국 항소심판결의 유죄부분 전부를 파기하여야 한다.

[2] ══

서울중앙지법 2004. 11. 26. 2004고합1068

[1] 뇌물로 주식을 취득한 후 유상증자로 교부받은 주식은 공무원범죄에관한몰수특 례법 제2조 제3호의 불법수익의 과실이라고 할 수 없어 이를 몰수 또는 추징할 수 없다고 한 사례.

[2] 뇌물로 취득한 주식과 유상증자로 교부받은 주식이 합하여진 경우, 뇌물로 취득 한 주식의 비율에 상당하는 부분만을 몰수 또는 추징하여야 한다고 한 사례.

[3] ══

대판 2002. 6. 14. 2002도1283

[1] 형법 제134조의 규정에 의한 필요적 몰수 또는 추징은, 범인이 취득한 당해 재 산을 범인으로부터 박탈하여 범인으로 하여금 부정한 이익을 보유하지 못하게 함에 그 목적이 있는 것으로서, 공무원의 직무에 속한 사항의 알선에 관하여 금 품을 받고 그 금품 중의 일부를 받은 취지에 따라 청탁과 관련하여 관계 공무원 에게 뇌물로 공여하거나 다른 알선행위자에게 청탁의 명목으로 교부한 경우에는 그 부분의 이익은 실질적으로 범인에게 귀속된 것이 아니어서 이를 제외한 나머 지 금품만을 몰수하거나 그 가액을 추징하여야 한다.

[4]==

대판 1999. 10. 8. 99도1638

[1] 공무원이 뇌물을 받음에 있어서 그 취득을 위하여 상대방에게 뇌물의 가액에 상당하는 금원의 일부를 비용의 명목으로 출연하거나 그 밖에 경제적 이익을 제공하였다 하더라도, 이는 뇌물을 받는 데 지출한 부수적 비용에 불과하다고 보아야 할 것이지, 이로 인하여 공무원이 받은 뇌물이 그 뇌물의 가액에서 위와 같은 지출액을 공제한 나머지 가액에 상당한 이익에 한정되는 것이라고 볼 수는 없으므로, 그 공무원으로부터 뇌물죄로 얻은 이익을 몰수·추징함에 있어서는 그 받은 뇌물 자체를 몰수하여야 하고, 그 뇌물의 가액에서 위와 같은 지출을 공제한 나머지 가액에 상당한 이익만을 몰수·추징할 것은 아니다.

[5]==

대판 1999. 1. 29. 98도3584

[1] 수뢰자가 자기앞수표를 뇌물로 받아 이를 소비한 후 자기앞수표 상당액을 증뢰자에게 반환하였다 하더라도 뇌물 그 자체를 반환한 것은 아니므로 이를 몰수할 수 없고 수뢰자로부터 그 가액을 추징하여야 할 것이다.

[6]==

대판 1997. 4. 17. 96도3376

[1] 형법 제134조에 의하면, 범인 또는 정을 아는 제3자가 받은 뇌물은 필요적으로 몰수·추징하도록 되어 있는바, 그 규정취지가 범인 또는 정을 아는 제3자로 하여금 불법한 이득을 보유시키지 아니 하려는 데에 있는 점에 비추어 볼 때, 범인이라 하더라도 불법한 이득을 보유하지 아니 한 자라면 그로부터 뇌물을 몰수·추징할 수 없으므로, 제3자 뇌물수수의 경우에는 범인인 공무원이 제3자로부터 그 뇌물을 건네받아 보유한 때를 제외하고는 그 공무원으로부터 뇌물의 가액을 추징할 수 없다.

[7]==

대판 1980. 3. 11. 77도2027

[1] 주형을 선고유예하는 경우에는 부가형인 몰수나 추징도 선고유예할 수 있다.

제3장 特別法上 賂物罪

제1절 序 說

특별법상 뇌물죄는 處罰에 있어서 형법에 우선하여 適用하는 것이지, 별개의 뇌물죄가 되는 것이 아니다. 그러므로 특별법에 산재되어 있는 뇌물죄는 모법인 형법의 일반이론에 입각하여 범죄가 성립되며, 보호법익 면에서도 본질적인 차이가 없다. 또한 量刑면에서도 형법보다는 加重 및 減輕하여 처벌한다. 수뢰죄의 주체가 형법에서는 公務員 및 仲裁人에 한정되고 있는 반면, 각 특별법상의 수뢰죄의 主體는 공무원(예: 국선변호사의 신분일 경우에는 공무원으로 본다.)과 공무원으로 擬制된 자이며, 앞에서 말한 공무원의 범위에 속하지 않을 때에는 뇌물죄 성립과는 달리 刑法 제357조의 背任受贈罪로 다루어진다.

제2절 刑法과 關聯된 特別法

I. 特定犯罪加重處罰 등에 관한 賂物罪

特定犯罪加重處罰 등에 관한 法律은 刑法·關稅法·租稅犯處罰

110

法·山林法 및 麻藥法에 규정된 특정범죄에 대한 가중처벌 등을 규정함으로써 건전한 사회질서의 유지와 국민경제의 발전에 기여함을 목적으로 하여, 1966년 2월 23일 법률 제1744호로 입법화된 이래 14차례 개정을 거쳐, 1997년 12월 13일 정부부처명칭을 끝으로 법률 5454호로 개정하여 오늘에 이르고 있다.

本法에서는 單純收賂罪(형법 제129조 제1항)와 事前收賂罪(형법 제129조 제2항) 및 제3자賂物提供罪(형법 제130조) 또는 斡旋收賂罪(형법 제132조)에 규정된 죄를 범한 자가 그 수수·요구 또는 약속한 수뢰액이 1천만 원 이상 5천만 원 미만인 때에는 5년 이상의 유기징역에 처하고, 수뢰액이 5천만 원 이상인 때에는 무기 또는 10년 이상의 유기징역에 처한다는 형벌로 보아 뇌물죄의 수뢰액에 따라 가중처벌을 하는 법률임을 알 수 있다(본법 제2조 제1항). 특히 공무원의 직무에 속한 사항의 알선에 관하여 금품이나 이익을 수수·요구 또는 약속한 자가 있을 때는 5년 이하의 징역 또는 1천만 원 이하의 벌금에 처하는 알선수재(형법 제132조)에 관한 규정, 즉 본 법률 제3조의 규정이 있는데, 이는 비공무원이 다른 공무원의 직무에 관해 알선하는 형태라고 할 수 있다.

그리고 國家 또는 地方自治團體가 直接 또는 間接으로 자본금의 2분의 1 이상을 출자하였거나 出捐金·補助金 등 그 재정지원의 규모가 그 기업체 기본재산의 2분의 1 이상인 **정부관리기업체**나,1)

---

1) 우리나라의 공기업은 그 출자 및 관리 주체가 누군가에 따라서 정부기업을 지방공기업 및 정부관리기업으로 구분할 수 있다. 철도·통신·전매·조달사업(순수행정기업), 수도·도로·가스사업 등(지방자치단체가 운영)에 해당하는 정부기업은 정부가 공공이익을 증대시키기 위해서 또는 재정수입을 확보하기 위해서 직접 운영하는 것으로서 일반 행정기관과 동일한 지위에 있는 순수행정기업으로 여기에 종사하는

국민경제 및 산업에 중대한 영향을 미치고 있고 업무의 공공성이 현저하여 국가 또는 지방자치단체가 법령이 정하는 바에 따라 지도·감독하거나 주주권의 행사 등을 통하여 중요 사업의 결정 및 임원의 任免 등 운영 전반에 관하여 실질적인 지배력을 행사하고 있는 **정부관리기업체의 간부직원**[2]은 형법 제129조 내지 제132조의

직원은 공무원이다. 반면 정부관리기업은 정부투자기업 또는 정부투자기관 등으로 불리는 것으로 자본의 50% 이상을 정부가 출자한 기업 또는 귀속재산 중 그 재산의 50% 이상이 정부에 귀속되어 있는 기업을 말한다. 이러한 정부관리기업은 독립경영체 즉 특별법의 제정에 의하여 설립되어 독립성과 자치권이 인정되고 또 독립적법인격이 부여된 공기업으로서 공사 Public Corporation이라고도 불리는 것과 私法上의 기업형태 즉 상법상의 주식회사와 마찬가지로 이사회·대표이사·감사·주주총회와 같은 기관을 가지고 있는 형태로 나누어지는 기업으로 여기에 종사하는 간부직원은 공무원으로 본다. **정부관리기업체의 범위**로는 한국은행·한국산업은행·중소기업은행·한국조폐공사·한국수출입은행·신용보증기금·기술신용보증기금·금융감독원·한국증권거래소·한국소비자보호원·한국담배인삼공사·한국국제협력단·한국소방검정공사·국립공원관리공단·한국마사회·농수산물유통공사·농어촌진흥공사·한국전력공사·대한석탄공사·대한무역투자진흥공사·대한광업진흥공사·한국전기안전공사·한국지역난방공사·한국가스공사·한국가스안전공사·에너지관리공단·중소기업진흥공단·한국석유공사·한국전기통신공사·무선관리사업단·환경관리공단·공무원 및 사립학교교직원의료보험관리공단·근로복지공단·한국산업인력관리공단·한국토지공사·대한주택공사·한국수자원공사·한국도로공사·한국관광공사·주식회사한국감정원·인천국제공항공사·한국공항공사·한국철도시설공단·한국방송공사·국정교과서주식회사·한국종합화학공업주식회사·농업협동조합중앙회 및 그 회원조합·축산업협동중앙회 및 그 회원조합·수산업협동조합중앙회 및 그 회원조합·임업협동중앙회 및 그 회원조합·농지개량조합연합회 및 농지개량조합 등·항만공사법에의한항만공사·한국철도공사법에의한한국철도공사 등 54개 기업체 등이다.(특·가·법 시행령 제2조 참조)

2) **간부직원의 범위**(법 제4조 제2항의 규정에 의함. 단, 다른 법령에 의하여 공무원 또는

적용함에 있어 공무원으로 본다(본법 시행령 제3조)는 **뇌물죄적용대상의 확대**를 규정하고 있다(본법 제4조).

Ⅱ. 特定經濟犯罪加重處罰 등에 관한 賂物罪

特定經濟犯罪加重處罰 등에 관한 法律은 健全한 國民經濟倫理에 반하는 특정경제범죄에 대한 가중처벌과 그 범죄 행위자에 대한 취업제한 등을 규정함으로써 경제 질서를 확립하고 나아가 국민경제의 발전에 이바지함을 목적으로 하며, 1983년 12월 31일 법률 제3693호로 입법화된 이래 4차례의 개정을 거쳐, 금융감독기구를 중점으로 한 1998년 1월 13일 법률 5505호로 개정을 끝으로 오늘에 이르고 있다.

本法에서는 다음과 같은 경우에 따라 처벌을 하고 있다. 金融機關3)의 任·職員이 그 직무에 관하여 금품 기타 이익을 수수·요구

공무원에 준하는 신분을 가지는 경우에는 그 법령의 적용을 한다) [1] 제2조제1호 내지 제44호의 정부관리기업체와 농업협동조합중앙회·축산업협동조합중앙회·수산업협동조합중앙회·임업협동조합중앙회·농지개량조합연합회 및 농지개량조합의 임원과 과장대리급(과장대리급제가 없는 정부관리기업체에서는 과장급)이상의 직원. [2]한국방송공사·국정교과서주식회사·한국종합화학공업주식회사·지역농업협동조합·전문농업협동조합·전문농업협동조합연합회·지역별축산업협동조합·업종별축산업협동조합·업종별축산업협동조합연합회·지구별수산업협동조합·업종별수산업협동조합·업종별수산업협동조합연합회·수산물제조수산업협동조합·지역임업협동조합·전문임업협동조합 및 전문임업협동조합연합회의 임원(특·가·법 시행령 제3조 참조).

3) **금융기관의 정의**로는 (가) 한국은행(은행감독원 포함)과 은행법 기타 법률에 의한 은행·(나)삭제 ·(다)종합금융회사에 관한 법률에 의한

또는 약속한 때에는 5년 이하의 징역 또는 10년 이하의 자격정지에 처한다고 규정하고 있다(본법 제5조 제1항 및 형법 제129조 제1항). 金融機關의 任·職員이 그 職務에 관하여 부정한 청탁을 받고 제3자에게 금품 기타 이익을 제공하게 하거나 제공하게 할 것을 요구 또는 약속한 때에는 5년 이하의 징역 또는 10년 이하의 자격정지에 처한다고 규정하고 있다(본법 제5조 제2항 및 형법 제130조). 金融機關의 任·職員이 그 지위를 이용하여 소속금융기관 또는 다른 金融機關의 任·職員의 직무에 속한 사항의 알선에 관하여 금품 기타 이익을 수수·요구 또는 약속한 때(**금융기관의 임·직원이 다른 임·직원의 직무에 관해 알선하는 경우**)에는 5년 이하의 징역 또는 10년 이하의 자격정지에 처한다고 규정하고 있다(본법 제5조 제3항 및 형법 제132조). 특히 金融機關의 任·職員과 관련한 단순수뢰죄·제3자뇌물제공죄·알선수뢰죄를 범한 경우에 수수·요구 또는 약속한 금품 기타 이익의 수뢰액이 1천만 원 이상 5천만 원 미만인 때에는 5년 이상의 유기징역에 처하고, 수뢰액이 5천만 원 이상인 때에는 무기 또는 10년 이상의 징역에 처하는 가중처벌을 규정하고 있다(본법 제5조 제4항).

종합금융회사·(라)상호신용저축은행법에의한상호저축은행과 그 중앙회·(마)농업협동조합법에 의 조합과 그 중앙회·(바)수산업협동조합법에의한조합과 그 중앙회·(사)삭제·(아)신용협동조합법에 의한 신용협동조합과 그 중앙회·(자)새마을금고법에의한새마을금고와 그 연합회 기타·(차)신탁업법에의한신탁·(카)증권투자신탁업법에의한위탁회사·(타)증권거래법에의한증권회사·증권금융회사·(파) 보험업법에의한보험회사·(하)신용보증기금법에의한신용보증기금·(거)기술신용보증기금법에의한기술신용보증기금·(너) 그 밖에 가목 내지 거목의 기관과 동일하거나 유사한 업무를 행하는 기관으로서 대통령령이 정하는 기관을 말한다(특·경·법 제2조 참조).

金融機關의 任·職員이 그 職務와 관련하여 단순수뢰죄·제3자뇌물제공죄·알선수뢰죄를 범하거나 또는 이 범죄와 관련되어 수뢰액에 따라 가중처벌 될 경우에 있어서 금품 또는 기타 이익을 약속·공여 또는 공여의 의사를 표시한 자(**단순증뢰죄**)에 대해서도 5년 이하의 징역 또는 3천만 원 이하의 벌금에 처하고(본법 제6조 제1항), 단순증뢰자의 행위에 제공할 목적으로 제3자에게 금품을 교부하거나 그 정을 알면서 교부받은 자(**증뢰물전달죄**)도 5년 이하의 징역 또는 3천만 원 이하의 벌금에 처한다(본법 제6조 제2항).

金融機關의 任·職員의 職務에 속한 事項의 斡旋에 관하여 금품 기타 이익을 수수·요구 또는 약속한 자(**일반인이 금융기관 임·직원의 직무에 관해 알선한 경우의 알선수뢰죄**) 또는 제3자에게 이를 공여하게 하거나 공여하게 할 것을 요구 또는 약속한 자(**제3자뇌물제공죄**)는 5년 이하의 징역 또는 5천만 원 이하의 벌금에 처한다는 본법 제7조의 규정으로 보아, 본법 제5조 제2항 및 제3항의 적용을 확대한 경우라고 할 수 있다. 본법 제5조 및 제6조와 제7조의 경우에 있어서 범인 또는 정을 아는 제3자가 받은 금품 기타 이익은 이를 **몰수**하고, 몰수할 수 없을 때에는 그 가액을 **추징**한다(본법 제10조 제2항 및 제3항). 본법은 공무원이 아니더라도 공무원처럼 영향력을 행사할 수 있는 사람으로 알선대상이 공무원이 아니고 금융기관일 경우에 적용하기 때문에 형법 제357조의 背任受贈罪에 해당하나, 본법 제10조 제2·3항의 **몰수추징**으로 보아 뇌물죄로 다루어야 한다.

Ⅲ. 暴力行爲 등 處罰에 관한 賂物罪

暴力行爲 등 處罰에 관한 法律은 集團的, 常習的 또는 夜間에 暴力行爲 등을 恣行하는 자 등을 처벌함을 목적으로 하여, 1961년 6월 20일 법률 제625호로 입법화된 이래 4차례의 개정을 거쳐, 1993년 12월 10일 법률 제4590호로 개정을 끝으로 오늘에 이르고 있다.

이 법에 의하면 형법 제257조 제1항(상해), 제260조 제1항(폭행), 제276조 제1항(체포·감금), 제283조 제1항(협박), 제319조(주거침입·퇴거불응), 제324조(폭력에 의한 권리행사방해), 제350조(공갈) 또는 제366조(손괴)의 죄를 상습적·야간 또는 2인 이상이 공동과 2회 이상 징역형을 받은 누범자(본법 제2조) 및 단체나 다중의 위력을 보임으로써 죄를 범한 자 또는 흉기 기타 위험한 물건을 휴대하여 그 죄를 범한 자(본법 제3조) 그리고 단체 등의 구성·활동의 목적으로 형법 제8장 공무방해에 관한 죄 중 제136조(공무집행방해)·제141조(공용서류 등의 무효·공용물의 파괴)의 죄, 同法 제24장 살인의 죄 중 제250조 제1항(살인)·제252조(촉탁·승낙에 의한 살인 등)·제253조(위계 등에 의한 촉탁살인 등)·제255조(예비·음모)의 죄, 同法 제34장 신용, 업무와 경매에 관한 죄 중 제314조(업무방해)·제315조(경매·입찰의 방해)의 죄, 同法 제38장 절도와 강도의 죄 중 제333조(강도)·제334조(특수강도)·제335조(준강도)·제336조(약취강도)·제337조(강도상해·치상)·제339조(강도강간)·제340조 제1항(해상강도) 및 제2항(해상강도상해·치상)·제341조(상습범)·제343조(예비·음모)의 죄를 범한 자(본법 제4조)와 본법 제2조 또는 제3조의 죄를 범한 자 및 본법 제5조(단체 등의 이용·지원), 제6조(미수범), 제7조(우범자), 제8조(정당방위 등)의 범죄를 범한 자를 司法警察官吏가 搜査하지 아니 하거나 범인을 알면서 이를 체포하지 아니 하거나 수사상 정보를 누설하여 범인의 도주를 용이하게 할 목적으로 賂物의 수수·요구 또는 약속을 한 자는 2년 이상의 유기징역에 처한다는 규정으로 뇌물죄를 범한 공무원을 처벌하고 있다(본법 제9조 제2항).

◈ **종합정리(특정범죄가중처벌등에관한뇌물죄)**

■ **特定犯罪加重處罰 등에 관한 賂物罪**

1. 立法 趣旨: 刑法·關稅法·租稅犯處罰法·山林法 및 麻藥法에 규정된 특정범죄에 대한 가중처벌 등을 규정함으로써 건전한 사회질서의 유지와 국민경제의 발전에 기여함을 목적으로 입법한 것이다.

2. 本法 제2조 제1항: 單純收賂罪(형법 제129조 제1항)와 事前收賂罪(형법 제129조 제2항) 및 제3자 賂物提供罪(형법 제130조) 또는 斡旋收賂罪(형법 제132조)에 규정된 죄를 범한 자가 그 수수·요구 또는 약속한 수뢰액이 1천만 원 이상 5천만 원 미만인 때에는 5년 이상의 유기징역에 처하고, 수뢰액이 5천만 원 이상인 때에는 무기 또는 10년 이상의 유기징역에 처한다.

수뢰죄	
사전수뢰죄	⇨ **특가법(제2조 제1항)으로 처벌**
제3자뇌물공여죄	
알선수뢰죄	

3. 本法 제3조: 공무원의 직무에 속한 사항의 알선에 관하여 금품이나 이익을 수수·요구 또는 약속한 자가 있을 때는 5년

이하의 징역 또는 1천만 원 이하의 벌금에 처하는 알선수재 (형법 제132조)에 관한 규정(이는 비공무원이 다른 공무원의 직무에 관해 알선하는 형태라고 할 수 있다.)

● **알선수뢰죄** ⇨ **특가법(제3조)으로 처벌**

4. **本法 제4조 전단(뇌물죄적용대상의확대)**: 國家 또는 地方自治團體가 直接 또는 間接으로 자본금의 2분의 1 이상을 출자하였거나 出捐金·補助金 등 그 재정지원의 규모가 그 기업체 기본재산의 2분의 1 이상인 **정부관리기업체직원**(한국은행·한국산업은행·중소기업은행·한국조폐공사·한국수출입은행·신용보증기금·기술신용보증기금·금융감독원·한국증권거래소·한국소비자보호원·한국담배인삼공사·한국국제협력단·한국소방검정공사·국립공원관리공단·한국마사회·농수산물유통공사·농어촌진흥공사·한국전력공사·대한석탄공사·대한무역투자진흥공사·대한광업진흥공사·한국전기안전공사·한국지역난방공사·한국가스공사·한국가스안전공사·에너지관리공단·중소기업진흥공단·한국석유공사·한국전기통신공사·무선관리사업단·환경관리공단·공무원 및 사립학교교직원의료보험관리공단·근로복지공단·한국산업인력관리공단·한국토지공사·대한주택공사·한국수자원공사·한국도로공사·한국관광공사·주식회사한국감정원·인천국제공항공사·한국공항공사·한국철도시설공단·한국방송공사·국정교과서주식회사·한국종합화학공업주식회사·농업협동조합중앙회 및 그 회원조합·축산업협동중앙회 및 그 회원조합·수산업협동조합중앙회 및 그 회원조합·임업협동중앙회 및 그 회원조합·농지개량조합연합회 및 농지개량조합 등·항만공사법에의한항

만공사·한국철도공사법에의한한국철도공사 등 54개 기업체)

● **뇌물죄의 주체**

5. 本法 제4조 후단: 국민경제 및 산업에 중대한 영향을 미치고 있고 업무의 공공성이 현저하여 국가 또는 지방자치단체가 법령이 정하는 바에 따라 지도·감독하거나 주주권의 행사 등을 통하여 중요 사업의 결정 및 임원의 任免 등 운영 전반에 관하여 실질적인 지배력을 행사하고 있는 **정부관리기업체의 간부직원**(한국은행 내지 한국고속철도건설공단의 정부관리기업체와 농업협동조합중앙회·축산업협동중앙회·수산업협동조합중앙회·임업협동조합중앙회·농지개량조합연합회 및 농지개량조합의 임원과 과장대리급(과장대급제가 없는 정부관리기업체에서는 과장급) 이상의 직원과 한국방송공사·국정교과서주식회사·한국종합화학공업주식회사·지역농업협동조합·전문농업협동조합·전문농업협동조합연합회·업종별축산업협동조합연합회·지구별수산업협동조합·업종별수산업협동조합·업종별수산업협동조합연합회·수산물제조수산업협동조합·지역임업협동조합·전문임업협동조합 및 전문임업협동조합연합회의 임원 등 65개 기업체 간부직원)

● **뇌물죄의 주체**

6. 本法 시행령 제2조: 형법 제129조 내지 제132조의 적용함에 있어 공무원으로 본다.(**공무원 의제**)

◆ **관련판례(특정범죄가중처벌등에관한뇌물죄)**

[1]==

대판 2005. 10. 28. 2005도5822

[1] 제1심판결에서 선고된 추징을 항소심판결로 몰수로 변경하는 것은 형식적으로

보면 제1심이 선고하지 아니 한 전혀 새로운 형을 선고하는 것으로 보일지 모
르나, 추징은 몰수할 물건의 전부 또는 일부를 몰수하지 못할 때 몰수에 갈음하
여 그 가액의 납부를 명하는 처분으로서, 실질적으로 볼 때 몰수와 표리관계에
있어 차이가 없는 것이고, 형법 제134조나 공무원범죄에 관한 몰수특례법 소정
의 필요적 몰수와 추징은 어느 것이나 공무원이 뇌물수수 등 직무관련범죄로
취득한 부정한 이익을 계속 보유하지 못하게 하는 데 그 목적이 있으므로, 항소
심이 몰수의 가능성에 관하여 제1심과 견해를 달리하여 추징을 몰수로 변경하
더라도, 그것만으로 피고인의 이해관계에 실질적 변동이 생겼다고 볼 수는 없으
며, 따라서 이를 두고 형이 불이익하게 변경되는 것이라고 보아서는 안 된다.

[2] 피고인이 뇌물로 받은 주식이 압수되어 있지 않고 주주명부상 피고인의 배우자
명의로 등재되어 있으며, 위 배우자는 몰수의 선고를 받은 자가 아니어서 그에
대해서는 몰수물의 제출을 명할 수도 없고, 몰수를 선고한 판결의 효력도 미치
지 않는 등의 이유로 위 주식을 몰수함이 상당하지 아니 하다고 보아 몰수하는
대신 그 가액을 추징할 수 있다고 한 사례.

[3] 주형과 몰수 또는 추징을 선고한 항소심판결 중 몰수 또는 추징부분에 관해서만
파기사유가 있을 때에는 상고심이 그 부분만을 파기할 수 있으나, 항소심이 몰
수나 추징을 선고하지 아니 하였음을 이유로 파기하는 경우에는 항소심판결에
몰수나 추징부분이 없어 그 부분만 특정하여 파기할 수 없으므로, 결국 항소심
판결의 유죄부분 전부를 파기하여야 한다.

[2] ==

서울고법 2005. 5. 13. 2004노2238

[1] 교통 업무를 담당하는 경찰관이, 자신의 처가 가입한 인터넷 다단계 판매회사가
부도난 후 그 비상대책위원회에서 회사공금을 횡령하고 도주한 사람에 대한 소
재파악에 도움을 주면 포상금을 지급하겠다는 공고를 하자, 자신의 경찰관 근무
경험과 동료 경찰관으로부터 지득한 정보를 활용하여 도주자의 체포에 조력함으
로써 위 비상대책위원회로부터 포상금을 지급받은 행위가 뇌물죄를 구성하지 않
는다고 한 사례.

[3] ==

서울고법 2005.4.29. 2004노1506

[1] 육군 군단장이 군단장 지휘활동비로 책정된 금액에다 군단장 비서실 운영비를
포함한 금액을 수령하여 소비한 사안에서 초과 수령한 비서실 운영비 부분에
대한 불법영득의 의사가 있다고 보아 업무상횡령죄의 성립을 인정한 사례.

[2] 육군 군단장이 회계 관계 규정에 위반하여 지휘부 운영비와 군인복지기금을 일

120

할 계산하여 수령하여 소비하였다고 하더라도 불법영득의사가 있었다고 보기 어렵다는 이유로, 업무상횡령죄의 성립을 인정한 원심판결을 파기한 사례.

[3] 육군 군단장이 자매결연한 기업체 회장으로부터 받은 기부금이 회장의 아들을 특별 면회시켜 주는 대가로 수수하였다고 보기는 어려우나, 위 금원을 임의로 사적으로 소비하였다면 업무상횡령죄에 해당한다고 한 사례.

[4] 한미연합군사령부 부사령관이 훈련증식비 잔액을 연말에 국고에 반납하지 않고 보관하게 하였다고 하더라도 그 목적이 개인 이익을 위한 것이 아니라 한미연합 군사령부의 부족한 경비에 충당하기 위한 것이었고 아직 그 돈이 사용되지 않고 군부대에 보관되어 있었다면 불법영득의사를 인정하기 어렵다고 한 사례.

[5] 육군 군단장과 한미연합군사령부 부사령관으로 근무한 피고인이 그 소속 회계업무 직원이 보관·관리하고 있는 공금 등을 인출하게 하여 수령한 후 이를 보관하였다면 그 공금에 대한 업무상 보관자의 지위를 가진다고 한 사례.

[6] 육군 군단장과 한미연합군사령부 부사령관으로 근무한 피고인이 회계관계직원등 의책임에관한법률 제2조 제1호 (카)목에서 정한 '기타 국가의 회계 사무를 처리 하는 자'에 해당한다고 한 사례.

[4]==

서울중앙지법 2005. 6. 2. 2005고합237

[1] 1,000만 원 이상의 뇌물액수를 약속한 공무원에 대하여 검사가 형법 제132조를 적용하여 기소한 사안에서, 죄형법정주의, 특정범죄 가중처벌 등에 관한 법률의 입법 취지, 특별법의 제정에 의한 일반법의 개정 방식 등에 비추어 형법 제132 조는 뇌물의 액수가 1,000만 원 미만인 경우만을 그 적용대상으로 한다고 보아 특정범죄 가중처벌 등에 관한 법률 위반(뇌물)죄를 적용하여야 한다고 한 사례.

[2] 1,000만 원 이상의 뇌물액수를 약속한 공무원에 대하여 검사가 형법 제132조를 적용하여 기소한 사안에서, 형법상 뇌물죄를 적용하는 것은 사실상 실효된 법률 을 적용하는 것과 마찬가지이고, 행위 시 처벌규정이 개정된 경우 유효한 법률 을 적용하는 것은 법원의 권한이자 의무이며, 피고인의 입장에서도 법원이 인정 하는 범죄사실과 완전히 동일한 범죄사실에 대하여 방어를 한 이상 법정형만이 다를 뿐인 특정범죄 가중처벌 등에 관한 법률을 적용하더라도 그 방어권 행사에 현저한 불이익을 받았다고 보기 어려우므로, 법원이 공소장변경 없이 특정범죄 가중처벌 등에 관한 법률 위반(뇌물)죄로 의율할 수 있다고 한 사례.

[5]==

헌재 2005. 11. 24. 2003헌바108자

[1] 특정범죄가중처벌등에관한법률 제3조(1990. 12. 31. 법률 제4291호로 개정된 것,

이하 '이 사건 규정'이라 한다)는 행위자가 공무원의 신분을 가지고 있는지 여부를 불문하고 누구든지 공무원의 직무에 속한 사항에 관해 알선을 명목으로 금품 등을 수수하면 형사처벌을 하고 있다. 그런데 공무원 신분을 가지지 않은 자도 학연이나 지연 또는 개인의 영향력 등을 이용하여 공무원의 직무에 영향력을 미칠 수 있는바, 이러한 자가 공무원의 직무와 관련하여 알선자 내지는 중개자로서 알선을 명목으로 금품 등을 수수하는 등의 행위를 하게 되면, 현실적으로 담당 공무원에게 알선을 주선했는지 여부와 관계없이 공무원의 직무 집행의 공정성은 의심받게 될 것이므로 이 사건 규정이 공무의 공정성과 그에 대한 사회의 신뢰성 등을 보호하기 위해 알선 명목의 금품수수행위를 형사처벌하고 있다고 하더라도 이것이 입법의 한계를 일탈한 것이라고 볼 수 없다. 다만, 다원화되고 있는 현대 사회에서 국가기관 등의 정책결정 및 집행과정에 로비스트와 같은 중개자나 알선자를 통해 자신의 의견이나 자료를 제출할 수 있도록 허용한다면, 국민은 언제나 이러한 의견 전달 통로를 이용해 국정에 참여할 수 있을 것이므로 국민주권의 상시화가 이루어질 수 있을 것이다. 그러나 금전적 대가를 받는 알선 내지 로비활동을 합법적으로 보장할 것인지 여부는 그 시대 국민의 법 감정이나 사회적 상황에 따라 입법자가 판단할 사항으로, 우리의 역사에서 로비가 공익이 아닌 특정 개인이나 집단의 사익을 추구하는 도구로 이용되었다는 점이나 건전한 정보제공보다는 비합리적인 의사결정을 하게 하여 시민사회의 발전을 저해하는 요소가 되었다는 점을 감안하여 청원권 등의 구체적인 내용 형성에 폭넓은 재량을 가진 입법부가 대가를 받는 로비제도를 인정하고 않고, 공무원의 직무에 속한 사항의 알선에 관하여 금품 등을 수수하는 모든 행위를 형사 처벌 하고 있다고 하더라도 이것이 청원권이나 일반적 행동자유권을 침해하는 것으로 볼 수 없다.

[2] 이 사건 규정은 '공무원의 직무에 속한 사항'이나 '알선'과 같은 다소 추상적이고 광범위한 의미를 가진 것으로 보이는 용어를 사용하고 있는데, 먼저 '공무원의 직무에 속한 사항'에 관하여 보면, 이 사건 규정이 보호하고자 하는 법익은 공무의 공정성과 이에 대한 사회일반의 신뢰성 및 직무의 불가매수성으로 뇌물 관련 범죄에서 이러한 법익의 침해가 의심되는 경우에는 예외 없이 이를 처벌할 필요성이 인정되므로 이 사건 규정이 공무원의 직무에 속한 사항인 경우에 그 중요성 정도나 법령 등에 정해진 직무인지의 여부를 가리지 않고 모두 처벌할 수 있도록 수식어로서 어떤 제한도 가하지 않고 단순히 공무원의 직무에 속한 사항이라고만 규정하고 있다고 하더라도 이것이 죄형법정주의의 명확성원칙에 위반하고 있다고 할 수 없다. 또한 '알선'은 '일정한 사항에 관하여 어떤 사람과 그 상대방 사이에 서서 중개하거나 편의를 도모하는 것'으로 청탁한 취지를 상대방에

게 전하거나 그 사람을 대신하여 스스로 상대방에게 청탁을 하는 행위도 '알선' 행위에 해당한다 할 것이므로 이 부분 규정도 죄형법정주의의 명확성원칙에 위반된다고 할 수 없다.

[6] ══

헌재 2004. 4. 29. 2003헌바118

[1] 법정형의 종류와 범위의 선택은 입법자가 여러 가지 사정을 고려하여 결정할 사항으로서 광범위한 재량이 인정되어야 할 분야이다. 사람의 생명을 보호법익으로 하는 살인죄와 공무원의 직무 순수성 내지 그 직무행위의 불가매수성을 보호법익으로 하는 이 사건 법률조항은 서로 보호법익과 죄질이 다르므로, 살인죄의 법정형을 기준으로 하여 이 사건 법률조항의 경중을 판단할 수는 없다.

[2] 뇌물죄가 국가와 사회에 미치는 병폐는 수뢰액이 많으면 많을수록 가중된다는 점에서 볼 때, 수뢰액의 다과를 뇌물죄 경중을 가리는 가장 중요한 기준으로 삼은 것은 합리적 이유가 있는 것이고, 수뢰액이 5,000만 원 이상인 경우에만 적용되는 이 사건 법률조항은 수뢰액의 상한에 제한을 두지 아니 하면서도 그 법정형에 사형이 없어, 살인죄와 비교하여 형벌체계상 균형을 잃었다고 할 정도로 과중하다고는 볼 수 없다.

[3] 입법자가 법정형 책정에 관한 여러 가지 요소의 종합적 고려에 따라 법률 그 자체로 법관에 의한 양형재량의 범위를 좁혀 놓았다고 하더라도 그것이 당해 범죄의 보호법익과 죄질에 비추어 범죄와 형벌 간의 비례의 원칙상 수긍할 수 있는 정도의 합리성이 있다면 이러한 법률을 위헌이라고 할 수 없다. 이 사건 법률조항이 작량감경을 하더라도 별도의 법률상 감경사유가 없는 한 집행유예의 선고를 할 수 없도록 그 법정형의 하한을 높여 놓았다 하여 곧 그것이 법관의 양형결정권을 침해하였다거나 법관독립의 원칙에 위배된다고 할 수 없고 법관에 의한 재판을 받을 권리를 침해하는 것이라고도 할 수 없다.

[7] ══

대판 2002. 5. 10. 2000도2251

[1] 뇌물죄에서 뇌물의 내용인 이익이라 함은 금전, 물품 기타의 재산적 이익뿐만 아니라 사람의 수요 욕망을 충족시키기에 족한 일체의 유형, 무형의 이익을 포함한다고 해석되고, 투기적 사업에 참여할 기회를 얻는 것도 이에 해당한다.

[2] 공무원이 뇌물로 투기적 사업에 참여할 기회를 제공받은 경우, 뇌물수수죄의 기수시기는 투기적 사업에 참여하는 행위가 종료된 때로 보아야 하며, 그 행위가 종료된 후 경제사정의 변동 등으로 인하여 당초의 예상과는 달리 그 사업 참여로 인한 아무런 이득을 얻지 못한 경우라도 뇌물수수죄의 성립에는 아무런 영향이 없다.

[3] 뇌물죄에 있어서 직무라 함은 공무원이 법령상 관장하는 직무 그 자체뿐만 아니라 그 직무와 밀접한 관계가 있는 행위 또는 관례상이나 사실상 소관 하는 직무행위 및 결정권자를 보좌하거나 영향을 줄 수 있는 직무행위도 포함한다.

[4] 지방자치법 제42조 제1항의 규정에 의하면 지방의회는 의장을 의원들 간의 무기명투표로 선거하도록 되어 있으므로 의장선거에서의 투표권을 가지고 있는 군의원들이 이와 관련하여 금품 등을 수수할 경우 이는 군 의원으로서의 직무와 관련된 것이라 할 것이므로 뇌물죄가 성립한다고 한 사례.

[8]══

대판 2002. 4. 9. 2001도7056

[1] 형법 제129조 제1항 소정의 뇌물수수죄는 공무원이 그 직무에 관하여 뇌물을 수수한 때에 적용되는 것으로서, 이와 별도로 형법 제130조에서 공무원이 그 직무에 관하여 부정한 청탁을 받고 제3자에게 뇌물을 공여하게 한 때에는 제3자뇌물수수죄로 처벌하도록 규정하고 있는 점에 비추어 보면, 공무원이 직접 뇌물을 받지 아니 하고 증뢰자로 하여금 다른 사람에게 뇌물을 공여하도록 한 경우에는 그 다른 사람이 공무원의 사자 또는 대리인으로서 뇌물을 받은 경우나 그 밖에 예컨대, 평소 공무원이 그 다른 사람의 생활비 등을 부담하고 있었다거나 혹은 그 다른 사람에 대하여 채무를 부담하고 있었다는 등의 사정이 있어서 그 다른 사람이 뇌물을 받음으로써 공무원은 그만큼 지출을 면하게 되는 경우 능 사회통념상 그 다른 사람이 뇌물을 받은 것을 공무원이 직접 받은 것과 같이 평가할 수 있는 관계가 있는 경우에 한하여 형법 제129조 제1항의 뇌물수수죄가 성립한다.

[2] 산악회 지부가 사업자로부터 등반대회 행사용 수건을 교부받은 것을 산악회 지부의 고문으로 있는 군수가 이를 교부받은 것과 동일시하기에는 부족하다고 보아 형법 제129조 제1항의 뇌물수수죄 성립을 부정한 사례.

[3] 원심은 공동피고인에 대하여 포괄일죄의 관계에 있는 뇌물공여 공소사실 중 일부에 대하여만 유죄로 인정하고 그 나머지 공소사실에 대하여서는 범죄사실의 증명이 없다 하여 무죄로 판단하였고, 이에 대하여 검사는 원심판결에 대하여 불복상고하고 공동피고인은 상고하지 아니 하였으나, 원심이 피고인에 대하여 유죄로 인정한 특정범죄가중처벌등에관한법률위반 범죄사실 중 일부에 대하여 파기사유가 있고 그 파기사유는 뇌물공여죄로 기소된 공동피고인에 대하여도 공통된다 할 것이므로 형사소송법 제392조의 규정에 따라 공동피고인에 대한 부분도 파기되어야 한다.

[9]══

대판 2002. 6. 14. 2002도1283

[1] 형법 제133조 제2항은 증뢰자가 뇌물에 공할 목적으로 금품을 제3자에게 교부하거나 또는 그 정을 알면서 교부받는 증뢰물전달행위를 독립한 구성요건으로 하여 이를 같은 조 제1항의 뇌물공여죄와 같은 형으로 처벌하는 규정으로서, 제3자의 증뢰물전달죄는 제3자가 증뢰자로부터 교부받은 금품을 수뢰할 사람에게 전달하였는지의 여부에 관계없이 제3자가 그 정을 알면서 금품을 교부받음으로써 성립하는 것이고, 본죄의 주체는 비공무원을 예정한 것이나 공무원일지라도 직무와 관계되지 않는 범위 내에서는 본죄의 주체에 해당될 수 있다 할 것이므로, 피고인이 자신의 공무원으로서의 직무와는 무관하게 군의관 등의 직무에 관하여 뇌물에 공할 목적의 금품이라는 정을 알고 이를 전달해준다는 명목으로 취득한 경우라면 제3자 뇌물취득죄가 성립된다.

[2] 형법 제134조의 규정에 의한 필요적 몰수 또는 추징은, 범인이 취득한 당해 재산을 범인으로부터 박탈하여 범인으로 하여금 부정한 이익을 보유하지 못하게 함에 그 목적이 있는 것으로서, 공무원의 직무에 속한 사항의 알선에 관하여 금품을 받고 그 금품 중의 일부를 받은 취지에 따라 청탁과 관련하여 관계 공무원에게 뇌물로 공여하거나 다른 알선행위자에게 청탁의 명목으로 교부한 경우에는 그 부분의 이익은 실질적으로 범인에게 귀속된 것이 아니어서 이를 제외한 나머지 금품만을 몰수하거나 그 가액을 추징하여야 한다.

[3] 병역면제 등 각종 병무비리를 알선하거나 청탁하는 과정에서 거액의 뇌물을 수수한 헌병수사관에게 징역 20년을 선고한 원심의 형량이 과중하다는 이유로 원심판결을 파기한 사례.

[10]===

대판 2002. 11. 22. 2000도4593

[1] 형법 제129조에서의 공무원이라 함은 법령의 근거에 기하여 국가 또는 지방자치단체 및 이에 준하는 공법인의 사무에 종사하는 자로서 그 노무의 내용이 단순한 기계적 육체적인 것에 한정되어 있지 않은 자를 말한다.

[2] 구약사법(1997년 12월 13일 법률 제5454호로 개정되기 전의 것) 제14조, 그 법 시행령(1992년 6월 2일 대통령령 제13659호로 개정되기 전의 것) 제18조, 제23조, 그 법 시행령(1994년 7월 7일 대통령령 제14319호로 개정되기 전의 것) 제17조, 그 법 시행령(대통령령 제14319호) 제15조에 의하여 설치된 중앙약사심의위원회 소속분과위원회의 소분과위원회 구성에 있어서 그의 위원의 선정 위촉에 앞서 소분과위원회 위원으로 위촉될 후보자들이 각 소분과위원회별로 위원후보자 군(브레인풀; brain-pool)의 형식으로 편성되며 그 후보자들은 보건사회부장관(1994년 12월 23일 법률 제4831호에 의하여 보건복지부장관으로 변경됨. 아래에서도 같

다)에 의하여 위촉되는 것이 아니라 해당 국장에 의하여 편성되어 그 사실이 당사자에게 통지되는 과정을 거치고, 그 후 그 후보자들이 소분과위원회가 개최될 때마다 미리 보건사회부장관에 의하여 소분과위원회 위원으로 위촉될 수 있으며 그렇게 위촉된 사람들은 소분과위원회를 구성하여 심의기간 중 위원으로 활동하게 되고 당해 심의가 끝날 때 그 소분과위원회 위원에서 해촉되는 절차로 심의활동인 공무에 종사하게 되므로, 위와 같이 소분과위원회의 그 후보자 군에 포함 편성되는 것만으로는 그때부터 공무에 종사하는 것이라고 할 수는 없으나, 그 후보자들 중 중앙약사심의위원회 소분과위원회의 개최를 앞두고 소분과위원회 위원으로 위촉된 사람은 그때부터 보건사회부장관이 자문을 구한 당해 안건의 심의가 끝날 때까지의 기간 동안은 위의 근거 법령에 의하여 공무에 종사하는 자로서 형법 제129조에 규정된 수뢰죄의 주체인 공무원이라고 할 것이다.

[11]===

헌재 2002. 11. 28. 2000헌바75

[1] (1) 특가법상 정부관리기업체는 수익성을 추구하고 그 조직과 운영도 국가로부터 독립된 사기업과 유사한 특수법인이다. 그러나 특정한 공익상의 이유로 정부가 소유·지배하거나 국가정책 및 국민생활에 중대한 영향을 미치는 사업을 담당하는 기업으로서 본질상 공공성 내지 공익성을 강하게 지니고 있다. 따라서 정부관리기업체의 업무는 투명하고 공정하게 수행되어야 한다. 그런데 정부관리기업체의 간부직원이 직무와 관련하여 금품 등을 수수·요구·약속하는 것을 방치하면 설사 부정한 청탁이나 배임행위가 없다고 하더라도 이들과 금품 등을 제공하는 자 간에 유착관계가 형성되고 사적 이해관계가 개입된 나머지 불공정하거나 불법적인 업무 처리를 초래할 위험성을 배제할 수 없으며, 그 결과 사업목적이 왜곡되고 정부관리기업체의 부실화를 가져와 국가재정을 좀먹고 궁극적으로 국가경제를 파탄에 이르게 할 수도 있다. 입법자가 비록 정부관리기업체 간부직원이 공무원은 아니라 할지라도 공무원에 버금가는 정도의 청렴성을 요구하고, 이들이 직무와 관련하여 수뢰행위를 하였을 경우 별도의 배임행위가 있는지를 불문하고 형벌을 과하여 그 업무의 불가매수성을 확보하더라도 거기에는 합리적 근거가 있는 것이므로 헌법 제11조에 규정된 평등원칙에 위반된다고 볼 수 없다.
(2) 통상 '간부직원'이란 기업체의 의사결정권자인 임원(사장, 이사, 감사)과 의사결정 및 사업수행에 중요한 역할을 하는 중견관리자들인 반면, 그 외 직원은 의사결정에 영향을 미칠 수 없는 지위에 있거나 간부직원의 업무 처리를 보조하는 자이다. 그런데 업무를 보조하는 일반직원보다는 중요업무를 담당하는 간부직원에게 수뢰행위로 인한 부정비리가 생길 가능성이 훨씬 높고 그로 인한 피해의 위

험성(규모) 또한 훨씬 클 것이라는 점은 경험칙상 어렵지 않게 예측할 수 있다. 그렇다면, 이 사건 법률조항이 정부관리기업체 간부직원의 직무와 관련한 수재행위에 대하여 일반직원과는 달리 공무원과 동일하게 처벌하더라도 거기에는 합리적 근거가 있는 것이므로 헌법 제11조 평등원칙에 위반된다고 볼 수 없다.

[2] (1)이 사건 법률조항의 입법목적, 보호법익 등을 종합적으로 고려해 볼 때, 법정형이 지나치게 가혹하여 형벌체계상 현저히 균형을 잃었다거나 입법목적 달성에 필요한 정도를 넘는 과잉형벌이라고 할 수 없다. 또 이 사건 법률조항으로 인하여 정부관리기업체 간부직원이 받게 될 형벌위협과 신체의 자유에 대한 침해보다 정부관리기업체 간부직원의 직무의 불가매수성을 확보함으로써 얻는 사회적 공익이 더 크다고 할 것이므로 법익 균형성 원칙도 충족한다고 할 것이다.

(2) 정부관리기업체는 특정의 공익사업을 수행하는 기관 또는 단체로서 그 업무는 전체적으로 공공성을 지니기 때문에 이들 업무를 공공성이 있는 업무와 그렇지 않은 업무로 구별할 수 없다 할 것이고, 가사 공공성이 있는 업무와 그렇지 않은 업무를 구분할 수 있다 하더라도 형사제재를 통하여 보호해야 될 정도로 공공성이 충분한 업무인가 아닌가는 이 사건 법률조항과 같이 중요한 업무를 수행하는 지위에 있느냐 그렇지 않느냐에 따라 구분하는 것도 하나의 기준이 될 수 있다고 판단되는바, 입법자가 그러한 기준을 선택한 것에 위헌적인 잘못이 있다고 여겨지지 않는다.

[12]══

대판 2001. 10. 12. 2001도3579

[1] 뇌물죄에 있어 직무관련성 및 뇌물성: 뇌물죄는 공무원의 직무집행의 공정과 이에 대한 사회의 신뢰 및 직무행위의 불가매수성을 그 보호법익으로 하고 있고, 직무에 관한 청탁이나 부정한 행위를 필요로 하는 것은 아니기 때문에 수수된 금품의 뇌물성을 인정하는 데 특별한 청탁이 있어야만 하는 것은 아니며, 또한 금품이 직무에 관하여 수수된 것으로 족하고 개개의 직무행위와 대가적 관계에 있을 필요는 없고, 공무원이 그 직무의 대상이 되는 사람으로부터 금품 기타 이익을 받은 때에는 사회상규에 비추어 볼 때에 의례상의 대가에 불과한 것이라고 여겨지거나, 개인적인 친분관계가 있어서 교분상의 필요에 의한 것이라고 명백하게 인정할 수 있는 경우 등 특별한 사정이 없는 한 직무와의 관련성이 없는 것으로 볼 수 없으며, 공무원이 직무와 관련하여 금품을 수수하였다면 비록 사교적 의례의 형식을 빌려 금품을 주고받았다 하더라도 그 수수한 금품은 뇌물이 된다.

[2] 부하직원으로부터 승진 청탁과 함께 돈을 교부받았다가 나중에 반환한 피고인에게 제반 사정에 비추어 그 돈을 뇌물로서 영득할 의사가 있었다고 인정한 사례:

피고인이 부하직원으로부터 승진 청탁과 함께 돈을 교부받은 경위, 언제든지 그 돈을 반환할 기회가 있었음에도 반환하지 않은 점, 그 돈을 사용한 뒤 6개월 후에 그 청탁을 들어줄 수 없는 처지에 이르자 반환한 점 등에 비추어 피고인에게 그 돈을 뇌물로서 영득할 의사가 있었다고 인정한 사례.

[13]══

대판 2001. 9. 18. 2000도5438

[1] 뇌물의 내용인 이익이라 함은 금전, 물품 기타의 재산적 이익뿐만 아니라 사람의 수요 욕망을 충족시키기에 족한 일체의 유형·무형의 이익을 포함한다.

[2] 공무원이 수수한 금원이 직무와 대가관계가 있는 부당한 이익으로서 뇌물에 해당하는지 여부는 당해 공무원의 직무 내용, 직무와 이익제공자와의 관계, 쌍방간에 특수한 사적인 친분관계가 존재하는지 여부, 이익의 다과, 이익을 수수한 경위와 시기 등의 제반 사정을 참작하여 결정하여야 할 것이고, 뇌물죄가 직무집행의 공정과 이에 대한 사회의 신뢰를 그 보호법익으로 하고 있음에 비추어 볼 때 공무원이 금원을 수수하는 것으로 인하여 사회일반으로부터 직무집행의 공정성을 의심받게 되는지의 여부도 하나의 판단 기준이 된다.

[3] 뇌물약속죄에 있어서 뇌물의 목적물인 이익은 약속 당시에 현존할 필요는 없고 약속 당시에 예기할 수 있는 것이라도 무방하며, 뇌물의 목적물이 이익인 경우에는 그 가액이 확정되어 있지 않아도 뇌물약속죄가 성립하는 데는 영향이 없다.

[4] 피고인이 그 소유의 갑 토지를 을 토지와 교환한 것과 관련하여 수뢰를 하였다는 공소사실에 대하여, 원심은 교환된 토지 간에 시가의 차이가 있다고 인정할 수 없다는 이유로 무죄를 선고하였으나, 갑 토지의 시가가 을 토지의 시가보다 비싸다고 하더라도 피고인으로서는 장기간 처분하지 못하던 토지를 처분하는 한편 매수를 희망하던 전원주택지로 향후 개발이 되면 가격이 많이 상승할 토지를 매수하게 되는 무형의 이익을 얻었다고 봄이 상당하다는 이유로 원심판결을 파기한 사례.

[14]══

대판 2000. 2. 8. 99도4864

[1] 수입신고는 세관장에게 하는 수입의 의사표시이므로, 농어를 수입함에 있어 실제로 수입하는 물량 중 일부만을 수입하는 것으로 신고하고 나머지 물량에 대하여는 수입신고를 하지 않을 의사로 각종 서류를 신고한 물량에 맞추어 허위로 작성, 통관절차를 밟는 방법으로 수입신고한 물량에 비하여 현저하게 많은 물량의 농어를 수입하였다면, 수입신고를 하지 않고 수입한 물량의 농어는 수입신고한 물량의 농어와 동일성을 인정할 수 없어 이에 대하여는 관세법 제179조 제2항 제1호 소정의 밀수입죄가 성립한다.

[15]==

대판 2000. 1. 21. 99도4940

[1] 뇌물죄에 있어서 직무관련성: 뇌물죄는 직무집행의 공정과 이에 대한 사회의 신뢰 및 직무행위의 불가매수성을 그 보호법익으로 하고 있고, 직무에 관한 청탁이나 부정한 행위를 필요로 하는 것은 아니기 때문에 수수된 금품의 뇌물성을 인정하는 데 특별한 청탁이 있어야만 하는 것은 아니고, 또한 금품이 직무에 관하여 수수된 것으로 족하고 개개의 직무행위와 대가적 관계에 있을 필요는 없으며, 그 직무행위가 특정된 것일 필요도 없다.

[2] 공무원이 얻는 이익이 직무와 대가관계가 있는 부당한 이익으로서 뇌물에 해당하는지 여부의 판단 기준: 공무원이 얻는 어떤 이익이 직무와 대가관계가 있는 부당한 이익으로서 뇌물에 해당하는지 여부는 당해 공무원의 직무의 내용, 직무와 이익제공자와의 관계, 쌍방 간에 특수한 사적인 친분관계가 존재하는지의 여부, 이익의 다과, 이익을 수수한 경위와 시기 등의 제반 사정을 참작하여 결정하여야 할 것이고, 뇌물죄가 직무집행의 공정과 이에 대한 사회의 신뢰 및 직무행위의 불가매수성을 그 보호법익으로 하고 있음에 비추어 볼 때, 공무원이 그 이익을 수수하는 것으로 인하여 사회일반으로부터 직무집행의 공정성을 의심받게 되는지 여부도 뇌물죄의 성부를 판단함에 있어서의 판단 기준이 된다.

[3] 공무원의 직무와 관련하여 사교적 의례의 형식을 빌려 금품을 수수한 경우, 뇌물성 여부(적극): 공무원이 그 직무의 대상이 되는 사람으로부터 금품 기타 이익을 받은 때에는 그것이 그 사람이 종전에 공무원으로부터 접대 또는 수수 받은 것을 갚는 것으로서 사회상규에 비추어 볼 때에 의례상의 대가에 불과한 것이라고 여겨지거나, 개인적인 친분관계가 있어서 교분상의 필요에 의한 것이라고 명백하게 인정할 수 있는 경우 등 특별한 사정이 없는 한 직무와의 관련성이 없는 것으로 볼 수 없고, 공무원의 직무와 관련하여 금품을 수수하였다면 비록 사교적 의례의 형식을 빌려 금품을 주고받았다 하더라도 그 수수한 금품은 뇌물이 된다.

[4] 수뢰죄에 있어서 단일하고 계속된 범의 하에 동종의 범행을 반복하여 행하고 그 피해법익도 동일한 경우, 포괄일죄의 성립 여부(적극): 단일하고도 계속된 범의 아래 동종의 범행을 일정기간 반복하여 행하고 그 피해법익도 동일한 경우에는 각 범행을 통틀어 포괄일죄로 볼 것이고, 수뢰죄에 있어서 단일하고도 계속된 범의 아래 동종의 범행을 일정기간 반복하여 행하고 그 피해법익도 동일한 것이라면 돈을 받은 일자가 상당한 기간에 걸쳐 있고, 돈을 받은 일자 사이에 상당한 기간이 끼어 있다 하더라도 각 범행을 통틀어 포괄일죄로 볼 것이다.

[16]═══

대판 1999. 1. 29. 98도3584

[1] 공무원의 직무와 관련한 금품을 사교적 의례의 형식으로 수수한 경우, 뇌물성 여부(적극): 공무원의 직무와 관련하여 금품을 수수하였다면 그 수수한 금품은 뇌물이 되는 것이고, 그것이 사교적 의례의 형식을 사용하고 있다 하여도 직무 행위의 대가로서의 의미를 가질 때에는 뇌물이 된다.

[2] 뇌물죄에 있어서 직무의 범위: 뇌물죄에 있어서의 직무라 함은 공무원이 법령상 관장하는 직무 그 자체뿐만 아니라 그 직무와 밀접한 관계가 있는 행위 또는 관례상이나 사실상 소관 하는 직무행위 및 결정권자를 보좌하거나 영향을 줄 수 있는 직무행위도 포함된다.

[3] 단일하고 계속적 범의에 의한 수회의 뇌물수수행위의 죄수(=포괄일죄): 뇌물을 여러 차례에 걸쳐 수수함으로써 그 행위가 여러 개이더라도 그것이 단일하고 계속적 범의에 의하여 이루어지고 동일법익을 침해한 때에는 포괄일죄로 처벌함이 상당하다.

[4] 자기앞수표를 뇌물로 받아 소비한 후 액면금 상당을 반환한 경우, 추징 여부(적극): 수뢰자가 자기앞수표를 뇌물로 받아 이를 소비한 후 자기앞수표 상당액을 증뢰자에게 반환하였다 하더라도 뇌물 그 자체를 반환한 것은 아니므로 이를 몰수할 수 없고 수뢰자로부터 그 가액을 추징하여야 할 것이다.

[17]═══

대판 1999. 10. 8. 99도1638

[1] 공무원이 뇌물을 받음에 있어서 그 취득을 위하여 상대방에게 뇌물의 가액에 상당하는 금원의 일부를 비용의 명목으로 출연하거나 그 밖에 경제적 이익을 제공하였다 하더라도, 이는 뇌물을 받는 데 지출한 부수적 비용에 불과하다고 보아야 할 것이지, 이로 인하여 공무원이 받은 뇌물이 그 뇌물의 가액에서 위와 같은 지출액을 공제한 나머지 가액에 상당한 이익에 한정되는 것이라고 볼 수는 없으므로, 그 공무원으로부터 뇌물죄로 얻은 이익을 몰수·추징함에 있어서는 그 받은 뇌물 자체를 몰수하여야 하고, 그 뇌물의 가액에서 위와 같은 지출을 공제한 나머지 가액에 상당한 이익만을 몰수·추징할 것은 아니다.

[18]═══

대판 1999. 8. 20. 99도1557

[1] 수인이 공동하여 뇌물수수죄를 범한 경우에 공범자는 자기의 수뢰액뿐만 아니라 다른 공범자의 수뢰액에 대하여도 그 죄책을 면할 수 없는 것이므로, 특정범죄가중처벌등에관한법률 제2조 제1항의 적용 여부를 가리는 수뢰액을 정함에 있어서

130

는 그 공범자 전원의 수뢰액을 합한 금액을 기준으로 하여야 할 것이고, 각 공범자들이 실제로 취득한 금액이나 분배받기로 한 금액을 기준으로 할 것이 아니다.

[2] 특정범죄가중처벌등에관한법률 제4조 제2항, 같은 법시행령 제3조 제1호 소정의 정부관리기업체의 간부직원이 아닌 직원도 다른 간부직원인 직원과 함께 뇌물수수죄의 공동정범이 될 수 있다.

[3] 특정범죄가중처벌등에관한법률 제4조 제1항은 형법 제129조 내지 제132조의 적용에 있어서 뇌물죄의 적용대상을 원래 공무원이 아닌 정부관리기업체의 간부직원에게로 확대 적용한다는 것으로서, 정부관리기업체의 간부직원이 그 직무에 관하여 형법 제129조 내지 제132조의 죄를 범하였을 때에는 그 죄가 성립하는 것으로 하여 그 각 법조의 특정범죄가중처벌등에관한법률을 적용한다는 뜻임은 문언상 명백하다.

[19]═══

대판 1999. 6. 25. 99도1900

[1] 특정범죄가중처벌등에관한법률 제13조의 규정에 의한 필요적 몰수 또는 추징은, 범인이 취득한 당해 재산을 범인으로부터 박탈하여 범인으로 하여금 부정한 이익을 보유하지 못하게 함에 그 목적이 있는 것으로서, 이 점은 공무원범죄에관한몰수특례법 제6조의 경우도 마찬가지이므로, 공무원의 직무에 속한 사항의 알선에 관하여 금품을 받고 그 금품 중의 일부를 받은 취지에 따라 청탁과 관련하여 관계 공무원에게 뇌물로 공여하거나 다른 알선행위자에게 청탁의 명목으로 교부한 경우에는 그 부분의 이익은 실질적으로 범인에게 귀속된 것이 아니어서 이를 제외한 나머지 금품만을 몰수하거나 그 가액을 추징하여야 하지만, 공무원의 직무에 속한 사항의 알선에 관하여 금품을 받은 자가 그 금품 중의 일부를 다른 알선행위자에게 청탁의 명목으로 교부하였다 하더라도 당초 금품을 받을 당시 그와 같이 사용하기로 예정되어 있어서 그 받은 취지에 따라 그와 같이 사용한 것이 아니라, 범인의 독자적인 판단에 따라 경비로 사용한 것이라면 이는 범인이 받은 금품을 소비하는 방법의 하나에 지나지 아니 하므로, 그 가액 역시 범인으로부터 추징하지 않으면 안 된다.

[20]═══

대판 1999. 7. 23. 99도1911

[1] 공무원이 받은 금원이 직무와 대가관계가 있는 뇌물에 해당하는지 여부는 당해 공무원의 직무의 내용, 직무와 이익제공자와의 관계, 쌍방 간에 특수한 사적인 친분관계가 존재하는지의 여부, 이익의 다과, 이익을 수수한 경위와 시기 등의 제반 사정을 참작하여 결정되어야 할 것이고, 뇌물죄가 직무집행의 공정과 이에

대한 사회의 신뢰를 그 보호법익으로 하고 있음에 비추어 볼 때, 공무원이 그 이익을 수수하는 것으로 인하여 사회일반으로부터 직무집행의 공정성을 의심받게 되는지 여부도 뇌물죄의 성부를 판단함에 있어서의 판단 기준이 된다.

[2] 형법 제129조 제2항의 사전수뢰는 단순수뢰의 경우와는 달리 청탁을 받을 것을 요건으로 하고 있는바, 여기에서 청탁이라 함은 공무원에 대하여 일정한 직무행위를 할 것을 의뢰하는 것을 말하는 것으로서 그 직무행위가 부정한 것인가 하는 점은 묻지 않으며 그 청탁이 반드시 명시적이어야 하는 것도 아니라고 할 것이다.

[21] ══

서울고법 1997. 9. 24. 96노1813, 97노1262

[1] 뇌물죄는 직무집행의 공정과 이에 대한 사회의 신뢰에 기하여 직무행위의 불가매수성을 그 직접의 보호법익으로 하고 있으므로, 공무원의 직무와 금원의 수수가 전체적으로 대가관계에 있으면 뇌물수수죄가 성립하고, 특별히 청탁의 유무, 개개의 직무행위와의 대가적 관계를 고려할 필요가 없으며 또한 그 직무행위가 특정된 것일 필요도 없다.

[2] 뇌물죄에서 말하는 직무에는 법령에서 정하여진 직무뿐만 아니라 그와 관련 있는 직무, 사무분장에 따라 현실적으로 담당하지 않는 직무라 하여도 법령상 일반적인 직무권한에 속하는 직무 등 공무원이 그 직위에 따라 공무로 담당할 일체의 직무가 포함된다.

[3] 정치자금, 선거자금 등의 명목으로 이루어진 금품의 수수라 하더라도 그것이 정치인인 공무원의 직무행위에 대한 대가로서의 실체를 가지는 한 뇌물로서의 성격을 잃지 아니 한다.

[22] ══

대판 1997. 2. 25. 94도3346

[1] 특정범죄가중처벌등에관한법률 제5조 소정의 배임에 의한 국고손실죄의 공동정범인 공무원이 다른 공범으로부터 그 범행에 의하여 취득한 금원의 일부를 받은 경우, 그 금원의 성격은 그 성질이 공동정범들 사이의 내부적 이익분배에 불과한 것이고 별도로 뇌물수수죄(사후수뢰죄)에 해당하지 않는다.

[23] ══

대판 1997. 12. 26. 97도2609

[1] 뇌물죄는 직무집행의 공정과 이에 대한 사회의 신뢰에 기하여 직무수행의 불가매수성을 그 직접의 보호법익으로 하고 있으므로, 공무원의 직무와 금원의 수수가 전체적으로 대가관계에 있으면 뇌물수수죄가 성립하고, 특별히 청탁의 유무, 개개의 직무행위의 대가적 관계를 고려할 필요가 없으며, 또한 그 직무행위가

특정된 것일 필요도 없다 할 것이고, 한편 뇌물죄에 있어서 직무에는 공무원이 법령상 관장하는 직무 그 자체뿐만 아니라 그 직무와 밀접한 관계가 있는 행위 또는 관례상이나 사실상 소관 하는 직무행위도 포함된다 할 것이므로, 국회의원이 그 직무권한의 행사로서의 의정활동과 전체적·포괄적으로 대가관계가 있는 금원을 교부받았다면 그 금원의 수수가 어느 직무행위와 대가관계에 있는 것인지 특정할 수 없다고 하더라도 이는 국회의원의 직무에 관련된 것으로 보아야 하고, 한편 국회의원이 다른 의원의 직무행위에 관여하는 것이 국회의원의 직무행위 자체라고 할 수는 없으나, 국회의원이 자신의 직무권한인 의안의 심의·표결권 행사의 연장선상에서 일정한 의안에 관하여 다른 동료의원에게 작용하여 일정한 의정활동을 하도록 권유·설득하는 행위 역시 국회의원이 가지고 있는 위 직무권한의 행사와 밀접한 관계가 있는 행위로서 그와 관련하여 금원을 수수하는 경우에도 뇌물수수죄가 성립한다.

[2] 정치자금·선거자금 등의 명목으로 이루어진 금품의 수수라 하더라도 그것이 정치인인 공무원의 직무행위에 대한 대가로서의 실체를 가지는 한 뇌물로서의 성격을 잃지 아니 한다.

[3] 자수감경을 하지 아니 한 것이 정당하다고 본 사례.

[24]===

대판 1997. 4. 17. 96도3378

[1] 뇌물의 직무관련성: 뇌물죄는 직무집행의 공정과 이에 대한 사회의 신뢰에 기하여 직무행위의 불가매수성을 그 직접의 보호법익으로 하고 있고, 직무에 관한 청탁이나 부정한 행위를 필요로 하지 아니 하여 수수된 금품의 뇌물성을 인정하는데 특별히 의무위반행위나 청탁의 유무 등을 고려할 필요가 없으므로, 뇌물은 직무에 관하여 수수된 것으로 족하고 개개의 직무행위와 대가적 관계에 있을 필요는 없으며, 그 직무행위가 특정된 것일 필요도 없다.

[2] 정치자금과 뇌물의 관계: 정치자금, 선거자금, 성금 등의 명목으로 이루어진 금품의 수수라 할지라도, 그것이 정치가인 공무원의 직무행위에 대한 대가로서의 실체를 갖는 한 뇌물로서의 성격을 잃지 않는다.

[3] 뇌물죄에 있어서 직무의 범위: 뇌물수수죄에 있어서 직무라는 것은 공무원이 법령상 관장하는 직무행위뿐만 아니라 그 직무와 관련하여 사실상 처리하고 있는 행위 및 결정권자를 보좌하거나 영향을 줄 수 있는 직무행위도 포함된다.

[25]===

대판 1997. 4. 17. 96도3377

[1] 뇌물죄에 있어서 대통령의 직무범위 및 그 직무관련성: 대통령은 정부의 수반으

로서 중앙행정기관의 장을 지휘·감독하여 정부의 중요정책을 수립·추진하는 등 모든 행정업무를 총괄하는 직무를 수행하고, 대형건설 사업 및 국토개발에 관한 정책, 통화, 금융, 조세에 관한 정책 및 기업활동에 관한 정책 등 각종 재정·경제 정책의 수립 및 시행을 최종 결정하며, 소관 행정 각 부의 장들에게 위임된 사업자 선정, 신규사업의 인·허가, 금융지원, 세무조사 등 구체적 사항에 대하여 직접 또는 간접적인 권한을 행사함으로써 기업체들의 활동에 있어 직무상 또는 사실상의 영향력을 행사할 수 있는 지위에 있고, 국책사업의 사업자 선정도 역시 대통령의 직무범위에 속하거나 그 직무와 밀접한 관계가 있는 행위이므로 이에 관하여 대통령에게 금품을 공여하면 바로 뇌물공여죄가 성립하고, 대통령이 실제로 영향력을 행사하였는지 여부는 범죄의 성립에 영향을 미치지 않는다. 또한 뇌물죄는 직무집행의 공정과 이에 대한 사회의 신뢰에 기하여 직무행위의 불가매수성을 그 직접의 보호법익으로 하고 있고, 뇌물성을 인정하는 데에는 특별히 의무위반행위의 유무나 청탁의 유무 등을 고려할 필요가 없는 것이므로, 뇌물은 대통령의 직무에 관하여 공여되거나 수수된 것으로 족하고 개개의 직무행위와 대가적 관계에 있을 필요가 없으며, 그 직무행위가 특정된 것일 필요도 없다.

[2] 정치자금과 뇌물의 관계: 정치자금, 선거자금, 성금 등의 명목으로 이루어진 금품의 수수라 하더라도, 그것이 정치인인 공무원의 직무행위에 대한 대가로서의 실체를 가지는 한 뇌물로서의 성격을 잃지 않는다.

[3] 정범의 실행행위 착수 이전의 방조행위와 종범의 성부(적극): 종범은 정범의 실행행위 중에 이를 방조하는 경우는 물론이고 실행의 착수 전에 장래의 실행행위를 예상하고 이를 용이하게 하는 행위를 하여 방조한 경우에도 정범이 그 실행행위에 나아갔다면 성립한다.

[26] ═══

대판 1997. 4. 17. 96도3376

[1] 형법 제134조에 의하면, 범인 또는 정을 아는 제3자가 받은 뇌물은 필요적으로 몰수·추징하도록 되어 있는바, 그 규정취지가 범인 또는 정을 아는 제3자로 하여금 불법한 이득을 보유시키지 아니 하려는 데에 있는 점에 비추어 볼 때, 범인이라 하더라도 불법한 이득을 보유하지 아니 한 자라면 그로부터 뇌물을 몰수·추징할 수 없으므로, 제3자 뇌물수수의 경우에는 범인인 공무원이 제3자로부터 그 뇌물을 건네받아 보유한 때를 제외하고는 그 공무원으로부터 뇌물의 가액을 추징할 수 없다.

134

[27] ==

대판 1997. 10. 24. 97도2042

[1] 중소기업진흥기금은 중소기업 진흥이라는 특정한 목적을 위하여 조성되어 중소
    기업 합리화사업의 실천계획의 승인을 받은 적격 중소기업 등에게 저리로 대출
    하도록 그 용도가 법정되어 있는 자금이므로, 그 자금을 합리화사업 부적격 업체
    를 위하여 부당하게 지출되도록 한 것이라면, 진흥공단이 대리대출의 방식을 취
    하여 대출취급은행에 대출함으로써 은행으로부터의 대출금의 회수가 사실상 보
    장된다고 하더라도, 이는 결국 특정 목적을 위하여 조성된 기금의 감소를 초래함
    으로써 기금이 그 목적을 위하여 사용됨을 저해하는 것이라 할 것이므로, 진흥공
    단은 위와 같은 기금의 대출로 인하여 재산상의 손해를 입었다고 보아야 한다.

[28] ==

서울고법 1997. 9. 24. 96노1813, 97노1262

[1] 뇌물죄의 성립요건: 뇌물죄는 직무집행의 공정과 이에 대한 사회의 신뢰에 기하
    여 직무행위의 불가매수성을 그 직접의 보호법익으로 하고 있으므로, 공무원의
    직무와 금원의 수수가 전체적으로 대가관계에 있으면 뇌물수수죄가 성립하고,
    특별히 청탁의 유무, 개개의 직무행위와의 대가적 관계를 고려할 필요가 없으며
    또한 그 직무행위가 특정된 것일 필요도 없다.

[2] 뇌물죄에 있어서의 '직무'의 의미: 뇌물죄에서 말하는 직무에는 법령에서 정하여
    진 직무뿐만 아니라 그와 관련 있는 직무, 사무분장에 따라 현실적으로 담당하
    지 않는 직무라 하여도 법령상 일반적인 직무권한에 속하는 직무 등 공무원이
    그 직위에 따라 공무로 담당할 일체의 직무가 포함된다.

[3] 정치자금·선거자금 등의 명목으로 이루어진 금품수수가 공무원의 직무행위에 대
    한 대가로서의 실체를 갖는 경우, 뇌물성 인정 여부(적극): 정치자금, 선거자금
    등의 명목으로 이루어진 금품의 수수라 하더라도 그것이 정치인인 공무원의 직무
    행위에 대한 대가로서의 실체를 가지는 한 뇌물로서의 성격을 잃지 아니 한다.

[29] ==

서울고법 1996. 12. 18. 96노2036

[1] 수사 과정에서 잠을 재우지 않는 등 일부 가혹행위가 있었고 진술에 일관성이
    없는 등 뇌물공여자 등의 자백 진술의 임의성이 인정되지 아니 한다는 등의 이
    유로, 과천시장 등 과천시 공무원의 뇌물수수의 점에 대하여 원심을 파기하고
    무죄를 선고한 사례.

[30] ==

대판 1996. 11. 15. 95도1114

[1] 뇌물죄에 있어서 '직무'의 의미: 뇌물죄에 있어서 '직무'라 함은 공무원이 법령상 관장하는 직무 그 자체뿐만 아니라 그 직무와 밀접한 관계가 있는 행위 또는 관례상이나 사실상 소관 하는 직무행위 및 결정권자를 보좌하거나 영향을 줄 수 있는 직무행위도 포함된다.

[2] 시의회 의장이 토지구획정리사업에 대한 시의회의 심의와 관련하여 영향을 미칠 수 있는 지위에 있다는 이유로, 뇌물죄의 직무관련성을 인정한 사례: 시의회 의장이 토지구획정리사업에 대한 시의회의 심의와 관련하여 영향을 미칠 수 있는 지위에 있다는 이유로, 뇌물죄의 직무관련성을 인정한 사례.

[31] ══

대판 1996. 8. 23. 96도1231

[1] 뇌물공여죄의 상대방인 수뢰자가 처벌을 받지 않은 상태에서 뇌물공여자만 처벌을 받게 된다 하여 헌법 제11조 제1항에 위배된다고 할 수 없다.

[2] 행정청의 내부방침에 위배하여 허위의 복명서를 작성한 후 대규모소매점개설신고서를 수리한 직무위배 행위 역시 형법 제131조 제2항 소정의 '직무상 부정한 행위'에 해당되고, 관계 법령상 대규모소매점개설신고의 요건을 심사하여 수리 여부를 결정할 수 있는 권한이 행정청에 있는 것이 아니라 하여 달리 볼 것은 이니라고 한 사례.

[32] ══

대판 1995. 9. 5. 95도1269

[1] 뇌물죄에 있어서 "직무"의 의미: 뇌물죄는 직무집행의 공정과 이에 대한 사회의 신뢰에 기하여 직무행위의 불가매수성을 그 직접적 보호법익으로 하고 있으므로 뇌물성은 의무위반행위의 유무와 청탁의 유무 및 금품 수수 시기와 직무집행행위의 전후를 가리지 아니 하고, 따라서 뇌물죄에서 말하는 "직무"에는 법령에 정하여진 직무뿐만 아니라 그와 관련 있는 직무, 과거에 담당하였거나 또는 장래에 담당할 직무 이외에 사무분장에 따라 현실적으로 담당하지 않는 직무라 하여도 법령상 일반적인 직무권한에 속하는 직무 등 공무원이 그 직위에 따라 공무로 담당할 일체의 직무도 포함된다.

[2] 뇌물죄에 있어서 뇌물의 내용인 이익의 의미 및 뇌물성의 판단 기준: 뇌물죄에서 뇌물의 내용인 이익이라 함은 금전, 물품 기타의 재산적 이익뿐만 아니라 사람의 수요 욕망을 충족시키기에 족한 일체의 유형, 무형의 이익을 포함한다고 해석되고, 투기적 사업에 참여할 기회를 얻는 것도 이에 해당하며, 이러한 뇌물성의 유무는 공무원의 직무와 이익공여자와의 관계, 이익수수의 경위, 그 당시의 사회상태 등 제반 사정을 종합하여 합리적으로 판단하여야 한다.

[33] ══

대판 1995. 6. 30. 94도1017

[1] 뇌물성을 인정하는 데에는 특별히 의무위반행위의 유무나 청탁의 유무 등을 고려할 필요가 없다.

[2] 금원공여행위가 관례에 좇은 것이라고 하더라도 그러한 사유만으로 그 행위가 죄가 되지 않는 것으로 오인한 데에 정당한 이유가 있다고 할 수 없다.

[34] ══

대판 1995. 6. 30. 94도993

[1] 뇌물공여의 상대방인 공무원이 뇌물을 수수한 사실을 부인하면서도 그 일시 경에 뇌물공여자를 만났던 사실 및 공무에 관한 청탁을 받기도 한 사실 자체는 시인하였다면, 이는 뇌물을 공여하였다는 뇌물공여자의 자백에 대한 보강증거가 될 수 있다고 한 사례.

[2] 뇌물죄에 있어서 직무의 의미: 뇌물죄에 있어서 직무는 법령에 의하여 정하여진 직무뿐만 아니라 그와 관련 있는 직무, 과거에 담당하였거나 또는 장래 담당할 직무 및 사무분장에 따라 현실적으로 담당하지 않는 직무라고 하더라도 법령상 일반적인 직무권한에 속하는 직무 등 공무원이 그 직위에 따라 공무로 담당할 일체의 직무를 말한다.

[3] 뇌물죄에 있어서 뇌물의 내용인 이익의 의미: 뇌물죄에 있어서 뇌물의 내용인 이익은 금전 물품 기타의 재산적 이익뿐만 아니라 사람의 수요, 욕망을 충족시키기에 족한 일체의 유형, 무형의 이익을 포함한다.

[4] 경찰공무원이 슬롯머신 영업에 5천만 원을 투자하여 매월 3백만 원을 배당받기로 약속한 후 이를 교부받은 경우, 뇌물수수죄의 뇌물 액수 산정 방법: 경찰공무원이 슬롯머신 영업에 5천만 원을 투자하여 매월 3백만 원을 배당받기로 약속한 후 35회에 걸쳐 1억 5백만 원을 교부받은 경우, 5천만 원을 투자함으로써 바로 이익을 얻었다고는 볼 수 없고 매월 3백만 원을 지급받기로 하는 약속, 즉 뇌물의 수수를 약속한 것에 불과하고 현실적으로 매월 3백만 원씩을 지급받은 것이 뇌물을 수수한 것이라고 보아야 하므로 1억 5백만 원은 그 자체가 뇌물이 되는데, 다만 실제의 뇌물의 액수는 5천만 원을 투자함으로써 얻을 수 있는 통상적인 이익을 초과한 금액이라고 보아야 하며, 여기서 통상적인 이익이라 함은 다른 특별한 사정이 없는 한 그 경찰공무원의 직무와 관계없이 투자하였더라면 얻을 수 있었을 이익을 말하는데, 구체적으로는 위 투자의 형태가 실질에 있어서는 금원을 대여하고 그에 대하여 이자를 받은 것과 다를 바 없으므로 슬롯머신 업소 경영자와 같은 사람에게 5천만 원을 직무와 관계없이 대여하였더라면

받았을 이자 상당이 통상적인 이익이 되며 그 이율은 양 당사자의 자금사정과
신용도 및 해당 업계의 금리체계에 따라 심리 판단해야 하며, 그 경찰공무원이
다른 방법으로 그 돈을 투자하였더라면 어느 정도의 이익을 얻을 수 있었을 것
인지는 원칙적으로 고려할 필요가 없다.

[35]══

대판 1995. 12. 12. 95도2320

[1] 과세 대상에 관한 규정이 명확하지 않고 그에 관한 확립된 선례도 없었던 경우,
　　공무원이 주식회사로부터 뇌물을 받은 후 관계 법령에 대한 충분한 연구, 검토
　　없이 위 회사에 유리한 쪽으로 법령을 해석하여 감액처분하였더라도 위 감액처
　　분이 위법하지 않으면 그 공무원이 수뢰 후 '부정한 행위'를 한 것으로서 수뢰후
　　부정처사죄를 범하였다고 볼 수는 없다고 한 사례.

[36]══

헌재 1995. 4. 20. 93헌바40

[1] 보호법익(保護法益)과 죄질(罪質)이 서로 다른 둘 또는 그 이상의 범죄를 동일
　　선상에 놓고 그중 어느 한 범죄의 법정형(法定形)을 기준으로 하여 단순한 평면
　　적인 비교로써 다른 범죄의 법정형(法定形)의 과중여부를 판정하여서는 아니 된
　　다. 살인죄(殺人罪)는 깅힉상의 이른바 개인적(個人的) 법익(法益)을 침해하는
　　죄로서 그 보호법익(保護法益)은 사람의 생명이고 형법상의 수뢰죄(收賂罪)나
　　이 사건 법률조항은 이른바 국가적(國家的) 법익(法益)을 침해하는 죄로서 그
　　보호법익(保護法益)은 국기기능의 공정성이며 더 구체적으로는 공무원(公務員)
　　의 직무(職務) 순수성(純粹性) 내지 그 직무행위(職務行爲)의 불가매수성(不可
　　買收性)이므로 양자는 그 보호법익(保護法益)과 죄질(罪質)이 다르다. 따라서
　　살인죄(殺人罪)의 법정형(法定形)을 기준으로 하여 이 사건 법률조항 소정형의
　　경중을 논단할 수는 없다 할 것이고 이 점은 사람의 생명이 가장 존귀한 형벌법
　　규의 보호법익(保護法益)이라 하더라도 결론을 달리 할 수 없다.

[2] 뇌물죄(賂物罪)가 국가와 사회에 미치는 병폐는 수뢰액이 많으면 많을수록 가중
　　된다는 점에서 볼 때, 수뢰액을 기준으로 한 단계적 가중처벌은 비록 수뢰액의
　　다과만이 그 죄의 경중을 가늠하는 유일한 기준은 아니라 할지라도 그 가장 중
　　요한 기준임에 비추어 일응 수긍할 만한 합리적 이유가 있다 할 것이고, 더구나
　　이 사건 법률조항의 경우는 모든 수뢰죄(收賂罪)에 적용되는 것이 아니라 수뢰
　　액이 5,000만 원 이상인 경우에만 적용된다는 점과 수뢰액의 상한에 제한을 두
　　지 아니 하면서도 그 법정형(法定形)에 사형(死刑)이 없는 점 등을 고려하면 그
　　것이 형벌체계상 균형을 잃었다고 할 정도로 과중하다고는 볼 수 없다.

138

[37]══

대판 1994. 10. 21. 94도852

[1] 알선수뢰죄에 있어서 "공무원이 그 지위를 이용하여"에 해당하는 경우: 형법 제
132조 소정의 알선수뢰죄에 있어서 "공무원이 그 지위를 이용하여"라고 함은 친
구, 친족관계 등 사적인 관계를 이용하는 경우이거나 단순히 공무원으로서의 신
분이 있다는 것만을 이용하는 경우에는 여기에 해당한다고 볼 수 없으나, 다른
공무원이 취급하는 업무 처리에 법률상 또는 사실상으로 영향을 줄 수 있는 공
무원이 그 지위를 이용하는 경우에는 여기에 해당하고 그사이에 반드시 상하관
계, 협동관계, 감독권한 등의 특수한 관계에 있거나 같은 부서에 근무할 것을 요
하는 것은 아니다.

[38]══

대판 1994. 12. 27. 94도618

[1] 정부관리기업체의 간부직원을 뇌물죄의 적용에 있어서 공무원으로 의제하는 특
정범죄가중처벌등에관한법률 제4조의 규정취지는, 정부가 소유·지배하는 공공
적 성격이 강한 기업체는 국가정책과 국민경제에 중대한 영향을 미치기 때문에
그 간부직원에 대하여 일반 공무원과 마찬가지로 엄격한 청렴의무를 부과하여
그 직무의 불가매수성을 확보하고자 하는 데 있다고 할 것이므로, 어떤 기업체
가 같은 법 제4조 제1항 소정의 "정부관리기업체"에 해당하는지의 여부는 정부
가 납입자본금의 5할 이상을 출자 하였는가 아닌가와 같은 소유 개념만으로 판
단하여서는 아니 되고, 그 소유 개념과 더불어 그 기업의 공공성 및 정부의 지
배력 등을 종합하여 판단하여야 한다.

[2] 1988년 5월경에 있었던 국민주 보급방식에 의한 기업공개로 포항종합제철주식회
사에 대한 정부의 출자지분이 20%, 한국산업은행의 출자지분이 15%로서 그 합
계가 35%로 줄어들어 전체의 50%에 미달하게 되기는 하였지만, 정부는 국민주
보급 당시 같은 회사에 대한 정부의 지배력을 계속하여 확보하고, 같은 회사가
정부의 승인 없이 정관변경을 하는 것을 막을 수 있도록 하기 위하여 위와 같이
35%의 지분을 확보하여 두었고, 1987년 11월 28일 법률 제3945호로 증권거래법
제199조 제2항을 신설하여 "국가기간산업 등 국민경제상 중요한 산업을 영위하
는 법인으로서 대통령령으로 정하는 상장법인"을 "공공적 법인"으로 규정하여
그러한 "공공적 법인"의 주주에 대하여는 의결권의 대 이행사에 일정한 제한을
가하고, 같은 법 제200조 제1항 제2호를 개정하여 "공공적 법인"의 경우에는 누
구든지 발행주식의 100분의 3 이내에서 정관이 정하는 비율 이상의 주식을 취득
할 수 없도록 규정하였으며, 재무부장관은 1987년 12월 관련법령이 정한 절차를

거쳐 같은 회사를 "공공적 법인"으로 지정하였고, 이에 따라 같은 회사의 정관 제11조는 누구든지 같은 회사의 주식을 100분의 1 이내에서만 취득할 수 있도록 제한하고 있는바, 정부는 위와 같은 주식분산의 제도적 장치를 바탕으로 하여 국가기간산업체로서 국민경제에 막대한 영향을 미치는 같은 회사의 대주주로서의 지위에서 같은 회사의 중요 사업을 국민경제 전반에 대한 정부의 계획과 조화를 이룰 수 있도록 조정하기도 하고, 임원의 임면을 결정하는 등 실질적인 지배력을 행사하여 오고 있음을 알 수 있으므로, 같은 회사는 특정범죄가중처벌등에관한법률 제4조 제1항이 규정하고 있는 정부관리기업체의 개념에 포함되는 기업이라고 할 것이고, 따라서 같은 회사를 정부관리기업체의 하나로 열거하고 있는 같은 법시행령 제2조 제22호의 규정을 모법의 위임의 범위를 벗어난 무효의 규정이라고 할 수 없는 것이다.

[3] 피고인이 그의 뇌물수수사실과 전혀 연관이 없는 회사에 대한 세무조사와 관련하여 수사기관에 자진 출석하여 금원을 수수하였다는 내용의 자술서를 스스로 작성하여 제출하고 수사과정에서 수뢰혐의사실을 모두 자백하였다면, 피고인은 수사책임 있는 관서에 자기의 범죄사실을 자수한 것으로 보아야 할 것이고, 또 피고인이 검찰에서 피의자로 신문을 받으면서 그 범죄사실을 시인하는 내용의 진술을 한 이상, 피고인이 법정에서 수수한 금원의 직무관련성에 대하여만 수사기관에서의 자백과 차이가 나는 진술을 하였다 하더라도 피고인이 한 자수의 효력에는 영향을 미칠 것이 못 된다.

[39]==

대판 1994. 12. 22. 94도2528

[1] 공무원이 직무집행의 의사 없이 또는 직무처리와 대가적 관계없이 타인을 공갈하여 재물을 교부하게 한 경우에는 공갈죄만이 성립하고, 이러한 경우 재물의 교부자가 공무원의 해악의 고지로 인하여 외포의 결과 금품을 제공한 것이라면 그는 공갈죄의 피해자가 될 것이고 뇌물공여죄는 성립될 수 없다고 하여야 할 것이다.

[2] 세무공무원에게 회사에 대한 세무조사라는 직무집행의 의사가 있었고, 과다 계상된 손금항목에 대한 조사를 하지 않고 이를 묵인하는 조건으로, 다시 말하면 그 직무처리에 대한 대가관계로서 금품을 제공받았으며, 회사의 대표이사는 공무원의 직무행위를 매수하려는 의사에서 금품을 제공하였고, 그 세무공무원은 세무조사 당시 타 회사 명의의 세금계산서가 위장거래에 의하여 계상된 허위의 계산서라고 판단하고 이를 바로잡아 탈루된 세금을 추징할 경우 추징할 세금이 모두 50억 원에 이를 것이라고 알려 주었음이 명백하다면, 문제된 세금계산서가 진정한 거래에 기하여 제출된 것인지, 세무공무원의 묵인행위로 인하여 회사에게 추징된

140

세금액수가 실제적으로 줄어든 것이 있는지 여부에 관계없이 그 세무공무원 및 대표이사의 행위가 뇌물죄를 구성한다고 한 사례.

[3] 피고인들의 행위는 뇌물수수죄가 아니라 공갈죄를 구성하는 것이라거나 뇌물공여죄는 성립되지 않고 공갈죄의 피해자에 불과하다는 주장은, 형사소송법 제323조 제2항에 의하여 유죄판결의 이유에 판단을 명시하여야 하는 법률상 범죄의 성립을 조각하는 이유나 형의 감면이유에 해당하는 사실의 주장이 아닐 뿐만 아니라 피고인들의 행위가 뇌물죄에 해당한다고 인정한 판단에는 피고인들의 주장을 심리하고 이를 배척하는 판단이 포함되어 있다고 보아야 할 것이다.

[40]══

대판 1994. 11. 4. 94도129

[1] 뇌물의 내용인 '이익'의 의미: 뇌물죄에서 뇌물의 내용인 이익이라 함은 금전, 물품 기타의 재산적 이익뿐만 아니라 사람의 수요 욕망을 충족시키기에 족한 일체의 유형, 무형의 이익을 포함한다고 해석되고, 투기적 사업에 참여할 기회를 얻는 것도 이에 해당한다.

[2] 투기적 사업에 참여할 기회를 제공받은 것으로 뇌물수수죄에 해당된다고 한 사례: 직무와 관련하여 장래 시가앙등이 예상되는 체비지의 지분을 낙찰원가에 매수한 것은 투기적 사업에 참여할 기회를 제공받은 것으로 뇌물수수죄에 해당된다고 한 사례.

[3] 특정범죄가중처벌등에관한법률 위반의 공소사실을 공소장변경절차 없이 뇌물수수죄로 인정할 수 있는지 여부: 검사가 피고인들이 투기적 사업에 참여할 기회를 제공받은 것을 뇌물의 약속으로, 그 후에 이루어진 환매로 인하여 그들이 얻은 차액 상당의 경제적 이익을 뇌물의 수수로 보아 이를 포괄하여 특정범죄가중처벌등에관한법률 제2조 제1항 제1호, 형법 제129조 제1항 위반으로 공소를 제기하였다고 하더라도 피고인들이 직무와 관련하여 '라'항과 같이 체비지 지분을 매수함으로써 투기적 사업에 참여할 기회를 제공받은 것은 그 공소사실에 포함되어 있는 것이라고 보아야 하고, 이 경우 법원이 투기적 사업에 참여할 기회를 제공받은 것을 뇌물로 인정하더라도 피고인들의 방어에 실질적 불이익을 초래할 염려는 없는 것이므로 법원은 공소장변경절차 없이 직권으로 그 수수한 뇌물을 투기적 사업에 참여할 기회를 제공받은 것으로 적시하여 이를 형법 제129조 제1항 위반의 뇌물수수죄로 인정하여야 한다.

[41]══

서울고법 1993. 8. 18. 93노1884

[1] 피고인이 온라인방식에 의하여 자신의 은행예금구좌에 뇌물을 입금하도록 하여

이를 수수한 후 그 예금에서 금원을 인출하여 전액을 돌려주었다 하더라도 뇌물로 받은 금원 그 자체를 반환한 경우는 아니므로 피고인으로부터 그가 수수한 금원 전부를 추징하여야 한다.

[42]══

대판 1991. 7. 23. 91도1190

[1] 알선수뢰죄에 있어서 공무원이 그 지위를 이용한다 함은 다른 공무원이 취급하는 사무 처리에 영향을 줄 수 있는 관계에 있으면 족하고 반드시 상하관계, 협동관계, 감독권한 등의 특수한 지위에 있음을 요하지 아니 한다.

[2] 토지구획정리사업 등의 업무를 담당하던 시청 도시계장이 토지구획정리사업시행 여부를 결정하기 위하여 현지에 답사 차 내려온 건설부 소속 공무원들에게 청탁하여 사업시행인가가 날수 있도록 하여 달라는 명목으로 지급하는 금원을 교부받았다면 알선수뢰죄에 해당한다고 본 사례.

[43]══

서울고법 1991. 12. 6. 91노2997

[1] 정치자금에관한법률은 공무원이 담당 처리하는 사무에 관하여 청탁 또는 알선하는 일에 해당하는 행위와 관련하여 정치자금을 기부하거나 받는 것을 처벌하고 있으나 국회의원의 직부와 관련하여 정치자금이 공여 또는 수수되는 행위에 대하여 형법상의 뇌물죄에 관한 규정의 적용을 배제하는 명문규정을 두고 있지 않으므로 이 경우에도 형법상 뇌물수수 또는 공여죄가 성립하고, 다만 정치자금의 수수가 정치자금에관한법률 소정의 절차에 따라 이루어지지 않은 경우에는 같은 법 제30조 제3호, 제11조 제1항 위반죄를 구성하는 이외에 형법상의 뇌물수수죄 또는 뇌물공여죄에도 해당하고 위 각 죄는 서로 상상적경합범 관계에 있는 것이지 형법상의 뇌물수수죄 또는 뇌물공여죄의 적용이 배제되는 것은 아니다.

[44]══

대판 1990.9.28. 90도1092

[1] 특정범죄가중처벌등에관한법률 제4조 제1항은 형법 제129조 내지 제132조의 적용에 있어서는 뇌물죄의 적용대상을 원래 공무원이 아닌 정부관리기업체의 간부직원에게로 확대 적용한다는 것으로, 정부관리기업체의 간부직원이 그 직무에 관하여 형법 제129조 내지 제132조의 죄를 범하였을 때는 그 죄가 성립하는 것으로 하여 그 각 법조의 특정범죄가중처벌 등에 관한 법률을 적용한다는 뜻임은 문언상 명백하므로 이를 가중처벌하는 경우가 아닌 단순한 형법 제129조 내지 제132조에 해당하는 경우에는 정부관리기업체의 간부를 공무원으로 보아 처벌할 수 없다는 규정이라고 풀이할 수는 없다.

142

[45]==

대판 1990. 9. 25. 90도1588

[1] 공무원인 이 사건 피고인들이 1987년 7월 15일부터 1988년 12월 28일까지 사이
  에 전후 17회에 걸쳐 정기적으로 동일한 납품업자로부터 신속한 검수, 검수 과
  정에서의 함량미달 등 하자를 눈감아 달라는 청탁명목으로 계속하여 금원을 교
  부받아 그 직무에 관하여 뇌물을 수수한 것이라면, 공무원이 직무에 관하여 뇌
  물을 수수한다는 단일한 범의 아래 계속하여 일정기간 동종행위를 반복한 것이
  분명하므로, 뇌물수수의 포괄일죄로 보아 특정범죄가중처벌등에관한법률에 의율
  하여야 한다.

[46]==

대판 1989. 9. 12. 89도597

[1] 뇌물죄에 있어서 직무에 관하여라 함은 당해 공무원이 그 직무의 결정권을 갖고
  있지 않더라도 그 직무행위와 밀접한 관계에 있는 경우 및 사실상 관리하는 직
  무행위도 포함된다고 할 것이므로, 유흥업소를 경영하는 사람으로부터 구청위생
  계장이 건물용도변경허가와 관련하여 금품을 수수한 것은 직무와 관련하여 교부
  받은 것이라고 인정한 원심의 조처는 정당하다.

[47]==

대판 1987. 9. 22. 87도1472

[1] 수뢰죄에 있어 직무의 의의: 형법 제129조 수뢰죄에 있어 직무라 함은 공무원이
  법령상 관장하는 직무행위뿐만 아니라 그 직무에 관련하여 사실상 처리하고 있
  는 행위 및 결정권자를 보좌하거나 영향을 줄 수 있는 직무행위도 포함된다.
[2] 뇌물의 반환과 뇌물죄의 성부: 뇌물은 일단 영득의 의사로 수수한 것이라면 후
  일 이를 반환하였다 하더라도 뇌물죄의 성립에는 소장이 없다.

[48]==

대판 1986. 12. 23. 86도2021

[1] 수수한 뇌물의 반환과 뇌물수수죄의 성부: 뇌물을 일단 영득의 의사로 수수한
  것이라면 뒤에 이를 반환하였다 하더라도 뇌물죄의 성립에 영향이 없다.
[2] 수수한 뇌물상당액을 3개월 후에 반환한 경우와 추징: 1985년 6초에 교부받은
  뇌물 200만 원 상당액을 1985년 9월 3일에 증뢰자의 거래은행구좌에 온라인으로
  입금하여 반환하였다면 그 반환시기 등에 비추어 반환한 돈 200만 원이 뇌물로
  교부받았던 바로 그 돈이었다고 보기 어려우므로 그 가액상당을 수뢰자로부터
  추징한 조치는 적법하다.

[49]══

　　대판 1985. 5. 14. 83도2050

[1] 공개된 장소에서 금품을 수수하거나 수수한 금품을 사익을 위하여 사용하지 않
　　았으면 뇌물성이 부정되는지 여부: 뇌물죄에 있어서 금품을 수수한 장소가 공개
　　된 공사현장이었고 금품을 수수한 공무원이 이를 공사현장 인부들의 식대 또는
　　동 공사의 홍보비 등으로 소비하였을 뿐 자신의 사리를 취한바 없다 하더라도
　　그 뇌물성이 용인되지 않는다.

[2] 수뢰죄에 있어서 직무의 범위: 수뢰죄에 있어서 직무라는 것은 공무원의 법령상
　　관장하는 직무행위뿐만 아니라 그 직무에 관련하여 사실상 처리하고 있는 행위
　　및 결정권자를 보좌하거나 영향을 줄 수 있는 직무행위도 포함된다.

[3] 액수가 너무 많아 수수한 뇌물을 반환한 경우 뇌물죄의 성부: 일단 영득의 의사
　　로 뇌물을 수수하였으나 그 액수가 너무 많아서 후일 이를 반환하였다 하더라도
　　뇌물죄의 성립에는 영향이 없다.

[50]══

　　대판 1985. 2. 8. 84도2625

[1] 공여자를 기망하여 뇌물을 수수한 경우 뇌물수수 및 뇌물공여죄의 각 성부: 뇌
　　물은 수수힘에 있어서 공여자를 기망한 점이 있다 하여도 뇌물수수, 뇌물공여죄
　　의 성립에는 아무런 소장이 없다.

[2] 뇌물죄에 있어서 "직무에 관하여"의 의미: 뇌물죄에 있어서 '직무에 관하여'라
　　함은 당해 공무원이 그 지위에 수반하여 공무로서 취급하는 일체의 직무를 말
　　하는 것으로서, 그 권한에 속하는 직무행위뿐만 아니라 이에 밀접한 관계가 있
　　는 경우와 그 직무와 관련하여 사실상 처리하고 있는 행위까지도 포함된다.

[51]══

　　대판 1984. 8. 14. 84도1139

[1] 특정범죄가중처벌등에관한법률 제4조의 규정은 형법 제129조 내지 제132조의 적
　　용에 있어서는 정부관리기업체의 간부직원은 이를 공무원으로 본다는 뇌물죄의
　　적용대상을 확대한 것으로 정부관리기업체의 간부직원이 그 정부관리기업체의
　　직무에 관하여 형법 제129조 내지 132조의 죄를 범하였을 때 각 그 죄가 성립한
　　다는 것으로 현재 정부관리기업체의 간부직원으로 있는 자가 공무원으로 재직
　　중의 직무에 관하여 금품을 수수하였을 때는 구체적 사안에 따라 사후수뢰죄 등
　　이 성립함은 별론으로 하고 이의 적용이 없음은 명문상 명백하다.

[2] 뇌물죄는 직무집행의 공정과 이에 대한 사회의 신뢰를 기하여 직무행위의 불가
　　매수성을 그 직접적 보호법익으로 하고 있으므로 뇌물성은 의무 위반 행위의 유

무와 청탁의 유무 등은 이를 가리지 않는 것이며 또 설사 칸트리클럽에 대한 지도 감독업무가 각 시도지사에게 위임되었다 하더라도 지방자치단체의 장에게 위임한 국가행정사무에 관하여는 당해 주무부장관이 이를 지휘, 감독하도록 되어 있으므로 피고인이 교통부장관을 보좌하여 관광호텔 골프장 등 관광이용시설업체의 지휘, 감독 등의 업무를 관장하고 있었다면 이를 들어 피고인의 직무의 관련성을 부정할 수 없다.

[52]══

대판 1983. 2. 22. 82도2964

[1] 뇌물로 공여된 당좌수표가 수수 후 부도가 되었다 하더라도 뇌물죄의 성립에는 아무런 소장이 없다.

[53]══

대판 1983. 3. 22. 82도1922

[1] 피고인 (갑)이 시의 도시과 구획정리계 측량기술원으로 근무하면서 다년간 환지 측량업무에 종사하게 된 결과 얻은 지식과 경험을 기초로 체비지에 관한 공개경쟁 입찰에서 입찰예정가격이 대략 어느 정도 될 것이라고 추측한 내용을 피고인 (을)에게 알려준 행위는 그의 직무행위 내지는 직무와 밀접하게 관련된 행위라고 볼 수 없는 것이고, 따라서 피고인 (갑)이 그 대가로 피고인 (을)로부터 받기로 약속한 이익도 뇌물죄에서 말하는 직무에 관련된 대가라고 보기 어렵다.

[54]══

대판 1982. 10. 26. 81도1409

[1] 6개월간 7회에 걸친 뇌물수수를 포괄일죄로 본 사례: 피고인이 1977년 4월 15일경 사무실에서 원심 공동피고인으로부터 아파트보존등기신청 사건을 접수처리함에 있어서 신속히 처리해 달라는 부탁조로 금원을 교부받은 것을 비롯하여 같은 해 9월 10일경까지 전후 7회에 걸쳐 각종 등기사건을 접수처리하면서 같은 공동피고인으로부터 같은 명목으로 도합 금 828,000원을 교부받아 그 직무에 관하여 뇌물을 수수한 것이라면, 이는 피고인이 뇌물수수의 단일한 범의의 계속하에 일정기간 동종행위를 같은 장소에서 반복한 것이 분명하므로 피고인의 수회에 걸친 뇌물수수행위는 포괄일죄를 구성한다고 해석함이 상당하다.

[2] 포괄일죄에 있어서 공소사실의 특정의 정도: 포괄일죄에 있어서는 일죄의 일부를 구성하는 개개의 행위에 대하여 구체적으로 사실을 특정하지 아니 하더라도 이 사건 공소장의 기재와 같이 범행의 시기와 종기, 범행장소, 범행방법 등을 기재하면 공소사실은 특정된다 할 것이다.

[55] ══

대판 1982. 3. 23. 81도931

[1] 공무원이 직무에 관하여 금품을 수수한 것으로 보기 어렵다고 한 예.

[56] ══

대판 1981. 4. 28. 81도459

[1] 수뢰죄에 있어서의 '직무에 관하여'의 의미: 형법 제129조의 수뢰죄에 있어서 '직무에 관하여'라고 함은 그 권한에 속하는 직무행위뿐만 아니라 이와 밀접한 관계가 있는 경우 및 그 직무와 관련하여 사실상 처리하고 있는 행위까지도 포함한다.

[57] ══

대판 1981. 4. 28. 80도3323

[1] 수의계약으로 아파트를 분양받은 행위를 수뢰로 인정하지 아니 한 예(속칭 현대아파트 특혜분양사건): 뇌물성의 유무는 공무원의 직무와 이익공여자와의 관계, 이익수수의 경위 그 당시의 사회상태 등 제반사정을 종합하여 합리적으로 판단하여야 할 것인바, 피고인들이 본건 현대아파트의 건립 또는 융자에 관계되는 공무를 담당한 바가 있어도 동 건설회사 측에 별다른 편의를 제공한 적이 없고, 위 공무를 취급하지 아니 하였더라도 다른 일반수의 분양자들과 같이 친지, 동료 등의 연줄로 분양받을 수 있었고, 또 분양받아아 할 실수요자였으며 피고인들의 위 공무집행은 위 아파트의 분양계약과 관련시킬 수 없는 우연에 불과하였으므로 본건 아파트의 분양계약이 직무와 대가관계에 있는 부당한 이익 즉 뇌물성이 있다고 할 수 없다.

[58] ══

대판 1978. 10. 10. 78도1890

[1] 대통령긴급조치 제9항 소정의 벌금형 병과와 불고불리의 원칙: 국가안전과공공질서의수호를위한대통령긴급조치 제9항 규정과 같은 벌금병과규정은 검사의 공소장 기재 적용법조의 유무나 검사의 벌금구형 유무에 불구하고 법원은 그 심리 확정한 사실에 대하여 이를 적용하여 벌금형을 병과할 수 있다.

[59] ══

대판 1978. 4. 25. 77도3709

[1] 형법상 공무원이라 함은 국가 또는 지방자치단체 및 이에 준하는 공법인의 사무에 종사하는 자로서 그 노무의 내용이 단순한 기계적 육체적인 것에 한정되어 있지 않은 자를 말한다.

146

══

서울고법 1977. 9. 21. 72노1113

[1] 특정범죄가중처벌등에관한법률 4조는 형법 129조 내지 132조의 적용을 받는 공
무원의 범위를 확대한 규정에 불과하므로 동법조에 의하여 공무원으로 간주되는
자에게 뇌물을 제공하면 형법상의 증뢰죄가 성립한다.

[61]══

서울고법 1973. 9. 14. 72노1247

[1] 수뢰자가 뇌물로 받은 금원을 자기명의의 예금구좌에 예금하였다가 그 뒤에 그
예금 중에서 같은 액수의 금원을 현금과 수표로 나뉘어 찾아 이를 증뢰자에게
반환하였다면 그 금원을 예금하였을 때 일단 소비하였다 할 것이므로 수뢰자로
부터 그 금원을 추징하여야 한다.

[62]══

서울고법 1972. 7. 4. 71노286

[1] 특정범죄가중처벌등에관한법률 4조는 정부관리기업체의 간부 직원에게 형법 129
조 내지 132조의 적용을 제한 없이 확장 변경한 것이 아니고 수뢰액이 외국인으
로부터 수수요구 또는 약속한 경우엔 5만 원 이상 외국인 이외의 자로부터 수수
요구 약속한 경우엔 50만 원 이상인 경우에만 적용된다.

◈ 종합정리(특정경제범죄가중처벌등에관한뇌물죄)

■ 特定經濟犯罪加重處罰 등에 관한 賂物罪

1. 立法 趣旨: 健全한 國民經濟倫理에 반하는 특정경제범죄에 대
한 가중처벌과 그 범죄 행위자에 대한 취업제한 등을 규정함
으로써 경제 질서를 확립하고 나아가 국민경제의 발전에 이바
지함을 목적으로 입법한 것이다.

2. 本法 제5조 제1항 및 형법 제129조 제1항: 金融機關((가) 한국
은행(은행감독원 포함)과 은행법 기타 법률에 의한 은행·
(나)삭제 ·(다)종합금융회사에 관한 법률에 의한 종합금융회
사· (라)상호신용저축은행법에 의한 상호저축은행과 그 중앙

회·(마)농업협동조합법에 의한 조합과 그 중앙회·(바)수산
업협동조합법에 의한 조합과 그 중앙회·(사)삭제·(아)신용
협동조합법에 의한 신용협동조합과 그 중앙회·(자)새마을금
고법에 의한 새마을금고와 그 연합회기타·(차)신탁업법에 의
한 신탁·(카)증권투자신탁업법에 의한 위탁회사·(타)증권거
래법에 의한 증권회사·증권금융회사·(파) 보험업법에 의한
보험회사·(하)신용보증기금법에 의한 신용보증기금·(거)기
술신용보증기금법에 의한 기술신용보증기금·(너) 그 밖에 가
목 내지 거목의 기관과 동일하거나 유사한 업무를 행하는 기
관으로서 대통령령이 정하는 기관을 말한다) 任·職員이 그
직무에 관하여 금품 기타 이익을 수수·요구 또는 약속한 때
에는 5년 이하의 징역 또는 10년 이하의 자격정지에 처한다고
규정하고 있다.

● **특경법[제5조 제1항 및 형법 제129조 제1항(수뢰)]으로 처벌**

3. 本法 제5조 제2항 및 형법 제130조: 金融機關의 任·職員이
   그 職務에 관하여 부정한 청탁을 받고 제3자에게 금품 기타
   이익을 제공하게 하거나 제공하게 할 것을 요구 또는 약속한
   때에는 5년 이하의 징역 또는 10년 이하의 자격정지에 처한
   다고 규정하고 있다.

● **특경법[제5조 제2항 및 형법 제130조 (제3자 뇌물공여)]으로 처벌**

4. 本法 제5조 제3항 및 형법 제132조: 金融機關의 任·職員이
   그 지위를 이용하여 소속금융기관 또는 다른 金融機關의
   任·職員의 직무에 속한 사항의 알선에 관하여 금품 기타 이
   익을 수수·요구 또는 약속한 때(금융기관의 임·직원이 다른

148

임·직원의 직무에 관해 알선하는 경우)에는 5년 이하의 징역 또
는 10년 이하의 자격정지에 처한다고 규정하고 있다.

● **특경법[제5조 제3항 및 형법 제132조 (알선수뢰)]으로 처벌**

5. 本法 제5조 제4항: 金融機關의 任·職員과 관련한 단순수뢰
죄·제3자뇌물제공죄·알선수뢰죄를 범한 경우에 수수·요구
또는 약속한 금품 기타 이익의 수뢰액이 1천만 원 이상 5천
만 원 미만인 때에는 5년 이상의 유기징역에 처하고, 수뢰액
이 5천만 원 이상인 때에는 무기 또는 10년 이상의 징역에
처하는 가중처벌을 규정하고 있다.

단순수뢰죄	⇨ 특경법(제5조 제4항)으로 처벌
제3자뇌물공여죄	
알선수뢰죄	

6. 本法 제6조 제1항, 제2항: 金融機關의 任·職員이 그 職務와
관련하여 단순수뢰죄·제3자뇌물제공죄·알선수뢰죄를 범하거
나 또는 이 범죄와 관련되어 수뢰액에 따라 가중처벌 될 경우
에 있어서 금품 또는 기타 이익을 약속·공여 또는 공여의 의
사를 표시한 자(단순증뢰죄)에 대해서도 5년 이하의 징역 또
는 3천만 원 이하의 벌금에 처하고, 단순증뢰자의 행위에 제
공할 목적으로 제3자에게 금품을 교부하거나 그 정을 알면서
교부받은 자(증뢰물전달죄)도 5년 이하의 징역 또는 3천만 원
이하의 벌금에 처한다.

단순증뢰죄(전단)	⇨ 특경법(제6조 제1항·제2항)으로 처벌
증뢰물전달죄(후단)	

7. 本法 제7조: 金融機關의 任·職員의 職務에 속한 事項의 斡旋
에 관하여 금품 기타 이익을 수수·요구 또는 약속한 자(일반

인이 금융기관 임·직원의 직무에 관해 알선한 경우의 알선수뢰죄)
또는 제3자에게 이를 공여하게 하거나 공여하게 할 것을 요구
또는 약속한 자(제3자뇌물제공죄)는 5년 이하의 징역 또는 5
천만 원 이하의 벌금에 처한다.

| 알선수뢰죄(전단) | ⇨ 특경법(제7조)으로 처벌 |
| 제3자뇌물공여죄(후단) | |

● 본법 제5조 제2항 및 제3항의 적용을 확대한 경우라고 할 수 있다.

8. 本法 제10조 제2항, 제3항: 본법 제5조 및 제6조와 제7조의 경
우에 있어서 범인 또는 정을 아는 제3자가 받은 금품 기타 이익
은 이를 **몰수**하고, 몰수할 수 없을 때에는 그 가액을 **추징**한다.

9. 本法은 공무원이 아니더라도 공무원처럼 영향력을 행사할 수
있는 사람으로 알선 대상이 공무원이 아니고 **금융기관**일 경우
에 적용하기 때문에 형법 제357조의 背任受贈罪에 해당하나,
본법 제10조 제2·3항의 몰수·추징으로 보아 뇌물죄로 다루어
야 한다.

◆ 종합판례(특정범죄가중처벌등에관한뇌물죄)

[1] ==

대판 2000. 10. 24. 99도3115

[1] 특정경제범죄가중처벌등에관한법률 제7조에서 말하는 '금융기관의 임·직원의
직무에 속한 사항의 알선에 관하여 금품을 수수한다' 함은 금융기관의 임·직원
의 직무에 속한 사항의 알선·청탁의 명목으로 금품을 수수하는 등의 행위로서
반드시 알선의 상대방인 금융기관의 임·직원이 구체적으로 특정될 필요는 없
는 것이지만, 적어도 금융기관의 임·직원의 직무에 속한 사항에 대하여 상대방
이 될 수 있는 금융기관의 임·직원 사이를 중개한다는 명목으로 금품을 수수
한 경우를 의미하므로, 위 법조의 알선수재죄가 성립하려면 알선을 의뢰한 사람

(알선의뢰인)과 알선의 상대방이 될 수 있는 금융기관의 임·직원(알선상대방) 사이를 중개한다는 명목으로 금품 기타 이익을 수수하는 등의 행위를 하여야 하고, 알선의뢰인과 알선상대방 사이의 중개를 스스로 하지 아니 하고 알선행위를 할 사람을 소개시켜 주는 경우에는 그 소개로 인하여 실제로 알선행위를 한 사람(알선행위자)의 알선행위에 대하여 공동가공의 의사를 가지고 공모 내지 실행행위의 분담을 통하여 위 죄의 실행행위에 관여한 것으로 평가할 수 있는 경우는 별론으로 하고, 단순히 알선행위자를 소개한 것 자체만으로는 같은 법 제7조가 정하는 알선수재죄의 구성요건에 해당한다고 할 수 없다.

[2]══

대판 1999. 7. 23. 99도1911

[1] 업무상배임죄의 실행으로 인하여 이익을 얻게 되는 수익자 또는 그와 밀접한 관련이 있는 제3자를 배임의 실행행위자와 공동정범으로 인정하기 위해서는 실행행위자의 행위가 피해자인 본인에 대한 배임행위에 해당한다는 것을 알면서도 소극적으로 그 배임행위에 편승하여 이익을 취득한 것만으로는 부족하고, 실행행위자의 배임행위를 교사하거나 또는 배임행위의 전 과정에 관여하는 등으로 배임행위에 적극 가담할 것을 필요로 한다.

[2] 업무상배임죄의 실행으로 인하여 이익을 얻은 수익자 및 그와 밀접한 관련이 있는 제3자로서 실행행위자의 배임행위를 교사하거나 배임행위의 전 과정에 관여하여 적극 가담하였다고 보아 업무상배임죄의 공동정범으로 인정한 사례 및 배임행위에 적극 가담하였다고 볼 수 없다고 보아 업무상배임죄의 공동정범으로 인정하지 아니 한 사례.

[3] 업무상배임죄의 고의는 업무상 타인의 사무를 처리하는 자가 본인에게 재산상의 손해를 가한다는 의사와 자기 또는 제3자의 재산상의 이득의사가 임무에 위배된다는 인식과 결합되어 성립되는 것이며, 이와 같은 업무상배임죄의 주관적 요소인 고의, 동기 등은 피고인이 오직 본인의 이익을 위하여 문제된 행위를 하였노라고 주장하면서 자백을 하지 않고 있는 경우에는 그것을 입증함에 있어서 사물의 성질상 고의와 상당한 관련성이 있는 간접사실을 증명하는 방법에 의할 수밖에 없는 것이나, 그때에 무엇이 상당한 관련성이 있는 간접사실에 해당할 것인가는 정상적인 경험칙에 바탕을 두고 치밀한 관찰력이나 분석력에 의하여 사실의 연결 상태를 합리적으로 판단하는 것 외에 다른 방법이 없다.

[3]══

헌재 1999. 5. 27. 98헌바26

[1] 평등의 원칙은 일체의 차별적 대우를 부정하는 절대적 평등을 의미하는 것이 아

니라 입법과 법의 적용에 있어서 합리적인 근거가 없는 차별을 하여서는 아니
된다는 상대적 평등을 뜻하고 따라서 합리적 근거가 있는 차별 또는 불평등은
평등의 원칙에 반하는 것이 아니다.

[2] 금융기관의 임·직원에게는 공무원에 버금가는 정도의 청렴성과 업무의 불가매
수성(不可買收性)이 요구되고, 이들이 직무와 관련하여 금품수수 등의 수재(收
財)행위를 하였을 경우에는 별도의 배임행위가 있는지를 불문하고 형사제재를
가함으로써 금융업무와 관련된 각종 비리와 부정의 소지를 없애고, 금융기능의
투명성·공정성을 확보할 필요가 있으므로 특정경제범죄가중처벌등에관한법률
제5조 제1항에서 금융기관의 임·직원의 직무와 관련한 수재행위에 대하여 일반
사인과는 달리 공무원의 수뢰죄와 동일하게 처벌한다고 하더라도 거기에는 합리
적인 근거가 있다.

[3] 어떤 범죄를 어떻게 처벌할 것인가 하는 문제 즉 법정형의 종류와 범위의 선택
은 그 범죄의 죄질과 보호법익에 대한 고려뿐만 아니라 우리의 역사와 문화, 입
법당시의 시대적 상황, 국민일반의 가치관 내지 법 감정 그리고 범죄예방을 위
한 형사정책적 측면 등 여러 가지 요소를 종합적으로 고려하여 입법자가 결정할
사항으로서 광범위한 입법재량 내지 형성의 자유가 인정되어야 할 분야이다. 따
라서 어느 범죄에 대한 법정형이 그 범죄의 죄질 및 이에 따른 행위자의 책임에
비하여 지나치게 가혹한 것이어서 현저히 형벌체계상의 균형을 잃고 있나거나
그 범죄에 대한 형벌 본래의 목적과 기능을 달성함에 있어 필요한 정도를 일탈
하였다는 등 헌법상의 평등의 원칙 및 비례의 원칙 등에 명백히 위배되는 경우
가 아닌 한, 쉽사리 헌법에 위반된다고 단정하여서는 아니 된다.

[4] 특정경제범죄가중처벌등에관한법률 제5조 제1항은 금융기관 임·직원의 청렴성과
불가매수성(不可買收性)을 그 보호법익으로 하고 있고, 이는 금융기능의 투명성·
공정성 확보 및 건전한 경제 질서의 확립에 직결된다는 점에서 대단히 중요한 공
익이라 할 것이며, 이 사건 법률조항은 당시 금융기관 임·직원의 부정부패로 대
형 금융사고가 발생함으로써 국가경제가 어려움에 처하였던 때 입법되었는데, 오
늘날 아직도 금융계의 부조리가 근절되지 아니 하고 있음에 비추어 위와 같은 폐
해를 방지하고자 하는 이 사건 법률조항의 필요성은 여전할 뿐 아니라 금융의 국
제적 개방화시대를 맞이하여 경쟁력 확보를 위하여서도 금융비리 일소라는 과제
는 반드시 실현되어야 한다는 점 등을 종합하여 볼 때, 이 사건 법률조항의 법정
형이 입법목적 달성에 필요한 정도를 넘는 과잉형벌이라고 할 수 없다.

[4]==

대판 1997. 12. 26. 97도2609

152

[1] 특정경제범죄가중처벌등에관한법률 제7조의 알선수재의 죄에서 말하는 '알선'이
라 함은 "일정한 사항에 관하여 어떤 사람과 그 상대방의 사이에 서서 중개하
거나 편의를 도모하는 것"을 의미하므로 어떤 사람이 청탁한 취지를 상대방에
게 전하거나 그 사람을 대신하여 스스로 상대방에게 청탁을 하는 행위도 위 조
항에서 말하는 '알선'행위에 해당한다.

[5]==

대판 1997. 10. 24. 97도2042

[1] 중소기업진흥기금은 중소기업 진흥이라는 특정한 목적을 위하여 조성되어 중소
기업 합리화사업의 실천계획의 승인을 받은 적격 중소기업 등에게 저리로 대출
하도록 그 용도가 법정되어 있는 자금이므로, 그 자금을 합리화사업 부적격 업체
를 위하여 부당하게 지출되도록 한 것이라면, 진흥공단이 대리대출의 방식을 취
하여 대출취급은행에 대출함으로써 은행으로부터의 대출금의 회수가 사실상 보
장된다고 하더라도, 이는 결국 특정 목적을 위하여 조성된 기금의 감소를 초래함
으로써 기금이 그 목적을 위하여 사용됨을 저해하는 것이라 할 것이므로, 진흥공
단은 위와 같은 기금의 대출로 인하여 재산상의 손해를 입었다고 보아야 한다.

[2] 형법 제357조 제1항의 배임수재죄는 타인의 사무를 처리하는 자의 청렴성을 보
호법익으로 하는 것으로, 그 임무에 관하여 부정한 청탁을 받고 재물을 수수함
으로써 성립하고 반드시 수재 당시에도 그와 관련된 임무를 현실적으로 담당하
고 있음을 그 요건으로 하는 것은 아니므로, 타인의 사무를 처리하는 자가 그
임무에 관하여 부정한 청탁을 받은 이상 그 후 사직으로 인하여 그 직무를 담당
하지 아니 하게 된 상태에서 재물을 수수하게 되었다 하더라도, 그 재물 등의
수수가 부정한 청탁과 관련하여 이루어진 것이라면 배임수재죄가 성립한다.

[6]==

서울고법 1997. 9. 24. 96노1813, 97노1262

[1] 특정경제범죄가중처벌등에관한법률 제7조에서 말하는 '알선'이란 "남의 일을 잘
되도록 주선하여 주는 것"을 의미하는 것으로서, 어떤 사람이 청탁한 취지를 상
대방에게 전하거나 그 사람을 대신하여 스스로 상대방에게 청탁을 하는 것은 위
법조 소정의 알선에 해당한다.

[2] 사기죄의 주관적 구성요건인 편취의 범의는 피고인이 자백하지 않는 이상 범행
전후의 피고인의 재력, 환경, 범행의 경위와 내용, 거래의 이행과정 등과 같은
객관적인 사정 등을 종합하여 판단할 수밖에 없는 것이고, 그 범의는 확정적인
고의가 아닌 미필적인 고의로도 족하다 할 것이다.

[3] 사기죄의 요건으로서의 기망은 널리 재산적 거래관계에 있어서 서로 지녀야 할

신의와 성실의 의무를 저버리는 적극적, 소극적 행위를 말하며, 어떤 행위가 다른 사람을 착오에 빠지게 한 기망행위에 해당하는가의 여부는 거래의 상황, 상대방의 지식, 경험, 직업 등 행위 당시의 구체적 사정을 고려하여 일반적, 객관적으로 결정하여야 한다.

[7] ==

대판 1997. 4. 17. 96도3377

[1] 금융실명거래및비밀보장에관한긴급재정경제명령상의 실명전환에 관한 금융기관의 업무 내용 및 합의차명에 의한 실명전환행위의 업무방해죄 성부(소극): [다수의견] 금융실명거래및비밀보장에관한긴급재정경제명령의 목적과 관계 규정의 취지를 종합하여 보면, 기존 비실명자산의 거래자가 위 긴급명령의 시행에 따라 이를 실명전환하는 경우 금융기관으로서는 실명전환사무를 처리함에 있어서 거래통장과 거래인감 등을 소지하여 거래자라고 자칭하는 자의 명의가 실명인지 여부를 확인하여야 하고 또 그것으로써 금융기관으로서의 할 일을 다하는 것이라 할 것이고, 그가 과연 금융자산의 실질적인 권리자인지 여부를 조사·확인할 것까지는 없다고 할 것이므로, 실명전환사무를 처리하는 금융기관의 업무는 실명전환을 청구하는 자가 권리자의 외관을 가지고 있는지 여부를 확인하고 그의 명의가 위 긴급명령에서 정하고 있는 주민등록표상의 명의 등 실명인지 여부를 확인하는 것일 뿐이지, 나아가 그가 과연 금융자산의 실질적인 권리자인지 여부를 조사·확인하는 것까지 그 업무라고 할 수는 없다. 따라서 기존의 비실명예금을 합의차명에 의하여 명의대여자의 실명으로 전환한 행위는 위 긴급명령에 따른 금융기관의 실명전환에 관한 업무를 방해한 것이라 할 수 없다.[특정경제범죄가중처벌등에관한법률위반(저축관련부당행위: 금융실명거래및비밀보장에관한긴급재정경제명령제5조)]

[8] ==

대판 1994. 3. 22. 93도2962

[1] 특정경제범죄가중처벌등에관한법률 제5조 제1항 소정의 "금융기관의 임·직원이 그 직무에 관하여"라 함은 금융기관의 임직원이 그 지위에 수반하여 취급하는 일체의 사무를 말하는 것으로서, 그 권한에 속하는 직무행위뿐만 아니라 이에 밀접한 관계가 있는 경우와 그 직무에 관련하여 사실상 처리하고 있는 행위까지도 모두 포함되고, 또한 그 직무가 독립적인 권한에 기한 것이든 상사의 직무를 보조하는 지위에 기한 것이든 구별할 것이 아니다.

[9] ==

대판 1985. 7. 9. 85도740

[1] 특정경제범죄가중처벌등에관한법률 시행 전후에 걸쳐 행하여진 수개의 뇌물수수 행위를 포괄일죄로 보는 경우, 형법이 그 부칙 제4조 제1항에서 1개의 죄가 본법 시행 전후에 걸쳐서 행하여진 때에는 본법 시행 전에 범한 것으로 간주한다고 규정하고 있는 취지에 비추어 위 법 제정전의 법률에 따라 의율됨이 상당하다.[86. 07. 22 86도1012 전원합의체판결로 본판결 폐기]

◆ 종합정리(폭력행위등처벌에관한뇌물죄)

■ 暴力行爲 등 處罰에 관한 賂物罪

1. 立法 趣旨: 集團的, 常習的 또는 夜間에 暴力行爲 등을 恣行하는 자 등을 처벌함을 목적으로 입법한 것이다.

2. 本法 제2조: 형법 제257조 제1항(상해), 제260조 제1항(폭행), 제276조 제1항(체포·감금), 제283조 제1항(협박), 제319조(주거침입·퇴거불응), 제324조(폭력에 의한 권리행사방해), 제350조(공갈) 또는 제366조(손괴)의 죄를 상습적·야간 또는 2인 이상이 공동과 2회 이상 징역형을 받은 누범자.

3. 本法 제3조: 형법 제257조 제1항(상해), 제260조 제1항(폭행), 제276조 제1항(체포·감금), 제283조 제1항(협박), 제319조(주거침입·퇴거불응), 제324조(폭력에 의한 권리행사방해), 제350조(공갈) 또는 제366조(손괴)의 죄를 단체나 다중의 위력을 보임으로써 죄를 범한 자 또는 흉기 기타 위험한 물건을 휴대하여 그 죄를 범한 자.

4. 本法 제4조: 단체 등의 구성·활동의 목적으로 형법 제8장 공무방해에 관한 죄 중 제136조(공무집행방해)·제141조(공용서류 등의 무효·공용물의 파괴)의 죄, 同法 제24장 살인의 죄 중 제250조 제1항(살인)·제252조(촉탁·승낙에 의한 살인

등)·제253조(위계 등에 의한 촉탁살인 등)·제255조(예비·음모)의 죄, 同法 제34장 신용, 업무와 경매에 관한 죄 중 제314조(업무방해)·제315조(경매·입찰의 방해)의 죄, 同法 제38장 절도와 강도의 죄 중 제333조(강도)·제334조(특수강도)·제335조(준강도)·제336조(약취강도)·제337조(강도상해·치상)·제339조(강도강간)·제340조 제1항(해상강도) 및 제2항(해상강도상해·치상)·제341조(상습범)·제343조(예비·음모)의 죄를 범한 자.

5. 本法 제5조: (단체 등의 이용·지원), 제6조(미수범), 제7조(우범자), 제8조(정당방위 등)의 범죄를 범한 자.

6. 本法 제9조제2항: 본법 제2조 또는 제3조의 죄를 범한 자 및 본법 제5조의 범죄를 범한 자를 司法警察官吏가 搜査하지 아니하거나, 범인을 알면서 이를 체포하지 아니 하거나, 수사상 정보를 누설하여 범인의 도주를 용이하게 할 목적으로 賍物의 수수·요구 또는 약속을 한 자는 2년 이상의 유기징역에 처한다.

● **부정처사후수뢰죄(형법 제131조 2항)** ⇨ **폭처법(제9조 제2항)으로 처벌**

◈ **관련판례(폭력행위등처벌에관한뇌물죄)**

[1]==

서울고법 2005. 5. 13. 2004노2238

[1] 교통 업무를 담당하는 경찰관이, 자신의 처가 가입한 인터넷 다단계 판매회사가 부도난 후 그 비상대책위원회에서 회사공금을 횡령하고 도주한 사람에 대한 소재파악에 도움을 주면 포상금을 지급하겠다는 공고를 하자, 자신의 경찰관 근무 경험과 동료 경찰관으로부터 지득한 정보를 활용하여 도주자의 체포에 조력함으로써 위 비상대책위원회로부터 포상금을 지급받은 경우, 피고인의 조력행위는 포상금을 타기 위한 순수한 사적 행위로서 피고인의 직무행위로서의 외관조차

갖추었다고 볼 수 없다 할 것이고, 따라서 피고인이 이러한 직무상 지득하게 된 정보와 경험, 지식을 부당하게 사용하여 직무 외에서 공무와 관계없는 업무수행 대가로 돈을 지급받았다 하여 그로써 피고인의 공무수행에 대한 사회적 신뢰나 직무행위의 공정성을 해할 우려가 있는 뇌물성의 금품을 수수하였다고 할 수는 없다고 보아 뇌물죄의 성립을 부정한 사례.[인정된죄명: 폭력행위등처벌에관한 법률위반(야간·공동체포미수)]

제3절 憲法과 關聯된 特別法

Ⅰ. 國民投票法에 관한 賂物罪

國民投票法은 헌법 제72조의 규정에 의한 외교·국방·통일 기타 국가안위에 관한 중요정책과 헌법 제130조의 규정에 의한 헌법개정안에 대한 국민투표에 관하여 필요한 사항을 규정함을 목적하여, 1989년 3월 25일 법률 제4086호 全文改正으로 입법화된 이래 3차례의 개정을 거쳐, 1997년 12월 13일 법률 제5454호인 정부부처 명칭에 따른 개정을 끝으로 오늘에 이르고 있다.

本法에서 投票人이란 投票權이 있는 者로서 투표인명부에 등재된 자를 말하고(본법 제2조), 관공서 기타의 공공기관은 국민투표 관리기관으로부터 국민투표의 실시에 관하여 필요한 협조의 요구를 받은 때에는 우선적으로 이에 응하여야 한다(본법 제3조). 공무원·학생 또는 다른 사람에게 고용된 자가 투표인명부의 열람 또는 투표에 필요한 시간은 휴무 또는 휴업으로 보지 않는다(본법 제4조). 投票人口의 基準은 住民登錄法의 규정에 의한 주민등록표에 의하여 조사한 최근의 인구통계에 의한다(본법 제5조). 국민투표사무는 본법에 특별한 규정이 있는 경우를 제외하고는 중앙선거관리위원회가 통괄·관리하며, 하급선거관리위원회의 위법·부당한 처분에 대하여 이를 취소하거나 변경할 수 있다(본법 제6조).

本法에서는 國民投票에 있어서 찬성하게 하거나 하지 못하게 할 목적으로 투표권자에게 금전·물품·車馬·饗應 기타 재산상의 이익이나 公私의 職을 제공하거나 그 제공의 의사를 표시 또는 약속한 자는 **증뢰죄**로 본다(본법 제99조 제1항 제1호). 그리고 투표를 하거나 하지 아니 하거나 운동을 하거나 하지 아니 하거나 또는 그 알선·권유에 대한 보수를 목적으로 투표권자에게 뇌물을 제공한 자(본법 제99조 1항 2호), 투표를 하였거나 아니 하였다는 보수로서 金錢·物品·車馬·饗應 기타 財産上의 利益이나 公私의 職을 제공하거나 그 세공의 의사를 표시 또는 약속한 자(본법 제99조 1항 3호), 그리고 국민투표의 결과에 영향을 미치게 할 목적으로 학교 기타 공공기관·단체에게 금전·물품 기타 재산상의 이익을 제공하거나 그 제공의 의사를 표시한 자(본법 제99조 1항 4호)는 각각 **증뢰죄**로 3년 이하의 징역이나 금고 또는 150만 원 이하의 벌금에 처한다.

本條 제1호 내지 제4호에 규정된 행위에 관하여 斡旋 또는 권유한 자는 **알선죄**로(본조 제5호), 利益 또는 職의 提供을 받거나 요구하거나 그 제공의 의사표시를 승낙한 자(본조 제6호)는 **수뢰죄**로써 각각 3년 이하의 징역이나 금고 또는 150만 원 이하의 벌금에 처한다. 그리고 선거관리위원회의 위원이나 직원, 국민투표에 관계있는 공무원 또는 경찰공무원이 본조 제1항 각호에 규정된 행위를 한 때에는 7년 이하의 징역이나 금고에 처하여 형을 가중시키고

있다(본법 제99조 제2항).

한편 財産上의 利益을 도모할 目的으로 국민투표의 결과에 영향을 미치게 하기 위하여 다수의 투표권자에 대하여 제99조 제1항 각호에 규정된 행위를 하거나 하게 한 때(본법 제100조 제1호)와 제1호에 규정된 행위를 할 것을 청탁 받거나 청탁 받게 한 자(본법 제100조 제2호)는 5년 이하의 징역이나 금고 또는 50만 원 이상 250만 원 이하의 벌금에 처한다(본법 제100조 제1항). 그리고 제99조 및 제100조의 죄를 범한 자가 받은 이익은 **몰수**한다. 다만 그 전부 또는 일부를 몰수할 수 없을 때에는 그 가액을 **추징**한다(본법 제101조).

Ⅱ. 政治資金에 관한 賂物罪

정치자금의 적정한 제공을 보장하고 그 수입과 지출내역을 공개하여 투명성을 확보하며 정치자금과 관련한 부정을 방지함으로써 민주정치의 건전한 발전에 기여함을 목적으로 하여, 1980년 12월 31일 법률 제3302호 全文改正으로 입법화된 이래 2006. 4. 28 개정을 거쳐 오늘에 이르고 있다.

本法에 정하지 아니한 방법으로 정치자금[4]을 기부[5]하거나 기부

---

4) 당비(명목여하에 불구하고 정당의 당헌·당규 등에 의하여 정당의 당원이 부담하는 금전이나 유가증권 그 밖의 물건을 말한다.), 후원금,(이 법의 규정에 의하여 후원회에 기부하는 금전이나 유가증권 그 밖의 물건을 말한다), 기탁금, 보조금(당의 보호·육성을 위하여 국가가 정당에 지급하는 금전이나 유가증권을 말한다.)과 정당의 당헌·당규 등에서 정한 부대수입 그 밖에 정치활동을 위하여 정당(중앙당창당준비위원회를 포함한다), 공직선거에 의하여 당선된 자, 공직선거의 후보자 또는 후보자가 되고

받은 자(정당·후원회·법인 그 밖에 단체에 있어서는 그 구성원으로 서 당해 위반행위를 한 자를 말한다. 이하 같다)는 **5년 이하의 징역 또는 1천만원 이하의 벌금**에 처한다. 다만, 정치자금을 기부하거나 기부 받은 자의 관계가 「민법」 제777조(친족의 범위)의 규정에 의한 친족인 경우에는 그러하지 아니하다.(본법 제45조 제1항)

그리고 제6조(후원회지정권자)의 규정에 의한 후원회지정권자가 아닌 자로서 정치자금의 기부를 목적으로 후원회나 이와 유사한 기구를 설치·운영한 자, 제11조(후원인의 기부한도 등)제1항의 규정을 위반하여 기부한 자와 제11조제2항, 제12조(후원회의 모금·기부한도)제1항·제2항 또는 제13조(연간 모금·기부한도액에 관한 특례)제1항의 규정을 위반하여 후원금을 받거나 모금 또는 기부를 한 자, 제14조(후원금 모금방법) 내지 제16조(정치자금영수증과의 교환에 의한 모금)제1항의 규정을 위반하여 고지·광고하거나 후원금을 모금한 자, 제22조(기탁금6)의 기탁)제1항의 규정을 위반하여 선거관리위원회에 기탁하지 아니하고 정치자금을 기부하거나 받은 자, 제31조(기부의 제한) 또는 제32조(특정행위와 관련한 기부의 제한)의 규정을 위반하여 정치자금을 기부하거나 받은 자, 제33조(기부의 알선에 관한 제한)의 규정을 위반하여 정치자금의 기부를 받거나

자 하는 자, 후원회·정당의 간부 또는 유급사무직원 그 밖에 정치활동을 하는 자에게 제공되는 금전이나 유가증권 그 밖의 물건과 그 자의 정치활동에 소요되는 비용을 말한다.

5) 정치활동을 위하여 개인 또는 후원회 그 밖의 자가 정치자금을 제공하는 일체의 행위를 말한다. 이 경우 제3자가 정치활동을 하는 자의 정치활동에 소요되는 비용을 부담하거나 지출하는 경우와 금품이나 시설의 무상대여, 채무의 면제·경감 그 밖의 이익을 제공하는 행위 등은 이를 기부로 본다.

6) 정치자금을 정당에 기부하고자 하는 개인이 이 법의 규정에 의하여 선거관리위원회에 기탁하는 금전이나 유가증권 그 밖의 물건을 말한다.

이를 알선한 자 등은 **5년 이하의 징역 또는 1천만원 이하의 벌금**에 처한다.(본법 제45조 제2항) 본법 제1항 및 제2항의 경우 그 제공된 금품 그 밖에 재산상의 이익은 **몰수**하며, 이를 몰수할 수 없을 때에는 그 가액을 **추징**한다. (본법 제45조 3항)

또한 정당·후원회[7]의 회계책임자와 그 회계사무보조자 또는 법인·단체의 임원이나 구성원이 그 업무에 관하여 제45조(**정치자금 부정수수죄**) 내지 제48조(감독의무해태죄 등)의 위반행위를 한 때에는 행위자를 벌하는 외에 당해 정당이나 후원회 또는 법인·단체가 한 것으로 보아 그 정당이나 후원회 또는 법인·단체에 대하여도 각 해당 조의 벌금형을 과한다.(본법 제50조)

Ⅲ. 公職選擧 및 選擧不正防止法에 관한 賂物罪

公職選擧 및 選擧不正防止法은 憲法과 地方自治法에 의한 選擧가 국민의 자유로운 의사와 민주적인 절차에 의하여 공정히 행하여지도록 하고, 선거와 관련한 부정을 방지함으로써 민주정치의 발전에 기여함을 목적으로 하여, 1994년 3월 16일 법률 제4739호로 입법화된 이래 11차례의 개정을 거쳐 현재에 이르고 있다.

本法은 大統領選擧·國會議員選擧·地方議會議員 및 地方自治團體長의 選擧에 적용된다. 이와 같은 선거에 있어서 선거인명부작성전에 그 선거인명부에 오를 자격이 있는 자에 대해서 투표를 하게 하거나, 못하게 하거나, 당선되거나, 되지 못하게 할 목적으로 또는 다른 정당

---

7) 이 법의 규정에 의하여 정치자금의 기부를 목적으로 설립·운영되는 단체로서 관할 선거관리위원회에 등록된 단체를 말한다.

이나 후보자의 선거사무장·선거연락소장·선거사무원·회계책임
자·본법 제79조 제1항의 규정에 의하여 공개장소에서의 연설·대담
을 하는 자와 본법 제81조 제1항의 규정에 의하여 후보자를 초청 대
담·토론회 및 본법 제82조 제1항의 규정에 의하여 언론기관 초청 대
담·토론회를 하는 자 또는 투표참관인·부재자투표 참관인과 개표
참관인에게 금전·물품·馬車·饗應 기타 재산상의 이익이나 公私의
職을 제공하거나 그 제공의 의사를 표시하거나 그 제공을 약속한 자
의 경우(본법 제230조 제1항 제1호)와 선거운동에 이용할 목적으로
학교 기타 공공기관·사회단체 또는 청년단체·부녀단체·노인단
체·재향군인단체·민족단체 기타의 기관·단체·시설에 금전·물품
등 재산상의 이익을 제공하거나 그 제공의 의사를 표시하거나 그 제
공을 약속한 자의 경우(본법 제230조 제1항 제2호) 및 선거운동[8])에

---

8) 選擧運動이라 함은 當選되거나 되게 하거나 되지 못하게 하기 위한 行
　爲를 말한다. 다만 선거에 관한 단순한 의견의 개진·의사의 표시·입
　후보와 선거운동을 위한 준비행위 또는 통상적인 정당활동은 선거운동
　으로 보지 아니 한다. 누구든지 자유롭게 선거운동을 할 수 있다. 그러
　나 이 법 또는 다른 법률의 규정에 의하여 금지 또는 제한되는 경우는
　그러하지 아니 한다. 선거운동은 당해 후보자의 등록이 끝난 때부터
　선거일 전일까지에 한하여 이를 할 수 있다(본법 제58조 참조).
　選擧運動을 할 수 없는 者로는 大韓民國 國民이 아닌 者, 未成年者, 禁
　治産宣告를 받은 자와 금고 이상의 형의 선고를 받고 그 집행이 종료되
　지 아니 하거나 그 집행을 받지 아니 하기로 확정되지 아니 한 자 그리
　고 선거범으로서 100만 원 이상의 벌금형의 선고를 받고 그 형이 확정
　된 후 5년 또는 형의 집행유예의 선고를 받고 그 형이 확정된 후 10년을
　경과하지 아니 하거나 징역형을 받고 그 집행을 받지 아니 하기로 확정
　된 후 또는 그 형의 집행이 종료되거나 면제된 후 10년을 경과하지 아니
　한 자(형의 失效된 자도 포함) 및 법원의 판결에 의하여 선거권이 정지
　또는 상실된 자, 국가공무원법 제2조에 규정된 국가공무원과 지방공무
　원에 규정된 지방공무원 다만 정당법 제6조 제1호 단서의 규정에 의하

이용할 목적으로 야유회·동창회·친목회·향우회·계모임 기타의 선거구민의 모임이나 행사에 금전·물품·음식물 기타 재산상의 이익을 제공하거나 그 제공의 의사를 표시하거나 그 제공을 약속한(본법 제230조 제1항 제3호) 자에 대해여 **증뢰죄**로 처벌하고 있다. 본법 제135조(선거사무관계자에 대한 수당과 실비보상)제3항의 규정에 위반하여 수당·실비 기타 자원봉사에 대한 보상 등 명목여하를 불문하고 선거운동과 관련하여 금품 기타 이익의 제공 또는 그 제공의 의사를 표시하거나 그 제공을 약속한 자에 대하여 **증뢰죄**로 처벌하고 있다(본법 제230조 제1항 제4호) 그리고 본법 제 230조 제1호 내지 제4호에 규정된 이익이나 직의 제공을 받거나 그 제공의 의사 표시를 승낙한 자는 **증·수뢰죄**로 5년 이하의 징역 또는 1천만원 이하의 벌금에 처한다.

政黨·候補者와 候補者가 되고자 하는 者 및 그 가족·선거사무장·선거연락소장·선거사무원·회계책임자·연설원 또는 본법 제114조 제2항의 규정에 의하여 정당 및 후보자의 가족 등의 기부행위 제한의 규정에 의한 후보자 또는 그 가족과 관계있는 회사 등

여 정당의 당원이 될 수 있는 공무원(국회의원과 지방의회의원 이외의 공무직공무원은 제외)은 그러하지 아니 하다. 또한 국회의원선서에서 후보자의 배우자인 경우에도 그러하지 아니 하다(본법 제60조 1항).
그리고 이 法 제53조(公務員 등의 立候補) 제1항 제2호 내지 제8호에 해당하는 자, 향토예비군의 소대장급 이상의 간부, 통·리·반의 장, 특별법에 의하여 설립된 국민운동단체로서 국가 또는 지방자치단체의 출연 또는 보조를 받는 단체(바르게살기 운동협의회·새마을운동협의회·한국자유총연맹)의 상근 임·직원과 이들 단체의 중앙회장, 의료보험법에 의하여 설립된 지역의료보험조합의 상임 대표이사·직원 또는 의료보험연합회의 상임 임·직원이다. 다만 국회의원선거에 있어서는 후보자의 배우자는 그러하지 아니 하다(본법 제60조 참조).

이 본법 제230조 제1항 제1호 내지 제5호에 규정된 행위인 **증·수뢰죄**를 범한 경우에는 7년 이하의 징역 또는 1천 500만 원 이하의 벌금에 처한다.(본법 제230조 제2항). 본법 제1항 제1호 내지 제5호(각호의 1) 또는 제2항에 규정된 **증·수뢰행위**에 관하여 지시·권유·요구하거나 **알선한 자**는 7년 이하의 징역 또는 1천500만원 이하의 벌금에 처한다는 **알선수뢰죄**를 규정하고 있다.(본법 제230조 제3항) 또한 선거에 당선되거나 되게 하거나 되지 못하게 할 목적으로 선거기간 중 포장된 선물 또는 돈봉투 등 다수의 선거인에게 배부하도록 구분된 형태로 되어 있는 금품을 운반하는 자(**매수용 금품운반죄**)도 5년 이하의 징역 또는 1천만 원 이하의 벌금에 처한다(본법 제230조 제4항).

선거관리위원회의 위원·직원(투표관리관을 포함한다. 이하 이 장에서 같다)또는 선거사무에 관계있는 공무원이나 경찰공무원(사司法警察官吏 및 軍司法警察官吏를 포함)이 본법 제230조 제1항 제1호 내지 제5호(각호의 1) 또는 제2항에 규정된 **증·수뢰행위**를 하거나 하게 한 때에는 7년 이하의 징역에 처한다는 加重規定을 두고 있다(본법 제230조 제5항) **당내경선**과 관련하여 (1)제57조의5(당원 등 매수금지)제1항 또는 제2항의 규정을 위반한 자 (2)후보자로 선출되거나 되게 하거나 되지 못하게 하거나, 경선선거인(당내경선의 선거인명부에 등재된 자를 말한다. 이하 이 조에서 같다)으로 하여금 투표를 하게 하거나 하지 아니하게 할 목적으로 경선후보자·경선운동관계자·경선선거인 또는 참관인에게 금품·향응 그 밖의 재산상의 이익이나 공사의 직을 제공하거나 그 제공의 의사를 표시하거나 그 제공을 약속한 자 (3)제57조의5제1항 또는 제2항에 규정된 이익이나 직의 제공을 받거나 그 제공의 의사표시를 승낙한 자 등은 3년 이하의 징역 또는 600만원 이하의 벌금에 처한다는 **증수뢰죄**를 규정하고 있다. (본법 제230조 제6항) 본법 제230조 제6항 제2호·제3호에 규정된 **증·수뢰행위**에 관하여 지시·권유·요구하거나 알선한 자 또는 제57조의5제3항의 규정을 위반한 자는 5년 이하의 징역 또는 1천만원 이하의 벌금에 처한다는 **알선수뢰죄**를 규정하고 있다.(본법 제230조 제7항)

財産上의 利益을 얻거나 얻을 목적으로 정당 또는 후보자(후보자가 되고자 하는 자 포함)를 위하여 선거인·선거사무장·선서연락소장·선거사무원·회계책임자·연설원 또는 참관인에 대하여 본법 제230조 제1항 제1호 내지 제5호(각호의 1)에 규정된 행위로 **증뢰죄**를 범한 자는 7년 이하의 징역 또는 300만 원 이상 2천만 원 이하의 벌금에 처한다(본법 제231조 제1항). 그리고 본법 제231조 제1항에 규정된 행위에 관하여 지시·권유·요구하거나 알선한 자는 10년 이하의 징역 또는 500만 원 이상 3천만 원 이하의 벌금에 처한다는 **알선수뢰죄**를 규정하고 있다.(본법 제231조 제2항) 이와 같은 규정은 본법 제230조 제1항 제1호 내지 제5호의 행위에 대한 **알선수뢰 및 증뢰죄**를 加重處罰하는 규정이라 할 수 있다.

選擧하는 데 있어서 候補者가 되지 아니 하게 하거나 후보자가 된 것을 사퇴하게 할 목적으로 후보자가 되고자 하는 자나 후보자에게 본법 제230조 제1항 제1호에 규정된 행위를 한 **증뢰죄**를 범한 자 또는 그 이익이나 職의 제공을 받거나 제공의 의사표시를 승낙한 **수뢰죄**를 범한 자는 7년 이하의 징역 또는 500만 원 이상 3천만 원 이하의 벌금에 처한다는 **가중증·수뢰죄**를 규정하고 있다(본법 제232조 제1항 제1호). 그리고 후보자가 되고자 하는 것을 중지하거나 후보자를 사퇴한 데 대한 대가를 목적으로 후보자가 되고자 하였던 자나 후보자이었던 자에게 본법 제230조 제1항 제1호에 규정된 행위를 한 **증뢰죄**를 범한 자 또는 그 이익이나 職의 제공을 받거나 제의 의사표시를 승낙한 **수뢰**를 범한 자도 7년 이하의 징역 또는 500만 원 이상 3천만 원 이하의 벌금에 처한다는 (본법 제232조 제1항 제2호)의 규정이다.

또한 本條 제232조 제1항 제1·2호에 규정된 행위에 관하여 지시·권유·요구하거나 **알선수뢰죄**를 범한 알선한 자에게는 10년 이하의 징역 또는 500만 원 이상 3천만 원 이하의 벌금에 처한다는 가중처벌을 본법 제232조 제2항에서 규정하고 있다. 뿐만 아니라 선거관리위원회의 위원·직원 또는 선거사무에 관계있는 공무원이나 경찰공무원(사법경찰관리 및 군사법경찰관리를 포함)이 당해 선거에 관하여 제1항 제1·2호 또는 제2항에 규정된 행위를 한 때에는 10년 이하의 징역에 처한다는 가중규정을 (본법 제232조 제3항)에 규정하고 있다.

選擧에서 當選을 辭退하게 할 目的으로 當選人에 대하여 금전·물품·차마·향응 기타 재산상의 이익 또는 공사의 직을 제공하거나 그 제공의 의사를 표시하거나 그 제공을 약속한 자는 **증뢰죄**(본법 제233조 제1항 1호)로, 그리고 본법 제233조 제1호에 규정된 이익 또는 직의 제공을 받거나 그 제공의 의사표시를 승낙한 자는 **증·수뢰죄**로 1년 이상 10년 이하의 징역에 처한다.(본법 제233조 제1항 제2호) 또한 본법 제233조 제1항 제1·2호에 규정된 행위에 관하여 지시·권유·요구하거나 알선한 **알선수뢰죄 및 증뢰죄**를 범

한 자도 1년 이상 10년 이하의 징역에 처한다(본법 제233조 제2항)

本法 제263조의 (선거비용의 초과지출로 인한 당선무효) 또는 제265조(선거사무장등의 선거범죄로 인한 당선무효)에 해당되어 후보자의 당선을 무효로 되게 할 목적으로 제263조 또는 제265조에 규정된 자를 유도 또는 도발하여 그 자로 하여금 제230조(매수 및 이해유도죄)제1항 내지 제5항·제231조(재산상의 이익목적의 매수 및 이해유도죄) 내지 제233조(당선인에 대한 매수 및 이해유도죄)·제257조(기부행위의 금지제한 등 위반죄)제1항 또는 제258조(선거비용부정지출 등 죄)제1항에 규정된 행위를 **하게 한 자**는 1년 이상 10년 이하의 징역에 처한다.(본법 제234조)

본법 제97조(방송·신문의 불법이용을 위한 행위 등의 제한)제1항·제3항의 규정에 위반한 자는 5년 이하의 징역 또는 1천만원 이하의 벌금에 처한다.(본법 제235조 제1항) 또한 본법 제97조제2항의 규정에 위반한 자는 7년 이하의 징역 또는 2천만원 이하의 벌금에 처한다. (본법 제235조 제2항)

본법 제230조(매수 및 이해유도죄) 내지 제235조(방송·신문 등의 불법이용을 위한 매수죄)의 죄를 범한 자가 받은 이익은 이를 **몰수**한다. 다만, 그 전부 또는 일부를 몰수할 수 없는 때에는 그 가액을 **추징**한다.(본법 제236조)

이상에서 살펴 본 바에 의하면 公職選擧 및 選擧不正防止法上 賂物罪는 제230조 제1항 제1·2·3·4·5호 및 제2·3·4·5·6·7항, 제231조 제1·2항, 제232조 제1항 제1·2호 및 제2·3항, 제233조 제1항 제1·2호 및 제2항, 제234조, 제235조 제1·2항, 제236조에 규정되어 처벌하고 있다.

Ⅳ. 法務士法에 관한 賂物罪

　法務士法은 法務士制度를 확립하여 國民의 法律生活의 便益을 도모하고 사법제도의 건전한 발전에 기여함을 목적으로 하여, 1996년 12월 12일 법률 제5180호 全文改正으로 입법화된 이래 1차례의 개정을 거쳐 오늘에 이르고 있다.

　法務士는 다른 사람의 委任에 의하여 報酬를 받고 법원과 검찰청에 제출하는 서류의 작성(본법 제2조 1항 1호), 법원과 검찰청의 업무에 관련된 서류의 작성(본법 제2조 1항 2호), 등기 기타 등록 신청에 필요한 서류의 작성(본법 제2조 1항 3호), 등기·공탁사건의 신청대리(본법 제2조 1항 4호), 제1호 내지 제3호에 의하여 작성된 서류의 제출대행(본법 제2조 1항 5호)의 사무를 행함을 업무로 한다. 法務士가 아닌 者는 제2조에 規定된 事務를 업으로 하지 못하며, 법무사가 아닌 자는 법무사 또는 이와 유사한 명칭을 사용하지 못한다(본법 제3조).

　법무사는 제19조 제3항의 규정에 의한 대한법무사협회회칙으로 정한 보수기준을 초과하여 보수를 받거나 제19조 제2항의 규정에 의하여 보수 외에 명목으로 위임인으로부터 금품을 받은 자는 **수뢰죄**로 100만 원 이하의 벌금에 처한다(제73조 제2항).

　法務士合同法人의 구성원 또는 구성원이 아닌 소속 법무사가 법인의 업무에 관하여 제72조·제73조 또는 제75조의 위반행위를 한 때에는 그 **행위자**를 벌하는 외에 **법무사합동법인**에 대하여도 각 해당조의 벌금형을 과한다.(**제76조 양벌규정**)

V. 辯護士法에 관한 賂物罪

基本的 人權을 옹호하고 社會正義를 실현함을 사명으로 하며, 그 사명에 성실히 직무를 수행하고 사회질서의 유지와 법률제도의 개선에 노력하여야 한다. 또한 변호사는 당사자 기타 관계인의 위임 또는 공무소의 위촉 등에 의하여 소송에 관한 행위 및 행정처분의 청구에 관한 대리행위와 일반 법률사무를 행함을 그 직무로 하는 데 주안점을 두는 데 목적으로 하여, 1982년 12월 31일 법률 제3594호 全文改正으로 입법화되었으며, 2005.1.27개정과 시행일 2005.7.28을 거쳐 오늘에 이르고 있다.

辯護士가 아니면서 금품·향응 기타 이익을 받거나 받을 것을 약속하고 또는 제3자에게 이를 공여하게 하거나 공여하게 할 것을 약속하고 소송사건·비송사건·가사조정 또는 심판사건·행정심판 또는 심사의 청구나 이의신청 기타 행정기관에 대한 불복신청사건, 수사기관에서 취급중인 수사사건 또는 법령에 의하여 설치된 조사기관에서 취급중인 조사사건 기타 일반의 법률사건에 관하여 감정·대리·중재·화해·청탁·법률상담 또는 법률관계 문서작성 기타 법률사무를 취급하거나 이러한 행위를 알선한 자는 7년 이하의 징역 또는 5천만 원 이하의 벌금에 처하거나 이를 병과 할 수 있다.(본법 제109조 제1호) 이는 형법 제133조 제2항 증뢰물전달죄와 같은 성격이 짙으나 변호사법 위반으로 처벌하는 것이 타당하다.

辯護士 또는 그 事務職員이 판사·검사 기타 재판·수사기관의 공무원에게 금품 기타 이익을 제공하거나, 그 공무원과 교제한다는 명목으로 금품 기타 이익을 받거나 받기로 약속한 행위를 한 경우

에는 **증·수뢰죄**로 5년 이하의 징역 또는 3천만 원 이하의 벌금에 처하거나 이를 병과 할 수 있다.(本法 제110조 제1호). 본법 제110조 제1호에 규정된 **변호사 또는 그 사무직원이** 공무원에게 금품 기타 이익을 제공하거나 , 그 공무원과 교제한다는 명목의 비용을 변호사 선임료·성공사례금에 명시적으로 포함시키는 행위를 한 경우에는 **증·수뢰죄**로 5년 이하의 징역 또는 3천만 원 이하의 벌금에 처하거나 이를 병과 할 수 있다.(本法 제110조 제2호).

辯護士는 공무원(법령에 의하여 공무원으로 보는 자를 포함한다)이 취급하는 사건 또는 사무에 관하여 **청탁 또는 알선**을 한다는 명목으로 금품·향응 기타 이익을 받거나 받을 것을 약속한 자 또는 제3자에게 이를 공여하게 하거나 공여하게 할 것을 약속한 자는 **부정처사후수뢰죄**(형법 제131조 제2항)로 5년 이하의 징역 또는 1천만원 이하의 벌금에 처하거나 이를 병과 할 수 있나.(본법 제111조). 형법상 뇌물죄와 변호사법상 뇌물죄의 차이점은 **주체의 구별**이며 모든 변호사는 공무원이 아니나 **국선변호사**의 신분일 때는 공무원으로 보아야 한다.

常習으로 제109조제1호·제110조 또는 제111조의 죄를 범한 자는 10년 이하의 징역에 **가중처벌** 한다.(본법 제114조).

본법 제34조의 규정(제57조·제58조의16 또는 제58조의30의 규정에 의하여 준용되는 경우를 포함한다)에 위반하거나 제109조제1호·제110조·제111조 또는 제114조의 죄를 범한 자 또는 그 정을 아는 제3자가 받은 금품 기타 이익은 이를 **몰수**한다. 이를 몰수할 수 없는 때에는 그 가액을 **추징**한다.(본법 제116조) [개정 2005.1.27] [[시행일 2005.7.28]]

◈ 종합정리(국민투표법, 정치자금법, 공직선거 및 선거부정방지법, 법무사법, 변호사법과 관련된 뇌물죄)

■ 國民投票法에 관한 賂物罪

1. 立法 趣旨: 헌법 제72조의 규정에 의한 외교·국방·통일 기타 국가안위에 관한 중요정책과 헌법 제130조의 규정에 의한 헌법개정안에 대한 국민투표에 관하여 필요한 사항을 규정함을 목적으로 입법한 것이다.

2. 本法 제99조 제1항 제1호: 本法에서는 國民投票에 있어서 찬성하게 하거나 하지 못하게 할 목적으로 **투표권자에게** 금전·물품·車馬·饗應 기타 재산상의 이익이나 公私의 職을 제공하거나 그 제공의 의사를 표시 또는 약속한 자는 3년 이하의 징역이나 금고 또는 150만 원 이하의 벌금에 처한다.

● 단순증뢰죄로 감경처벌

3. 本法 제99조 제1항 2호: 투표를 하거나 하지 아니 하거나 운동을 하거나 하지 아니 하거나 또는 그 알선·권유에 대한 보수를 목적으로 **투표권자에게** 뇌물을 제공한 자는 3년 이하의 징역이나 금고 또는 150만 원 이하의 벌금에 처한다.

● 단순증뢰죄로 감경처벌

4. 本法 제99조 제1항 3호: 투표를 하였거나 아니 하였다는 보수로서 金錢·物品·車馬·饗應 기타 財産上의 利益이나 公私의 職을 제공하거나 그 제공의 의사를 표시 또는 약속한 자는 3년 이하의 징역이나 금고 또는 150만 원 이하의 벌금에 처한다.

● 단순증뢰죄로 감경처벌

5. 本法 제99조 제1항 4호: 국민투표의 결과에 영향을 미치게 할

목적으로 학교 기타 공공기관·단체에게 금전·물품 기타 재산상의 이익을 제공하거나 그 제공의 의사를 표시한 자는 3년 이하의 징역이나 금고 또는 150만 원 이하의 벌금에 처한다.

● 단순증뢰죄로 감경처벌

6. 本法 제99조 제1항 5호: 本條 제1호 내지 제4호에 규정된 행위에 관하여 斡旋 또는 권유한 자는 3년 이하의 징역이나 금고 또는 150만 원 이하의 벌금에 처한다.

● 알선수뢰죄로 감경처벌

7. 本法 제99조 제1항 6호: 本條 제1호 내지 제4호에 규정된 행위에 관하여 利益 또는 職의 提供을 받거나 요구하거나 그 제공의 의사표시를 승낙한 자 3년 이하의 징역이나 금고 또는 150만 원 이하의 벌금에 처한다.

● 단순수뢰죄로 감경처벌

8. 本法 제99조 제2항: 선거관리위원회의 **위원이나 직원**, 국민투표에 관계있는 **공무원 또는 경찰공무원**이 本條 제1항 각호에 규정된 행위를 한 때에는 7년 이하의 징역이나 금고에 처하여 형을 가중시키고 있다

단순증뢰죄(1호, 2호, 3호, 4호)	
알선수뢰죄(5호)	각각 가중처벌
단순수뢰죄(6호)	

9. 本法 제100조 제1호: 財産上의 利益을 도모할 目的으로 국민투표의 결과에 영향을 미치게 하기 위하여 다수의 투표권자에 대하여 제99조 제1항 각호에 규정된 행위를 하거나 하게 한 때는 5년 이하의 징역이나 금고 또는 50만 원 이상 250만 원 이하의 벌금에 처한다.

단순증뢰죄(1호, 2호, 3호, 4호)	각각 감경처벌
알선수뢰죄(5호)	
단순수뢰죄(6호)	

10. 本法 제100조 제2호: 本法 제100조 제1호에 규정된 행위를 할 것을 청탁 받거나 청탁 받게 한 자는 5년 이하의 징역이나 금고 또는 50만 원 이상 250만 원 이하의 벌금에 처한다.

단순증뢰죄	각각 감경처벌
증뢰물전달죄 (뇌물을 전달하도록 부탁을 받은 제3자)	

11. 本法 제101조: 제99조 및 제100조의 죄를 범한 자가 받은 이익은 **몰수**한다. 다만 그 전부 또는 일부를 몰수할 수 없을 때에는 그 가액을 **추징**한다.

■ 政治資金에 관한 賂物罪

1. 立法 趣旨: 政治資金의 적정한 제공을 보장하고 그 수입과 지출내역을 공개하여 투명성을 확보하며 정치자금과 관련한 부정을 방지함으로써 민주정치의 건전한 발전에 기여함을 목적으로 한 죄.

2. 本法 제45조 제1항: 本法에 정하지 아니한 방법으로 정치자금을 기부하거나 기부 받은 자(정당·후원회·법인 그 밖에 단체에 있어서는 그 구성원으로서 당해 위반행위를 한 자를 말한다. 이하 같다)는 **5년 이하의 징역 또는 1천만원 이하의 벌금**에 처한다. 다만, 정치자금을 기부하거나 기부 받은 자의 관계가 「민법」 제777조(친족의 범위)의 규정에 의한 친족인 경우에는 그러하지 아니하다.

● 단순증뢰죄, 단순수뢰죄로 처벌

3. 本法 제45조 제2항: 다음 각 호의 죄를 범한 자 등은 **5년 이**

하의 징역 또는 1천만원 이하의 벌금에 처한다.

(1) 제6조(후원회지정권자)의 규정에 의한 후원회지정권자가 아닌
자로서 정치자금의 기부를 목적으로 후원회나 이와 유사한
기구를 설치 · 운영한 자

● **단순증뢰죄 처벌**

(2) 제11조(후원인의 기부한도 등)제1항의 규정을 위반하여 기부한 자
와 제11조제2항, 제12조(후원회의 모금 · 기부한도)제1항 · 제2항 또
는 제13조(연간 모금 · 기부한도액에 관한 특례)제1항의 규정을 위반
하여 후원금을 받거나 모금 또는 기부를 한 자

● **단순증뢰죄, 단순수뢰죄로 처벌**

(3) 제14조(후원금 모금방법) 내지 제16조(정치자금영수증과의 교환에 의한 모
금)제1항의 규정을 위반하여 고지 · 광고하거나 후원금을 모
금한 자

● **단순수뢰죄 처벌**

(4) 제22조(기탁금의 기탁)제1항의 규정을 위반하여 선거관리위원회
에 기탁하지 아니하고 정치자금을 기부하거나 받은 자

● **단순증뢰죄, 단순수뢰죄로 처벌**

(5) 제31조(기부의 제한) 또는 제32조(특정행위와 관련한 기부의 제한)의 규
정을 위반하여 정치자금을 기부하거나 받은 자

● **단순증뢰죄, 단순수뢰죄로 처벌**

(6) 제33조(기부의 알선에 관한 제한)의 규정을 위반하여 정치자금의
기부를 받거나 이를 알선한 자

● **단순증뢰죄, 알선수뢰죄로 처벌**

4. 本法 제45조 제3항: 제45조 제1항 및 제2항의 경우 그 제공된

금품 그 밖에 재산상의 이익은 **몰수**하며, 이를 몰수할 수 없을 때에는 그 가액을 **추징**한다.

5. 本法 제50조: 정당·후원회의 회계책임자와 그 회계사무보조자 또는 법인·단체의 임원이나 구성원이 그 업무에 관하여 제45조(**정치자금부정수수죄**) 내지 제48조(감독의무해태죄 등)의 위반행위를 한 때에는 **행위자**를 벌하는 외에 **당해 정당이나 후원회** 또는 법인·단체가 한 것으로 보아 **그 정당이나 후원회 또는 법인·단체**에 대하여도 각 해당 조의 벌금형을 과한다.

● 양벌규정

■ 公職選擧 및 選擧不正防止法에 관한 賂物罪

1. 立法 趣旨: 憲法과 地方自治法에 의한 選擧가 국민의 자유로운 의사와 민주적인 절차에 의하여 공정히 행하여지도록 하고, 선거와 관련한 부정을 방지함으로써 민주정치의 발전에 기여함을 목적으로 한 죄. 本法은 大統領選擧·國會議員選擧·地方議會議員 및 地方自治團體長의 選擧에 적용된다.

2. 本法 제230조 제1항 제1호: 선거에 있어서 선거인명부작성전에 그 선거인명부에 오를 자격이 있는 자에 대해서 투표를 하게 하거나, 못하게 하거나, 당선되거나, 되지 못하게 할 목적으로 또는 다른 정당이나 후보자의 선거사무장·선거연락소장·선거사무원·회계책임자·본법 제79조 제1항의 규정에 의하여 공개 장소에서의 연설·대담을 하는 자와 본법 제81조 제1항의 규정에 의하여 후보자를 초청 대담·토론회 및 본법 제82조 제1항의 규정에 의하여 언론기관 초청 대담·토론회를 하는 자 또는 투표참관인·부재자투표 참관인과 개표참관인에

게 금전·물품·馬車·饗應 기타 재산상의 이익이나 公私의 職을 제공하거나 그 제공의 의사를 표시하거나 그 제공을 약속한 자의 경우에 5년 이하의 징역 또는 1천만 원 이하의 벌금에 처한다.

● 단순증뢰죄로 처벌

3. 本法 제230조 제1항 제2호: 선거운동에 이용할 목적으로 학교 기타 공공기관·사회단체 또는 청년단체·부녀단체·노인단체·재향군인단체·민족단체 기타의 기관·단체·시설에 금전·물품 등 재산상의 이익을 제공하거나 그 제공의 의사를 표시하거나 그 제공을 약속한 자의 경우에 5년 이하의 징역 또는 1천만 원 이하의 벌금에 처한다.

● 단순증뢰죄로 처벌

4. 本法 제230조 세1항 제3호: 선거운동에 이용할 목저으로 야유회·동창회·친목회·향우회·계모임 기타의 선거구민의 모임이나 행사에 금전·물품·음식물 기타 재산상의 이익을 제공하거나 그 제공의 의사를 표시하거나 그 제공을 약속한 자의 경우에 5년 이하의 징역 또는 1천만 원 이하의 벌금에 처한다.

● 단순증뢰죄로 처벌

5. 本法 제230조 제1항 제4호: 본법 제135조(선거사무관계자에 대한 수당과 실비보상) 제3항의 규정에 위반하여 수당·실비 기타 자원봉사에 대한 보상 등 명목여하를 불문하고 선거운동과 관련하여 금품 기타 이익의 제공 또는 그 제공의 의사를 표시하거나 그 제공을 약속한 자의 경우에 5년 이하의 징역 또는 1천만 원 이하의 벌금에 처한다.

● **단순증뢰죄로 처벌**

6. 本法 제230조 제1항 제5호: 본법 제230조 제1호 내지 제4호에 규정된 이익이나 직의 제공을 받거나 그 제공의 의사 표시를 승낙한 자의 경우에 5년 이하의 징역 또는 1천만 원 이하의 벌금에 처한다.

● **단순수뢰죄로 처벌**

7. 本法 제230조 제2항: 정당·후보자(후보자가 되고자 하는 자를 포함한다) 및 그 가족·선거사무장·선거연락소장·선거사무원·회계책임자·연설원 또는 제114조(정당 및 후보자의 가족 등의 기부행위제한)제2항의 규정에 의한 후보자 또는 그 가족과 관계있는 회사 등이 본법 제230조 제1항 제1호 내지 제5호(각호의 1)에 규정된 행위인 **증·수뢰죄**를 범한 때에는 7년 이하의 징역 또는 1천 500만 원 이하의 벌금에 처한다.

● **단순수뢰죄 및 단순증뢰죄로 처벌**

8. 本法 제230조 제3항: 본법 제230조 제1항 제1호 내지 제5호(각호의 1) 또는 제2항에 규정된 행위에 관하여 **지시·권유·요구하거나 알선**한 자는 7년 이하의 징역 또는 1천500만 원 이하의 벌금에 처한다.

● **알선수뢰죄로 처벌**

9. 本法 제230조 제4항: 당선되거나 되게 하거나 되지 못하게 할 목적으로 선거기간 중 포장된 선물 또는 돈 봉투 등 다수의 선거인에게 배부하도록 구분된 형태로 되어 있는 **금품을 운반**하는 자는 5년 이하의 징역 또는 1천만 원 이하의 벌금에 처한다.

● **매수용 금품 운반죄를 범한 자도 알선수뢰죄로 처벌**

10. 本法 제230조 제5항: **선거관리위원회**의 위원·직원(투표관리관을 포함한다. 이하 이 장에서 같다) 또는 선거사무에 관계있는 공무원이나 경찰공무원(司法警察官吏 및 軍司法警察官吏를 포함)이 본법 제230조 제1항 제1호 내지 제5호(각호의 1) 또는 본법 제230조 제2항에 규정된 **증·수뢰행위**를 하거나 하게 한 때에는 7년 이하의 징역에 처한다는 加重規定을 두고 있다.

● **알선수뢰죄로 가중처벌 [개정 2005.8.4]**

11. 本法 제230조 제6항 제1호: **당내경선**과 관련하여 제57조의5 (당원 등 매수금지)제1항 또는 제2항의 규정을 위반한 자는 3년 이하의 징역 또는 600만 원 이하의 벌금에 처한다. [신설 2005.8.4]

● **단순증뢰죄로 처벌**

12. 本法 제230조 제6항 제2호: **당내경선**과 관련하여 후보자로 선출되거나 되게 하기나 되지 못하게 하거나, 경선선거인(당내 경선의 선거인명부에 등재된 자를 말한다. 이하 이 조에서 같다)으로 하여금 투표를 하게 하거나 하지 아니하게 할 목적으로 경선후보자·경선운동관계자·경선선거인 또는 참관인에게 금품·향응 그 밖의 재산상의 이익이나 공사의 직을 제공하거나 그 제공의 의사를 표시하거나 그 제공을 약속한 자는 3년 이하의 징역 또는 600만 원 이하의 벌금에 처한다. [신설 2005.8.4]

● **단순증뢰죄로 처벌**

13. 本法 제230조 제6항 제3호: **당내경선**과 관련하여 제57조의5 제1항 또는 제2항에 규정된 이익이나 직의 제공을 받거나

그 제공의 의사표시를 승낙한 자는 3년 이하의 징역 또는
600만 원 이하의 벌금에 처한다. [신설 2005.8.4]

● **단순수뢰죄로 처벌**

14. **本法** 제230조 제7항: 본법 제6항 제2호·제3호에 규정된
증·수뢰행위에 관하여 지시·권유·요구하거나 **알선**한 자
또는 제57조의5 제3항의 규정을 위반한 자는 5년 이하의 징
역 또는 1천만 원 이하의 벌금에 처한다. [신설 2005.8.4]

● **알선수뢰죄로 처벌**

15. **本法** 제231조 제1항: **財産上**의 **利益**을 얻거나 얻을 목적으로
정당 또는 후보자(후보자가 되고자 하는 자 포함)를 위하여 선거인·
선거사무장·선서연락소장·선거사무원·회계책임자·연설원
또는 참관인에 대하여 본법 제230조 제1항 제1호 내지 제5호
에 규정된 행위로 **증뢰죄**를 범한 자는 7년 이하의 징역 또는
300만 원 이상 2천만 원 이하의 벌금에 처한다.

● **증뢰죄로 처벌(본조 230조 제1항 1호 내지 5호)**

16. **本法** 제231조 제2항: 본법 제231조 제1항에 규정된 행위에
관하여 **지시·권유·요구하거나 알선**한 자는 10년 이하의 징
역 또는 500만 원 이상 3천만 원 이하의 벌금에 처한다.

● **알선수뢰죄 및 증뢰죄로 가중처벌(본조 230조 제1항 1호 내지 5호에 대한 가중
처벌 규정)**

17. **本法** 제232조 제1항 제1호: **選擧**하는 데 있어서 **候補者**가 되
지 아니 하게 하거나 후보자가 된 것을 사퇴하게 할 목적으
로 후보자가 되고자 하는 자나 후보자에게 본법 제230조 제1
항 제1호에 규정된 행위를 한 **증뢰죄**를 범한 자 또는 그 이

익이나 職의 제공을 받거나 제공의 의사표시를 승낙한 **수뢰
죄**를 범한 자는 7년 이하의 징역 또는 500만 원 이상 3천만
원 이하의 벌금에 처한다.

● 증·수뢰죄로 가중처벌(본조 230조 제1항 1호에 규정된 행위자)

18. 本法 제232조 제1항 제2호 : 후보자가 되고자 하는 것을 중지
하거나 후보자를 사퇴한 데 대한 대가를 목적으로 후보자가
되고자 하였던 자나 후보자이었던 자에게 본법 제230조 제1
항 제1호에 규정된 행위를 한 **증뢰죄**를 범한 자 또는 그 이
익이나 職의 제공을 받거나 제의 의사표시를 승낙한 **수뢰죄**
를 범한 자도 7년 이하의 징역 또는 500만 원 이상 3천만 원
이하의 벌금에 처한다.

● 증·수뢰죄로 가중처벌(본조 230조 제1항 1호에 규정된 행위자)

19. 本法 제232조 제2항 : 본조 제232조 제1항 제1·2호에 규정된
행위에 관하여 **지시·권유·요구**하거나 **알선수뢰죄**를 범한
알선한 자에게는 10년 이하의 징역 또는 500만 원 이상 3천
만 원 이하의 벌금에 처한다.

● 알선수뢰 및 증뢰죄로 가중처벌((본조 232조 제1항 1·2호에 대한 가중처벌 규정)

20. 本法 제232조 제3항 : **선거관리위원회**의 위원·직원 또는 선거
사무에 관계있는 공무원이나 경찰공무원(사법경찰관리 및 군사법경찰
관리를 포함)이 당해 선거에 관하여 제1항 제1·2호 또는 제2항에
규정된 행위를 한 때에는 10년 이하의 징역에 처한다.

● 알선수뢰 및 증뢰죄로 가중처벌(본조 232조 제1항 1·2호 또는 제2항에 규정된 행위자))

21. 本法 제233조 제1항 제1호 : 選擧에서 當選을 辭退하게 할 目
的으로 當選人에 대하여 금전·물품·차마·향응 기타 재산

상의 이익 또는 공사의 직을 제공하거나 그 제공의 의사를 표시하거나 그 제공을 약속한 **증뢰죄**를 범한 자는 1년 이상 10년 이하의 징역에 처한다. [개정 2000·2·16]

● **단순증뢰죄로 처벌**

22. 本法 제233조 제1항 제2호: 본법 제233조 제1호에 규정된 이익 또는 직의 제공을 받거나 그 제공의 의사표시를 승낙한 **수뢰죄**를 범한 자는 1년 이상 10년 이하의 징역에 처한다.

● **단순수뢰죄로 처벌**

23. 本法 제233조 제2항: 본법 제233조 제1항 제1·2호에 규정된 행위에 관하여 **지시·권유·요구**하거나 **알선**한 **알선수뢰죄 및 증뢰죄**를 범한 자도 1년 이상 10년 이하의 징역에 처한다.

● **알선수뢰 및 증뢰죄로 처벌((본조 233조 제1항 1호, 2호에 규정된 행위자)**

24. 本法 제234조: 제263조(선거비용의 초과지출로 인한 당선무효) 또는 제265조(선거사무장등의 선거범죄로 인한 당선무효)에 해당되어 후보자의 **당선을 무효로 되게 할 목적**으로 제263조 또는 제265조에 규정된 자를 유도 또는 도발하여 그 자로 하여금 제230조(매수 및 이해유도죄)제1항 내지 제5항·제231조(재산상의 이익목적의 매수 및 이해유도죄) 내지 제233조(당선인에 대한 매수 및 이해유도죄)·제257조(기부행위의 금지제한등 위반죄)제1항 또는 제258조(선거비용부정지출 등 죄)제1항에 규정된 행위를 하게 한 자는 1년 이상 10년 이하의 징역에 처한다. [개정 2005.8.4]

● **알선 및 증·수뢰죄로 처벌(본조 230조 내지 제233조에 규정된 행위를 하게 한 자)**

25. 本法 제235조 제1항: 본법 제97조(방송·신문의 불법이용을 위한 행위 등의 제한)제1항·제3항의 규정에 위반한 자는 5년 이하의 징역

또는 1천만 원 이하의 벌금에 처한다.

● **증뢰죄로 처벌**

26. 本法 제235조 제2항: 본법 제97조제2항의 규정에 위반한 자는 7년 이하의 징역 또는 2천만 원 이하의 벌금에 처한다.

● **증뢰죄로 처벌**

27. 本法 제236조: 제230조(매수 및 이해유도죄)로 인한 이익의 몰수 내지 제235조(방송·신문 등의 불법이용을 위한 매수죄)의 죄를 범한 자가 받은 이익은 이를 **몰수**한다. 다만, 그 전부 또는 일부를 몰수할 수 없는 때에는 그 가액을 **추징**한다.

28. 本法 제230조 제1항 제1·2·3·4·5호 및 제 2·3·4·5·6항 제1·2·3호 및 제7항, 제231조 제1·2항, 제232조 제1항 제1·2호 및 제2·3항, 제233조 제1항 제1·2호 및 제2항, 제234조, 제235조 제1·2항, 세236조에 뇌물죄로 규정되어 처벌하고 있다.

■ 法務士法에 관한 賂物罪

1. 立法 趣旨: 法務士制度를 확립하여 國民의 法律生活의 便益을 도모하고 사법제도의 건전한 발전에 기여함을 목적으로 한 죄.

2. 本法 제73조 제2항: 법무사는 제19조 제3항의 규정에 의한 **대한법무사협회회칙**으로 정한 보수기준을 초과하여 보수를 받거나 제19조 제2항의 규정에 의하여 보수 외에 명목으로 위임인으로부터 금품을 받은 자는 100만 원 이하의 벌금에 처한다.

● **수뢰죄로 처벌**

3. 本法 제76조: **법무사합동법인**의 구성원 또는 구성원이 아닌

소속 법무사가 법인의 업무에 관하여 제72조·제73조 또는 제75조의 위반행위를 한 때에는 그 행위자를 벌하는 외에 법무사합동법인에 대하여도 각 해당조의 벌금형을 과한다는 **양별**규정이다.

■ 辯護士法에 관한 賂物罪

1. 立法 趣旨: 基本的 人權을 옹호하고 社會正義를 실현함을 사명으로 하며, 그 사명에 성실히 직무를 수행하고 사회질서의 유지와 법률제도의 개선에 노력하여야 한다. 또한 변호사는 당사자 기타 관계인의 위임 또는 공무소의 위촉 등에 의하여 소송에 관한 행위 및 행정처분의 청구에 관한 대리행위와 일반 법률사무를 행함을 그 직무로 하는 데 주안점을 두는 데 목적으로 한 죄.

2. 本法 제109조 제1호: **변호사가 아니면서** 금품·향응 기타 이익을 받거나 받을 것을 약속하고 또는 제3자에게 이를 공여하게 하거나 공여하게 할 것을 약속하고 소송사건·비송사건·가사조정 또는 심판사건·행정심판 또는 심사의 청구나 이의신청 기타 행정기관에 대한 불복신청사건, 수사기관에서 취급중인 수사사건 또는 법령에 의하여 설치된 조사기관에서 취급중인 조사사건 기타 일반의 법률사건에 관하여 감정·대리·중재·화해·청탁·법률상담 또는 법률관계 문서작성 기타 법률사무를 취급하거나 이러한 행위를 **알선**한 자는 7년 이하의 징역 또는 5천만 원 이하의 벌금에 처하거나 이를 병과 할 수 있다. 형법상 뇌물죄와 변호사법상 뇌물죄의 차이점

은 **주체의 구별**이며 모든 변호사는 공무원이 아니나 **국선변호
사의 신분**일 때는 공무원으로 보아야 한다.

● 변호사법위반으로 처벌 – 형법 제133조 제2항의 증뢰물전달죄와 같은 성격이 짙
　　　　　　으나 변호사법 위반으로 처벌하는 것이 타당하다.

3. 本法 제110조 제1호: **변호사 또는 그 사무직원**이 판사·검사
기타 재판·수사기관의 공무원에게 금품 기타 이익을 제공하
거나, 그 공무원과 교제한다는 명목으로 금품 기타 이익을 받
거나 받기로 한 행위를 한 경우에는 5년 이하의 징역 또는 3천
만 원 이하의 벌금에 처하거나 이를 병과 할 수 있다.

● 증·수뢰죄로 처벌

4. 本法 제110조 제2호: 본법 제110조 제1호에 규정된 **변호사 또는
그 사무직원이** 공무원에게 금품 기타 이익을 제공하거나, 그
공무원과 교제한다는 명목의 비용을 변호사 선임료·성공사례
금에 명시적으로 포함시키는 행위를 한 경우에는 5년 이하의
징역 또는 3천만 원 이하의 벌금에 처하거나 이를 병과 할 수
있다.

● 증·수뢰죄로 처벌

5. 本法 제111조: **변호사 또는 그 사무직원이** 공무원(법령에 의하여 공
무원으로 보는 자를 포함한다)이 취급하는 사건 또는 사무에 관하여 **청
탁 또는 알선**을 한다는 명목으로 금품·향응 기타 이익을 받거
나 받을 것을 약속한 자 또는 제3자에게 이를 공여하게 하거나
공여하게 할 것을 약속한 자는 5년 이하의 징역 또는 1천만원
이하의 벌금에 처하거나 이를 병과 할 수 있다.

● 부정처사후수뢰죄(형법 제131조 제2항)로 처벌

184

6. 本法 제114조: 상습으로 제109조제1호·제110조 또는 제111조
의 죄를 범한 자는 10년 이하의 징역에 처한다.

● **제109 제1호는 변호사법 위반으로 가중처벌**

  제110조 제1·제2호는 증·수뢰죄로 가중처벌

  제111조는 부정처사후수뢰죄로 가중처벌

7. 本法 제116조: 본법 제34조의 규정(제57조·제58조의16 또는 제58조의30
의 규정에 의하여 준용되는 경우를 포함한다)에 위반하거나 제109조제1
호·제110조·제111조 또는 제114조의 죄를 범한 자 또는 그
정을 아는 제3자가 받은 금품 기타 이익은 이를 **몰수**한다. 이
를 몰수할 수 없는 때에는 그 가액을 **추징**한다. [개정 2005.1.27]
[[시행일 2005.7.28]]

◆ **관련판례(국민투표법, 정치자금법, 공직선거 및 선거부정방지법, 법
무사법, 변호사법과 관련된 뇌물죄)**

[1]==

대판 2002. 3. 15. 2001도970

[1] 구 변호사법(2000. 1. 28. 법률 제6207호로 전문 개정되기 전의 것) 제90조 제2
호 후단에서 말하는 알선이라 함은 법률사건의 당사자와 그 사건에 관하여 대리
등의 법률사무를 취급하는 상대방 그사이에서 양자 간에 법률사건이나 법률사
무에 관한 위임계약 등의 체결을 중개하거나 그 편의를 도모하는 행위를 말하
고, 따라서 현실적으로 위임계약 등이 성립하지 않아도 무방하며, 비변호사가 법
률사건의 대리를 다른 비변호사에게 알선하는 경우는 물론 변호사에게 알선하는
경우도 이에 해당하고, 그 대가로서의 보수(이익)를 알선을 의뢰하는 자뿐만 아
니라 그 상대방 또는 쌍방으로부터 받거나 받을 것을 약속한 경우도 포함하며,
이러한 보수의 지급에 관한 약속은 그 방법에 아무런 제한이 없고 반드시 명시
적임을 요하는 것도 아니다.

[2] 변호사인 피고인이 소개인들로부터 법률사건의 수임을 알선 받으면 그 대가를

지급하는 관행에 편승하여 사례비를 지급하고 비변호사인 소개인들로부터 법률
사건의 수임을 알선 받은 경우, 소개인들과 사이에 법률사건의 알선에 대한 대
가로서의 금품지급에 관한 명시적이거나 적어도 묵시적인 약속이 있었다고 봄
이 상당하다고 한 사례.

[3] 피고인의 방어권 행사에 실질적인 불이익을 초래할 염려가 없는 경우에는 공소
사실과 기본적 사실이 동일한 범위 내에서 법원이 공소장변경절차를 거치지 아
니 하고 다르게 사실을 인정하였다고 할지라도 불고불리의 원칙에 위배되지 않
고, 공소사실의 범행일시가 오기임이 분명한 경우 이를 증거에 의하여 바로잡아
인정하는 것 또한 불고불리의 원칙에 위배되지 아니 한다.

[4] 공무원이 얻은 어떤 이익이 직무와 대가관계가 있는 부당한 이익으로서 뇌물에
해당하는지 여부는 그 공무원의 직무내용·직무와 이익제공자와의 관계·쌍방
간에 특수한 사적 친분관계가 존재하는지 여부·이익의 다과·이익을 수수한 경
위와 시기 등 모든 사정을 참작하여 결정되어야 하고, 뇌물죄가 직무집행의 공
정과 이에 대한 사회의 신뢰를 그 보호법익으로 하고 있음에 비추어 공무원이
그 이익을 수수하는 것으로 인하여 사회일반으로부터 직무집행의 공정성을 의심
받게 되는지 여부도 뇌물죄 성부의 판단 기준이 되어야 하며, 뇌물죄에서 말하
는 지무에는 공무원이 법령상 관장하는 직무 그 자체뿐만 아니라 직무와 밀접한
관계가 있는 행위 또는 관례상이나 사실상 관여하는 직부행위도 포힘된디.

[2]═══

대판 2000. 6. 15. 98도3697

[1] [다수의견] 구 변호사법(2000. 1. 28. 법률 제6207호로 전문 개정되기 전의 것)
제90조 제2호 후단에서 말하는 알선이라 함은 법률사건의 당사자와 그 사건에
관하여 대리 등의 법률사무를 취급하는 상대방 사이에서 양자 간에 법률사건이
나 법률사무에 관한 위임계약 등의 체결을 중개하거나 그 편의를 도모하는 행위
를 말하고, 따라서 현실적으로 위임계약 등이 성립하지 않아도 무방하며, 그 대
가로서의 보수를 알선을 의뢰하는 자뿐만 아니라 그 상대방 또는 쌍방으로부터
지급받는 경우도 포함하고, 비변호사가 법률사건의 대리를 다른 비변호사에게
알선하는 경우는 물론 변호사에게 알선하는 경우도 이에 해당하는바 이러한 법
리는 변호사에게 법률사건의 수임을 알선하고 그 대가로 금품을 받는 행위에 대
하여 같은 법 제90조 제3호, 제27조 제1항에서 따로 처벌하고 있다고 하여 달리
볼 것도 아니므로, 비변호사인 경찰관, 법원·검찰의 직원 등이 변호사인 피고인
에게 소송사건의 대리를 알선하고 그 대가로 금품을 받은 행위는 같은 법 제90
조 제2호 후단 소정의 알선에 해당하고, 따라서 변호사인 피고인이 그러한 사정

을 알면서 비변호사들로부터 법률사건의 수임을 알선 받은 행위는 같은 법 제90조 제3호, 제27조 제2항, 제90조 제2호 위반죄를 구성한다.[다수의견에 대한 보충의견] 1993년 3월 10일 법률 제4544호로 개정된 구 변호사법(2000년 1월 28일 법률 제6207호로 전문 개정되기 전의 것)에 제27조 제1항이 신설되고 그 위반행위를 같은 법 제90조 제3호에서 따로 처벌하고 있다고 하더라도 이를 들어 같은 법 제90조 제2호 후단에서 말하는 알선의 의미를 종전과 달리 보아 여기에는 비변호사에 대한 법률사건의 알선만이 해당되고, 변호사에 대한 법률사건의 알선에 대하여는 같은 법 제27조 제1항만이 적용되어야 한다고 해석할 근거가 된다고 볼 수는 없고, 구 변호사법 제90조 제2호와 같은 법 제27조 제2항의 문언과 입법취지, 같은 법 제27조 제1항을 신설한 취지 등을 종합해 보면, 같은 법 제90조 제2호 후단의 알선이라 함은 법률사건의 당사자와 그 대리 등의 법률사무를 취급하는 상대방 사이에서 양자 간에 법률사건이나 법률사무에 관한 위임계약 등의 체결을 중개하거나 그 편의를 도모하는 행위를 말하는 것으로서 비변호사가 법률사건의 대리를 다른 비변호사에게 알선하는 경우는 물론 변호사에게 알선하는 경우도 이에 해당한다고 해석함에 아무런 무리가 없으며, 그 의미와 내용이 불명확한 것도 아니어서 이러한 해석이 죄형법정주의의 원칙에 위배된다고 할 수도 없다. 결국 변호사 아닌 자가 금품을 수수하고 변호사에게 법률사건을 알선하는 행위에 대하여 같은 법 제90조 제2호와 같은 법 제90조 제3호, 제27조 제1항이 중첩적으로 적용되어 동일한 법률에서 하나의 행위에 대하여 2개의 처벌규정이 병존하는 셈이고, 이를 법조경합의 특별관계 또는 상상적 경합관계로 볼 것은 아니라고 생각되는바, 이는 변호사에 대한 법률사건의 알선을 포괄적으로 금지하는 제27조 제1항을 신설하면서 그 적용 범위의 일부가 기존의 제90조 제2호 후단과 중복됨에도 이를 배려하지 않은 부적절한 입법에서 비롯된 것이라고 볼 수밖에 없다.

[3] ===

대판 1997. 6. 27. 97도439

[1] 자신의 이득을 취하기 위하여 공무원이 취급하는 사건 또는 사무에 관하여 청탁한다는 명목으로 금품 등을 교부받은 것이 아니고, 공무원이 취급하는 사무에 관한 청탁을 받고, 청탁상대방인 공무원에게 제공할 금품을 받아 그 공무원에게 단순히 전달한 경우에는 알선수뢰죄나 증뢰물전달죄만이 성립하고, 이와 같은 경우에 변호사법 제90조 제1호 위반죄는 성립할 수 없다.

[4] ===

대판 1980. 10. 14. 80도1373

[1] 법원의 참여주사가 공판에 참여하여 양형에 관한 사항의 심리내용을 공판조서에 기재한다고 하더라도 이를 가지고 형사사건의 양형이 참여주사의 직무와 밀접한 관계가 있는 사무라고는 할 수 없으므로 참여주사가 형량을 감경케 하여 달라는 청탁과 함께 금품을 수수하였다고 하더라도 뇌물수수죄의 주체가 될 수 없다.

[5] ══

대판 2002. 5. 10. 2000도2251

[1] 지방자치법 제42조 제1항의 규정에 의하면 지방의회는 의장을 의원들 간의 무기명투표로 선거하도록 되어 있으므로 의장선거에서의 투표권을 가지고 있는 군 의원들이 이와 관련하여 금품 등을 수수할 경우 이는 군 의원으로서의 직무와 관련된 것이라 할 것이므로 뇌물죄가 성립한다고 한 사례.

[6] ══

서울고법 1997. 9. 24. 96노1813, 97노1262

[1] 정치자금·선거자금 등의 명목으로 이루어진 금품수수가 공무원의 직무행위에 대한 대가로서의 실체를 갖는 경우, 뇌물성 인정 여부(적극): 정치자금, 선거자금 등의 명목으로 이루어진 금품의 수수라 하더라도 그것이 정치인인 공무원의 직무행위에 대한 대가로서의 실체를 가지는 한 뇌물로서의 성격을 잃지 아니 한다.

[7] ══

대판 1997. 12. 26. 97도2609

[1] 뇌물죄는 직무집행의 공정과 이에 대한 사회의 신뢰에 기하여 직무수행의 불가매수성을 그 직접의 보호법익으로 하고 있으므로, 공무원의 직무와 금원의 수수가 전체적으로 대가관계에 있으면 뇌물수수죄가 성립하고, 특별히 청탁의 유무, 개개의 직무행위의 대가적 관계를 고려할 필요가 없으며, 또한 그 직무행위가 특정된 것일 필요도 없다 할 것이고, 한편 뇌물죄에 있어서 직무에는 공무원이 법령상 관장하는 직무 그 자체뿐만 아니라 그 직무와 밀접한 관계가 있는 행위 또는 관례상이나 사실상 소관 하는 직무행위도 포함된다 할 것이므로, 국회의원이 그 직무권한의 행사로서의 의정활동과 전체적·포괄적으로 대가관계가 있는 금원을 교부받았다면 그 금원의 수수가 어느 직무행위와 대가관계에 있는 것인지 특정할 수 없다고 하더라도 이는 국회의원의 직무에 관련된 것으로 보아야 하고, 한편 국회의원이 다른 의원의 직무행위에 관여하는 것이 국회의원의 직무행위 자체라고 할 수는 없으나, 국회의원이 자신의 직무권한인 의안의 심의·표결권 행사의 연장선상에서 일정한 의안에 관하여 다른 동료의원에게 작용하여 일정한 의정활동을 하도록 권유·설득하는 행위 역시 국회의원이 가지고 있는 위 직무권한의 행사와 밀접한 관계가 있는 행위로서 그와 관련하여 금원을 수수

하는 경우에도 뇌물수수죄가 성립한다.

[2] 정치자금·선거자금 등의 명목으로 이루어진 금품의 수수라 하더라도 그것이 정치인인 공무원의 직무행위에 대한 대가로서의 실체를 가지는 한 뇌물로서의 성격을 잃지 아니 한다.

[8] ═══

대판 1997. 4. 17. 96도3378

[1] 정치자금과 뇌물의 관계: 정치자금, 선거자금, 성금 등의 명목으로 이루어진 금품의 수수라 할지라도, 그것이 정치가인 공무원의 직무행위에 대한 대가로서의 실체를 갖는 한 뇌물로서의 성격을 잃지 않는다.

[9] ═══

서울고법 1991. 12. 6. 91노2997

[1] 정치자금에관한법률은 공무원이 담당 처리하는 사무에 관하여 청탁 또는 알선하는 일에 해당하는 행위와 관련하여 정치자금을 기부하거나 받는 것을 처벌하고 있으나 국회의원의 직무와 관련하여 정치자금이 공여 또는 수수되는 행위에 대하여 형법상의 뇌물죄에 관한 규정의 적용을 배제하는 명문규정을 두고 있지 않으므로 이 경우에도 형법상 뇌물수수 또는 공여죄가 성립하고, 다만 정치자금의 수수가 정치자금에관한법률 소정의 절차에 따라 이루어지지 않은 경우에는 같은 법 제30조 제3호, 제11조 제1항 위반죄를 구성하는 이외에 형법상의 뇌물수수죄 또는 뇌물공여죄에도 해당하고 위 각 죄는 서로 상상적경합범 관계에 있는 것이지 형법상의 뇌물수수죄 또는 뇌물공여죄의 적용이 배제되는 것은 아니다.

제4절 商法과 關聯된 特別法

Ⅰ. 商法과 관련된 賂物罪

商法은 고대 바빌로니아·그리스·로마 때에 오늘날과 같이 광범위하고 포괄적인 상법은 존재하지 않았고 일반 사법의 영역에서 상법적인 규제와 제도가 있을 뿐이었다. 중세에 와서야 도시의 발흥과 함께 싹트기 시작하여 9세기경 스페인과 프랑스 등 지중해의 다수 국가가 상인단체법이 성립되어 많은 영향을 끼쳐다. 근대에 들어와 중앙집권국가가 성립되면서 국가경제가 형성되어 상사관계에 대해 국가적인 입법이 출현하기 시작하였다.

프랑스의 루이 14세 때인 1673년 最初의 商事에 관한 包括的인 法規인 상사조례가 나왔다. 20세기에 들어와서 1807년 9월 15일 최초의 프랑스의 상사입법은 상법전이었고, 독일에서는 개별적으로 산재하던 상사에 관한 법규는 보통 독일 상법전의 제정에 의해 비로소 통일을 보게 되었다. 民商 二法을 통일한 스위스의 債權法은 獨逸法을 기초로 한 법으로 독일법계에 속하였으며, 영국은 상사에 관한 관습법에 의존했고, 그 밖에 다수의 성문법이 있었다. 영국의 영향을 크게 받던 미국은 상법적인 규정을 기초로 한 영국의 상관습인 보통법의 형태였다. 1835년의 제정법전(Spod) 중에서 소련의 상사에 관한 규정을 찾아볼 수 있어 상법의 연혁을 알 수 있다.9)

이러한 歷史를 가진 商法은 企業生活關係에 특유한 法規의 總體를 말하고, 기업적 생활관계에 특유한 법규라고 하는 것은 상법이 기업적 생활관계의 전부를 규율하는 것이 아니며 기업생활관계의 특수성 때문에 민법의 규정으로는 불충분하거나 부적당한 면만을 규율하는 것이기 때문에 상법은 私法的 性質의 법규를 중심으로 하는 것이나 사법적 법규의 실현을 보장하는 것을 목적으로 하는 公法的 法規도 포함하고 있다. 이런 의미에서 실질적 상법이라 한다.

이에 반해 形式的인 意味의 商法은 상법이라는 제정법전을 말하

---

9) 최기원, 상법학개론, 박영사, 1980, 16~20면 참조.

190

는데, 우리나라의 현행 상법은 1962년에 법률로 제정·공포된 이래 여러 차례 개정한 이래 오늘에 이르고 있다. 실질적 의미의 법원으로서 상법전 이외에 조약·관습법, 자치법·조리 등이 있으며, 상사에 관하여 적용할 法源의 순위는 상사자치법·상사특별법령·상사조약·상법전·상관습법·민사자치법·민사특별법령·민사조약·민법전·민사관습법·조리의 순이나, 상사에 관해서는 민법에 앞서 상관습법이 적용된다는 점에 상법은 민법의 특별법이라 할 수 있다.

商法에 관한 賂物罪는 1962년 1월 20일 법률 제1000호로 입법·공포된 이래 6차의 개정을 거쳐 정기국회 제198회와 임시국회 제199회의 통과로 현재에 이르고 있다.

商法 제630조는 발기인, 이사 기타의 임원의 瀆職罪를 규정하고 있는데, 제①항에서는 본법 제622조와 제623조에 규정된 자, 검사인, 제298조제3항·제299조의2·제310조제3항 또는 제313조제2항의 공증인이나 제299조의2, 제310조제3항 또는 제422조제1항의 감정인이 그 직무에 관하여 **부정한 청탁**을 받고 재산상의 이익을 수수, 요구 또는 약속한 때에는 **수뢰죄**로 5년이하의 징역 또는 1천500만원이하의 벌금에 처하고, 제②항에서는 제1항의 이익을 약속, 공여 또는 공여의 의사를 표시한 **증뢰죄**를 범한자도 5년이하의 징역 또는 1천500만원이하의 벌금에 처한다.(商法 제630조 제1· 2항)

본법은 권리행사방해 등에 관한 **증·수뢰죄**를 규정하고 있는데, 창립총회, 사원총회, 주주총회 또는 사채권자집회에서의 발언 또는 의결권의 행사와 제3편에 정하는 소의 제기, 발행주식의 총수의 100분의 1 또는 100분의 3이상에 해당하는 주주, 사채총액의 100분의 10이상에 해당하는 사채권자 또는 자본의 100분의 3 이상에 해당하는 출자좌수를 가진 사원의 권리의 행사 그리고 제402조 또는 제424조에 정하는 권리의 행사에 관하여 부정한 청탁을 받고 재산상의 이익을 수수, 요구 또는 약속한 자는 **단순수뢰죄**로 1년이하의 징역 또는 300만원이하의 벌금에 처하고, 이익을 약속, 공여 또는 공여의 의사를 표시한 자도 **단순증뢰죄**로 1년이하의 징역 또는 300만원이하의 벌금에 처한다.(商法 제631조 제1·2항). 상법 제622조 내지 전조(제631조)의 징역과 벌금은 이를 병과할 수 있다.(商法 제632조). 제630조제1항 또는 제631조제1항의 경우에는 범인이 수수한 이익은 이를 **몰수**한다. 그 전부 또는 일부를 몰수하기 불능한 때에는 그 가액을 **추징**한다. (상법 제633조)

Ⅱ. 株式會社의 外部監査에 관한 賂物罪

株式會社의 外部監査에 관한 法律은 株式會社로부터 獨立된 外部의 監査人이 그 주식회사에 대한 회계감사를 실시하여 회계처리의 적정을 기하게 함으로써 이해관계인의 보호와 기업의 건전한 발전에 기여함을 목적으로 하여, 1980년 12월 31일 법률 제3297호로 입법·공포된 이래, 7차의 개정을 거쳐 오늘에 이르고 있다.

本法은 株式會社의 監査人[10] 또는 그에 所屬된 公認會計士·감사

---

10) 監査人이란 외부감사 대상의 규정에 의하여 감사를 실시하는 감사인으로 공인회계사법 제12조의 2의 규정에 의한 회계법인과 공인회계사법 제12조의 18의 규정에 의한 합동회계사무소 그리고 공인회계사법 제13조의 규정에 의하여 설립된 공인회계사에 재무부령이 정하는 바에 의하여 등록을 한 감사반을 말한다. 다만 연결재무제표를 감사하는 감사인은 공인회계사법 제12조의 2, 제12조의 18, 제13조의 감사인

또는 감사인선임위원회의 위원(감사위원회가 설치된 경우에는 감사위원회의 위원을 말한다)가 그 직무에 관하여 부정한 청탁을 받고 금품이나 이익을 수수·요구 또는 약속한 때에는 **단순수뢰죄**로써 3년 이하의 징역이나 또는 3천만 원 이하의 벌금에 처하고(본법 제19조 제1항), 다만, 벌금형에 처하는 경우 그 직무와 관련하여 얻는 경제적 이익의 5배에 해당하는 금액이 3천만원을 초과하는 때에는 그 직무와 관련하여 얻는 경제적 이익의 **5배**에 상당하는 금액 이하의 벌금에 처한다. 본법 제19조 제1항에 규정된 금품이나 이익을 약속·공여 또는 공여의 의사를 표시한 자의 경우도 **증뢰죄**로 처벌한다(본법 제19조 제2항).

그리고 본법 제19조 제1·2항에 규정하는 금품이나 이익은 **몰수**하되, 그 전부 또는 일부를 몰수할 수 없는 때에는 그 가액을 **추징**한다(본법 제19조 제3항).

Ⅲ. 船舶所有者 등의 責任制限節次에 관한 賂物罪

船舶所有者 등의 責任制限節次에 관한 法律은 상법 제746조 내지 제752조의 2의 규정에 의한 선박소유자 등의 책임제한의 절차에 관하여 필요한 사항을 규정함을 목적으로 하여, 1991년 12월 31일 법률 제4471호로 입법·공포된 이래 오늘에 이르고 있다.

本法에서 船舶管理人은 制限債權의 調査期日에 있어서의 의견의 진술, 배당 기타 이 법에서 규정한 직무를 수행할 권한을 가지며, 직무를 수행하기 위하여 관리인은 신청인 또는 수익채무자에 대하

중에서 대통령령으로 정한다.

여 필요한 사항의 보고 또는 장부 기타 서류의 제출을 요구할 수 있다. 관리인은 법원의 감독을 받고, 선량한 관리자의 주의로 그 직무를 수행하여야 한다. 또한 그 직무를 수행함에 있어서 법원의 허가를 얻어 관리인대리를 선임할 수 있다. 관리인은 책임제한절차를 위하여 필요한 비용의 선급 및 법원이 정하는 보수를 받을 수 있으며, 법원은 관리인에 대하여 그의 선임을 증명하는 서면을 교부하여야 한다.

管理人은 그 職務를 수행함에 있어서 利害關係人의 要求가 있는 때에는 자격증명서의 서면을 제시하여야 한다. 관리인은 정당한 이유가 있는 때에는 법원의 허가를 얻어 사임할 수 있고, 직무수행이 곤란하거나 공정한 직무수행이 의심스러운 경우에는 법원은 직권 또는 이해관계인의 신청에 의하여 관리인을 선임할 수 있다. 그리고 법원은 관리인의 시임이 있을 때는 지체 없이 새로운 관리인을 선임하여야 한다. 管理人의 任務가 終了된 때에는 管理人 또는 그 承繼人은 지체 없이 법원에 계산의 보고를 하여야 하고, 관리인의 임무가 종료된 경우에 급박한 사정이 있는 때에는 관리인 또는 그 상속인은 후임의 관리인이 그 직무를 수행할 수 있을 때까지 필요한 처분을 하여야 한다(본법 제5장).

管理人 또는 管理人代理가 그 職務에 관하여 뇌물을 수수·요구 또는 약속한 때에는 **단순수뢰죄**로 5년 이하의 징역 또는 500만 원 이하의 벌금에 처한다(본법 제93조 제1항). 그리고 수수된 뇌물은 이를 **몰수**하고, 그 전부 또는 일부를 몰수할 수 없는 때에는 그 가액을 **추징**한다(본법 제93조 제2항). 관리인의 **수뢰죄**의 규정에 의한 뇌물을 약속·공여 또는 공여의 의사를 표시한 자는 **증뢰죄**로 3년

이하의 징역 또는 200만 원 이하의 벌금에 처한다(본법 제94조).

Ⅳ. 破産法에 관한 賂物罪

破産法은 1962년 1월 20일 법률 제998호로 입법·공포된 이래, 3차의 개정을 거쳐 오늘에 이르고 있다. 본법은 선고를 한 때로부터 그 효력이 생긴다. 외국인 또는 외국법인은 파산에 관하여 한국인 또는 한국법인과 동일한 지위를 가진다. 다만 本國法에 의하여 韓國人 또는 韓國法人이 동일한 지위를 가지는 때에 한한다. 파산은 파산자의 재산으로서 한국 내에 있는 것에 대해서만 그 효력이 있고, 외국에서 선고한 파산은 한국 내에 있는 것에 대하여서만 그 효력이 있고, 외국에서 선고한 파산은 한국 내에 있는 재산에 대해서는 그 효력이 없다.

또한 民事訴訟法에 의하여 裁判上 請求할 수 있는 債權은 한국 내에 있는 것으로 본다. 그리고 해산한 법인은 파산의 목적의 범위 내에서는 아직 존속하는 것으로 본다. 상속인이나 상속재산에 대한 파산선고는 한정승인 또는 재산분리에 영향을 미치지 아니 한다. 다만 파산의 취소 또는 파산의 폐지의 결정이 확정되거나 파산종결의 결정이 있을 때까지 그 절차를 중지한다.

破産에 관한 **수·증뢰죄**에 관하여 살펴보면 破産管財人 또는 監査委員이 그 직무에 관하여 뇌물을 수수·요구 또는 약속한 때에는 **수뢰죄**로 5년 이하의 징역 또는 5천만 원 이하의 벌금에 처한다. 파산채권자, 그 대리인 또는 이사나 이에 준하는 자가 채권자집회의 결의에 관하여 뇌물을 수수·요구 또는 약속한 때에도 **단순수뢰죄**로 5년 이하의 징역 또는 5천만 원 이하의 벌금에 처하고, 수뢰한 뇌물은 이를 **몰수**하며, 그 전부 또는 일부를 몰수할 수 없는 때에는 그 가액을 **추징**한다(본법 제372조 제1·2항). 또한 파산관재인, 감사위원, 파산채권자나 그 대리인 또는 이사나 이에 준하는 자에게 뇌물을 약속 또는 공여하거나 공여의 의사를 표시한 자는 **증뢰죄**로 3년 이하의 징역 또는 3천만 원 이하의 벌금에 처하며, **증뢰죄**를 범한 자가 자수한 때에는 그 형을 감경 또는 면제할 수 있다(본법 제373조 제1·2항).

V. 和議法에 관한 賂物罪

和議法은 1962년 1월 20일 법률 제997호로 입법·공포된 이래, 법률 제6110호로 2000. 1. 12에 일부개정 거쳐 오늘에 이르고 있다. 본법에서 和議라 함은 파산을 예방하기 위하여 하는 강제화의를 말한다. 화의절차는 그 개시의 결정을 한 때에 효력이 생기며, 파산법 제96조 및 제98조의 규정은 화의 사건의 관할에 관하여 이를 준용한다. 또한 파산법 제79조 내지 제82조 및 제83조 제1항의 규정은 화의의 개시가 있는 경우에 이를 준용한다. 그리고 파산법 제89조 내지 제95조의 규정은 화의채권자의 相計權에 관하여 이를 준용한다. 환취급과 상계권을 준용함에 있어서는 화의개시의 신청은 이를 파산의 신청으로 화의의 개시는 이를 파산의 선고로 본다.

和議節次에 관한 裁判에 대하여는 本法에 특별한 규정이 있는 경우에 한하여 그 재판에 관하여 이해관계가 있는 자는 즉시항고를 할 수 있다. 항고의 기간은 재판의 공고가 있는 경우에 그 공고의 날로부터 14일로 한다. 파산법 제109조, 제110조, 제112조 및 제114조의 규정은 화의개시, 화의개시결정의 취소 또는 화의폐지의 결정이 있은 경우와 화의인부 또는 화의취소의 결정이 확정한 경우에 이를 준용한다. 和議 廢止의 決定이 있은 경우 또는 和議不認可나 和議取消의 決定이 확정한 경우에 법원은 파산의 신청이 있는 때에는 그 신청에 의하여, 신청이 없는 때에는 직권으로 파산의 선고를 하여야 하고, 파산절차로의 이행에 의하여 파산의 선고를 한 경우에는 화의법 제9조에 의한 등기 또는 등록의 촉탁은 파산의 등기 또는 등록의 촉탁과 함께 이를 하여야 한다.

和議法 제9조 제1항의 규정에 의하여 破産의 宣告가 있는 때에는 파산법 제1편의 적용에 관하여는 화의개시나 화의취소의 신청 또는 詐欺破産의 罪에 해당하는 화의신청인의 행위는 그 전에 지급의 정지 또는 파산의 신청으로 보고 화의를 위하여 생긴 채권 및 화의절차의 비용은 이를 財團債權으로 한다. 파산법 제2조, 제3조, 제100조 내지 제102조, 제104조 내지 제108조 및 제115조의 규정은 和議節次에 관하여 이를 준용하며, 화의절차에 관하여 본법에 따로 규정이 없는 때에는 民事訴訟法을 준용한다.

本法에서 **수·증뢰죄**를 규정하고 있는데, 整理委員·保全管財人 또는 管財人이 그 직무에 관하여 뇌물을 수수·요구 또는 약속한 때에는 **수뢰죄**로 5년 이하의 징역 또는 5천만 원 이하의 벌금에 처하며, 화의채권자, 그 대리인 또는 이사나 에에 준하는 자가 채권자집회의 결의에 관하여 뇌물을 수수·요구 또는 약속한 때에도 **수뢰죄**로 처벌하여 5년 이하의 징역 또는 5천만 원 이하의 벌금에 처한다(본법 제72조 제1항). **단순수뢰죄**의 경우에 收受한 賂物은 이를 **몰수**하며, 그 전부 또는 일부를 몰수할 수 없는 때에는 그 가액을 **추징**한다(본법 제72조 제2항). 그리고 관리위원·정리위원·보전관재인·관재인 또는 화의채권자 그 대리인 또는 이사나 이에 준하는 자에게 뇌물을 교부, 제공 또는 약속한 자는 **증뢰죄**로 3년 이하의 징역 또는 3천만 원 이하의 벌금에 처하고(본법 제73조 1항), **증뢰죄**를 범한 자가 자수한 때에는 그 형을 감경 또는 면제할 수 있다(본법 제73조 2항).

VI. 會社整理法에 관한 賂物罪

會社整理法은 財政的 窮乏으로 破綻에 직면하였으나 경제적으로 갱생의 가치가 있는 주식회사에 관하여, 주주 기타의 이해관계인의 이해를 조정하며 그 사업의 정리재건을 도모함을 목적으로 하여, 1962년 12월 12일 법률 제1214호로 입법·공포한 이래, 6차의 개정을 거쳐 오늘에 이르고 있다.

本法은 會社整理에 있어서 法院이 整理節次開始의 決定을 하기 전에 이해관계인의 신청에 의하여 또는 직권으로 회사의 업무와 재산에 관하여 가압류·가처분 기타 필요한 보전처분을 명할 수 있다. 이 경우 법원은 관리위원회의 의견을 들어야 한다. 利害關係人이 보전처분을 신청한 경우에 법원은 신청일로부터 14일 이내에 보전처분을 결정하여야 한다. 법원은 보전처분 이외에 필요하다고 인정하는 경우에는 관리위원회의 의견을 들어 보전관리인에 의한 관리를 명할 수 있다.

또한 管理委員會의 意見을 들어 處分을 變更하거나 取消할 수 있다. 그리고 재판 및 그 신청을 기각하는 재판은 결정으로 한다. 이 결정에 대하여는 즉시항고를 할 수 있다. 즉시항고는 집행정지의 효력이 없다. 법원은 처분을 한 때 또는 그 처분을 변경하거나 취소한 때에는 이를 공고하여야 한다. 그리고 처분을 한 때에는 지체 없이 職權으로 處分對象인 權利의 目的物을 管轄하는 등기소 또는 회사의 본점소재지의 등기소에 등기를 촉탁하여야 하고, 등기촉탁을 함에 있어서는 결정서의 등본 또는 초본을 첨부하여야 한다. 등기촉탁은 결정서의 등본 또는 초본을 첨부해야 하고, 회사재산으로서 등록된 것에 이를 준용한다(본법 제39조).

法院은 필요하다고 인정하는 때에는 管理委員會의 意見을 들어 1人 또는 數人의 조사위원을 선임하여 기간을 정하여 정리절차개시의 원인인 사실 및 절차개시의 조건(본법 제38조)에 게기하는 사유의 유무, 회사의 업무 및 재산의 상태와 회사의 업무 및 재산에 관한 보전처분의 여부 기타 정리절차의 개시에 필요한 사항에 관하여 조사하게 하며 정리절차의 개시의 적당여부에 관하여 의견서를 제출하게 할 수 있다. 調査委員은 調査에 필요한 학식, 경험이 있는 자로서 이해관계가 없는 자 중에서 선임하여야 한다. 회사가 중소기업 기본법 제2조 제1항에 정하여진 중소기업인 경우에는 관리위원회위원을 조사위원으로 선임할 수 있다(본법 제40조).

管理人은 整理節次開示 後에 지체 없이 會社의 經營 및 財産을 조사하고, 법원과 관리위원회에 회사의 경영 및 재산상태에 관하여 보고하여야 한다. 또한 관리인은 채권자의 요청이 있는 경우에는 대법원규칙이 정하는 바에 따라 정리절차에 관련된 정보 및 자료를 제공하여야 한다. 다만 正當한 事由가 있는 경우에는 관리인은 이를 거부할 수 있다. 관리인은 법원의 처분(본법 제72조 제1항 제1호)에 의한 청구권이 있음을 알게 된 때에는 법원에 同條同項의 규정에 의한 査定과 보전처분을 신청하여야 한다(본법 제53조의 2).

  管理人의 選任에 있어서 法院은 관리위원회와 채권자협의회의 의견을 들어 관리인의 직무를 수행함에 적합한 자를 관리인으로 선임하여야 한다(본법 제94조). 회사에 대하여 정리절차개시 전의 원인으로 생긴 재산상의 청구권은 이를 정리채권으로 한다. 雙務契約에 의하여 契約이 解除 또는 解止된 때에는 상대방은 손해배상에 관하여 정리채권자로서 그 권리를 행사할 수 있다. 그리고 회사가 받은 반대이행이 회사재산 중에 현존하는 때에는 상대방은 그 반환을 청구할 수 있고 현존하지 아니 하는 때에는 상대방은 그 가격에 관하여 공익권지로써 그 권리를 행사할 수 있다(본법 제104조).

  整理債權 또는 整理節次開示 前의 原因으로 생긴 회사 이외의 자에 대한 재산상의 청구권으로서 정리절차개시 당시 회사재산상에 존재하는 유치권, 질권, 저당권, 양도담보권, 가등기담보권, 전세권 또는 우선특권으로 담보된 범위의 것은 정리담보권으로 한다. 다만 이자 또는 채무불이행으로 인한 손해배상이나 위약금의 청구권에 관하여는 정리절차 개시결정 전일까지 생긴 것에 한한다(본법 제123조 제1항). 整理擔保權者는 그가 가진 整理擔保權으로 整理節次에 참가할 수 있고, 그 채권액 중 담보권의 목적의 가액을 초과하는 부분에 관하여는 정리채권자로서 정리절차에 참가할 수 있다. 그리고 정리담보권자는 그 담보권의 목적의 가액, 피담보채권의 액이 담보권의 목적의 가액보다 적을 때에는 그 피담보채권

200

액에 따라 의결권을 가진다(본법 제124조 제1·2·3항).

株主는 그가 가진 柱式으로 整理節次에 참가할 수 있고, 그가 가진 주식의 수에 따라 의결권을 가진다. 정리절차의 개시 당시 회사의 부채의 총액이 자산의 총액을 초과하는 경우에는 주주는 의결권을 가지지 아니 한다. 다만 정리계획의 변경(본법 제270조)에 있어서 계획안을 제출할 당시 회사의 자산의 총액이 부채의 총액을 초과하는 경우에는 그러하지 아니 하다(본법 제129조). 정리채권자, 정리담보권자 또는 주주는 법원의 허가를 얻어 각각 공동으로 또는 각별로 1人 또는 數人의 대리위원을 선임할 수 있고, 대리위원의 권한은 서면으로 소명하여야 한다.

그리고 그를 選任한 整理債權者, 整理擔保權者 또는 株主를 위하여 정리절차에 관한 모든 행위를 할 수 있다. 대리위원이 數人이 있을 때에는 공동으로 그 권한을 행사한다. 그러나 제3자의 의사표시는 그중 1人에 대하여 하면 된다. 代理委員의 權限의 行使가 현저하게 불공정하다고 인정되는 때에는 법원은 정리채권자, 정리담보권자 또는 주주의 허가를 취소할 수 있다. 정리채권자, 정리담보권자 또는 주주는 대리위원을 해임한 때에는 지체 없이 그 뜻을 법원에 신고하여야 한다(본법 제160조).

本法에서 **뇌물죄**에 관한 규정을 두고 있는바, 관리위원·조사위원·보전관리인·관리인·법률고문 또는 관리인 및 보전관리인의 대리인이 그 직무에 관하여 재산상의 이익을 수수·요구 또는 약속한 때에는 **단순수뢰죄**로 5년 이하의 징역 또는 5천만 원 이하의 벌금에 처한다. 그리고 정리채권자·정리담보권자·주주·대리위원 또는 그 대리인·임원이나 직원이 관계인집회의 결의에 관하여 재산상의 이익을 수수·요구 또는 약속한 때에도 5년 이하의 징역 또는 5천만 원 이하의 벌금에 처한다(본법 제291조 제1항).

뿐만 아니라 管理人·보전관리인 또는 조사위원이 法人인 경우에는 관리인·보전관리인 또는 조사위원의 직무에 종사하는 그 임원 또는 직원이 그 직무에 관하여 재산상의 이익을 수수·요구 또는 약속한 때에도 **단순수뢰죄**로 5년 이하의 징역 또는 5천만 원 이하의 벌금에 처한다. 관리인·보전관리인 또는 조사위원이 法人인 경우에 그 임원 또는 직원이 관리인·보전관리인 또는 조사위원의 직무에 관하여 관리인·보전관리인 또는 조사위원에게 재산상의 이익을 수수하게 하거나 그 공여를 요구 또는 약속한 때에도 **단순수뢰죄**로 5년 이하의 징역 또는 5천만 원 이하의 벌금에 처한다(본법 제291조 제2항). 범인 또는 법인인 관리인·보전관리인 또는 조사위원이 수수한 재산상의 이익은 **몰수**한다. 그 전부 또는 일부를 몰수하기 불능한 때에는 그 가액을 **추징**한다(본법 제291조 제3항).

마지막으로 제291조 제1항 또는 제2항에 규정하는 재산상의 이익을 약속·공여 또는 공여의 의사표시를 한 자는 **증뢰죄**로 5년 이하의 징역 또는 5천만 원 이하의 벌금에 처한다(본법 제292조). 회사정리법에 관련한 **수·증뢰죄**의 처벌을 동일하게 하고 있는 것은 **수뢰자**와 **증뢰자**의 책임에서 동등하게 보고 있다고 할 수 있다.

Ⅶ. 船主相互保險組合法에 관한 賂物罪

船主相互保險組合法은 船主相互保險組合이 실시하는 상호보험사업의 건전한 경영을 확보함으로써 그 조합원 기타 이해관계인의 권익을 보호하고 해운산업의 안정적 성장에 이바지함을 목적으로 하여, 제199회 임시국회의 통과로 1999년 2월 5일 법률 제5804호 입법·공포된 후 1999년 8월 5일부터 시행하게 되었다.

船主相互保險組合이라 함은 船舶所有者·船舶賃借人·傭船者 기타 선박운항업자의 선박운항으로 인하여 발생하는 책임 및 비용에 관한 상호보험인 손해보험사업을 실시하기 위하여 이 법에 의하여 설립된 조합을 말한다(본법 제2조). 선주상호보험조합은 조합원인 선주 등이 부담하는 운송화물의 손해에 대한 책임·선원·여객 등의 死傷 또는 질병에 대한 책임, 해양 등의 오염으로 인한 손해에 대한 책임 및 그 제거비용, 선박충돌에 의한 손해에 대한 책임, 浮漂·棧橋·해저전선·어구 기타 시설물의 손해에 대한 책임, 기타 선박의 운항으로 인하여 선주 등이 부담하는 책임과 비용에 해당하는 손해보험사업을 행한다(본법 제3조).

組合은 法人으로 하고, 住所는 그 주된 사무소의 소재지로 한다(본법 제4조). 조합의 보험사업은 10억 원 이상의 사업기금을 조성하지 아니 하고는 개시하지 못한다(본법 제5조). 조합은 사업의 내용(본법 제3조)에서 정한 손해보험사업 및 그에 부수하여 행하는 사업 이외의 사업을 행할 수 없다(본법 제6조). 선주 등은 보험업법 제4조 본문의 규정에 불구하고 同法 제2조 제2항의 규정에 의한 외국보험사업자(同法 제5조의 규정에 의한 허가를 받지 아니한 자)와 이 법 제3조에서 정하는 내용의 손해보험계약을 체결할 수 있다(본법 제7조). 조합은 그 명칭 중에 선주상호보험조합이라는 문자사용과 이 법에 의하여 설립되는 조합 이외의 자는 선주상호보험조합 또는 이와 유사한 명칭을 사용할 수 없다(본법 제8조). 조합은 점포를 설치·이전 또는 폐쇄하는 경우에는 해양수산부장관에게 그 사실을 보고하여야 한다(본법 제9조).

本法에서 船主相互保險組合의 檢査人 또는 제56조에서 규정하는 자(조합의 발기인·이사·감사·상법 제386조 제2항의 이사 결원의 경우 법원은 이사·감사 기타의 이해관계인의 청구에 의하여 일시 이사의 직무를 행할 자, 상법 제407조 제1항의 직무 대행자, 보험업법 제108조의 보험관리인, 상법 제10조 내지 제14조의 지배인, 기타 사업에 관한 어떠한 종류나 특정한 사항의 위임을 받은 사용인)가 그 직무에 관하여 부정한 청탁을 받아 재산상의 이익을 수수·요구 또는 약속한 때에는 **단순수뢰죄**로 5년 이하의 징역 또는 3천만 원 이하의 벌금에 처하고 (본법 제59조 제1항), 제1항의 이익을 약속 또는 공여하거나 공여의 의사를 표시한 때에도 **증뢰죄**로 5년 이하의 징역 또는 3천만 원 이하의 벌금에 처한다(본법 제59조 제2항).

그리고 組合의 總會에 있어서의 發言 또는 議決權의 行使 및 이 法에 의한 訴의 提起 또는 10분의 1 이상의 조합원의 권리의 행사에 관하여 부정한 청탁을 받아 재산상의 이익을 수수·요구 또는 약속한 자는 **단순수뢰죄**로 1년 이하의 징역 또는 1천만 원 이하의 벌금에 처하고(본법 제60조 제1항), 제1항의 이익을 약속 또는 공여하거나 공여의 의사를 표시한 자도 **증뢰죄**로 1년 이하의 징역 또는 1천만 원 이하의 벌금에 처한다(본법 제60조 제2항).

本法 제56조 내지 제60조의 罪를 犯한 者에게는 정상에 따라 징역과 벌금을 병과 할 수 있고(본법 제61조), 제59조 내지 제60조의 경우에 범인이 수수하였거나 공여하고자 한 이익은 이를 **몰수**한다. 그 전부 또는 일부를 몰수할 수 없는 때에는 그 가액을 **추징**한다 (본법 제62조). 그리고 본법 제56조·제58조(상법 제366조 제3항의

검사인 및 상법 제367조의 검사인, 제56조 제1항에서 규정하는 자), 제59조 제1항에서 규정한 자가 法人인 때에는 이 章의 벌칙은 그 행위를 한 이사 기타 법인의 업무를 집행하는 임원 또는 지배인에게도 적용한다(본법 제64조).

Ⅷ. 保險業法에 관한 賂物罪

保險業法은 보험업을 영위하는 자의 건전한 운영을 도모하고 보험계약자·피보험자 그 밖의 이해관계인의 권익을 보호함으로써 보험업의 건전한 육성과 국민경제의 균형 있는 발전에 기여함을 목적으로 하여, 1977년 12월 31일 법률 제3043호 全文改正으로 입법·공포된 이래, 2006년 8월 29일 법률 제7971호 일부개정을 거쳐 오늘에 이르고 있다.

本法에서 定義하고 있는 用語로는 "保險業"(사람의 생사에 관하여 약정한 급여의 제공을 약속하거나 우연한 사고로 인하여 발생하는 손해의 보상을 약속하고 금전을 수수하는 것 등을 업으로 행하는 것으로 생명보험업·손해보험업 및 제3보험업.). "生命保險業"(사람의 생존 또는 사망에 관하여 약정한 급여의 제공을 약속하고 금전을 수수하는 것을 업으로 행하는 것.) "損害保險業"(우연한 사고(제4호의 규정에 의한 질병·상해 및 간병을 제외한다)로 인하여 발생하는 손해의 보상을 약속하고 금전을 수수하는 것(매매·고용·도급 그 밖의 계약에 의한 채무 또는 법령에 의한 의무의 이행에 관하여 발생할 채권자 그 밖의 권리자의 손해를 보상할 것을 채무자 그 밖의 의무자에게 약속하고, 채무자 그 밖의 의무자로부터 그 보수를 수수하는 것을 포함)을 업으로 행하는 것). "第3保險業"(사람의 질병·상해 또는 이로 인한 간병에 관하여 약정한 급여를 제공하거나 손해의 보상을 약속하고 금전을 수수하는 것을 업으로 행하는 것.). "保險會社"(제4조의 규정에 의한 허가를 받아 보험업을 영위하는 자). "相互會社"(보험업을 영위할 목적으로 이 법에 의하여 설립된 보험계약자를 사원으로 하는 회사), "外國保險會社"(대한민국외의 국가의 법령에 의하여 설립되어 대한민국외의 국가에서 보험업을 영위하는 자), "保險設計士"(보험회사를 위하여 보험계약의 체결을 중개하는 자(법인이 아닌 사단 및 재단을 포함한다)로서 제84조의 규정에 의하여 등록된 자), "保險代理店"(보험회사를 위하여 보험계약의 체결을 대리하는 자(법인이 아닌 사단 및 재단을 포함한다)로서 제87조의 규정에 의하여 등록된 자), "保險仲介士"(독립적으로 보험계약의 체결을 중개하는 자(법인이 아닌 사단 및 재단을 포함한다)로서 제89조의 규정에 의하여 등록된 자), "募集"(보험계약의 체결을 중개 또는 대리하는 것), "信用供與"(대출 또는 유가증권의 매입(자금지원적 성격의 것에 한한다) 그 밖에 금융거래상의 신용위험을 수반하는 보험회사의 직접·간접적 거래로서 대통령령이 정하는 바에 따라 금융감독위원회가 정한 거래), "總資産"(대차대조표에 표시된 자산에서 미상각신계약비·영업권 등 대통령령이 정하는 자산을 제외한 것), "自己資本"(납입자본금·자본잉여금 및 이익잉여금 그 밖에 이에 준하는 것(자본조정을 제외한다)으로서 대통령령이 정하는 항목의 합계액에서 영업권 그 밖에 이에 준하는 것으로서 대통령령이 정하는 항목의 합계액을 차감한 것), "同一借主"(동일한 개인 또는 법인 및 이와 신용위험을 공유하는 자로서 대통령령이 정하는 자), "大株主"(다음 각목의 1에 해당하는 자 및 이와 대통령령이 정하는 특수관계에 있는 자로, (가). 보험회사의 주주 1인 또는 출자자 1인이 보험회사의 의결권있는 발행주식(출자지분을 포함한다)총수의 100분의 10을 초과하여 주식을 보유하는 경우의 당해 주주 1인 또는 출자자 1인   (나). 보험회사의 최대주주 또는 최대출자자 (다). 대통령령이 정하는 바에 따라 임원의 임면 등의 방법으로 당해 보험회사의 주요 경영사항에 대하여 사실상 영향력을 행사하는 자인 경우의 당해 주주 1인 또는 출자자 1인.), "자회사"(보험회사가 다른 회사의 의결권있는 발행주식(출자지분을 포함한다)총수의 100분의 15를 초과하여 소유하는 경우 그 다른 회사)(본법 제2조)

本法에 있어서 金融監督委員會는 공익 또는 보험업의 건전한 발전을 위하여 특히 필요하다고 인정하는 경우에는 보험회사에 대하여 제1항(보험회사는 그 업무에 관한 공동행위를 하기 위하여 다른 보험회사와 상호협정을 하고자 하는 경우에는 대통령령이 정하는 바에 따라 금융감독위원회의 인가를 받아야 한다. 이를 변경 또는 폐지하고자 하는 경우에도 같다.)의 협정의 변경·폐지 또는 새로운 협정의 체결을 명하거나 그 협정의 전부 또는 일부에 따를 것을 명할 수 있다. 금융감독위원회는 제1항 또는 제2항의 규정에 의하여 상호협정의 체결·변경 또는 폐지의 인가를 하거나 명령을 하고자 하는 경우에 미리 **공정거래위원회**와 협의하여야 한다.(본법 제125조 제1.2.3항).

保險計理士, 損害査定士 또는 相互會社의 발기인, 제70조제1항에서 준용하는 상법 제175조제1항의 設立委員·理事·監事, 제59조에서 준용하는 상법 제386조제2항 및 제407조제1항의 職務代行者나 支配人 그 밖에 사업에 관한 어떠한 종류나 특정한 사항의 위임을 받은 使用人이 그 임무를 위배한 행위로써 재산상의 이익을 취득하거나 제3자로 하여금 이를 취득하게 하여 保險會社에게 재산상의 손해를 가한 때에는 10년 이하의 징역 또는 5천만원 이하의 벌금에 처하고, 미수범도 처벌한다.(본법 제 197조 제1항).

相互會社의 淸算人 또는 제73조에서 준용하는 상법 제386조제2항 및 제407조제1항의 職務代行者가 제1항에 열거된 행위를 한 때에도 10년 이하의 징역 또는 5천만원 이하의 벌금에 처하고, 미수범도 처벌한다.(본법 제197조 제2항)

本法 제25조제1항(주식회사는 조직변경의 결의에 있어서 보험계약자총회에 갈음하는 기관에 관한 사항을 정할 수 있다.) 또는 제54조제1항(상호회사는 정관으로 사원총회에 갈음할 기관을 정할 수 있다.)의 기관을 구성하는 자가 그 임무를 위배한 행위로써 재산상의 이익을 취득하거나 제3자로 하여금 이를 취득하게 하여 보험계약자나 사원에게 손해를 가한 때에는 7년 이하의 징역 또는 4천만원 이하의 벌금에 처하고, 미수범도 처벌한다.(본법 제198조)

本法에 瀆職에 관한 罰則을 규정하고 있는바, 제197조 및 제198조에 열거된 자 또는 **상호회사의 검사인**이 그 직무에 관하여 부정한 청탁을 받아 재산상의 이익을 수수·요구 또는 약속한 때에는 **단순수뢰죄**로 5년 이하의 징역 또는 3천만원 이하의 벌금에 처한다.(본법 제201조 제1항). 또한 제1항의 이익을 약속 또는 공여하거나 공여의 의사를 표시한 자도 **증뢰죄**로 5년 이하의 징역 또는 3천만원 이하의 벌금에 처한다.(본법 제201조 제2항).

그리고 保險契約者總會·相互會社의 創立總會 또는 社員總會에 있어서의 발언 또는 의결권의 행사와 본법 제3장 제2절·제3절 및 제8장 제2절에 규정하는 訴의 提起 또는 자본금의 100분의 5 이상에 상당하는 주주나 100분의 5 이상의 사원의 권리의 행사에 관하여 부정한 청탁을 받아 재산상의 이익을 수수, 요구 또는 약속한 자는 **증·수뢰죄**로 1년 이하의 징역 또는 1천만 원 이하의 벌금에 처하고(본법 제203조 제1항 제1. 2호), 제1항의 이익을 약속 또는 공여하거나 공여의 의사를 표시한 자도 **증뢰죄**로 1년 이하의 징역 또는 1천만 원 이하의 벌금에 처한다(본법 제203조 제2항).

또한 本法 제197조 내지 제205조의 罪를 犯한 者에게는 정상에 따라 징역과 벌금을 병과 할 수 있고(본법 제206조), 제207조 및 제203조의 경우에 범인이 수수하였거나 공여하고자 한 이익은 이를 **몰수**한다. 그 전부 또는 일부를 몰수할 수 없는 때에는 그 가액을 **추징한다**(본법 제207조).

法人(법인이 아닌 사단 또는 재단으로서 대표자 또는 관리인이 있는 것을 포함한다. 이하 이 항에서 같다)의 대표자 또는 법인이나 개인의 대리인·사용인 그 밖의 종업원이 그 법인 또는 개인의 업무에 관하여 제200조·제202

조 또는 제204조의 위반행위를 한 때에는 행위자를 벌하는 외에 그 법인 또는 개인에 대하여 각 해당 조의 벌금형을 과한다.(본법 제208조 제1항). 제1항의 규정에 의하여 법인이 아닌 사단 또는 재단에 대하여 벌금형을 과하는 경우에는 그 대표자 또는 관리인이 그 소송행위에 관하여 당해 사단 또는 재단을 대표하는 법인을 피고인으로 하는 경우의 형사소송에 관한 법률의 규정을 준용한다.(본법 제208조 제2항)

IX. 國際商去來上 外國公務員에 대한 賂物防止法

本法은 國際商去來와 관련하여 外國公務員 등에게 뇌물을 제공하는 행위를 처벌함으로써 건전한 국제상거래질서 확립에 기여하고 경제협력개발기구의 국제상거래에 있어서 외국공무원에 대한 뇌물제공행위방지를 위한 협약의 이행을 위하여 필요한 사항을 규정함을 목적으로 입법한 것이다(본법 제1조). 본법은 1998년 12월 28일 정기국회 제198회 법 제5588호로 입법·공포하여 오늘에 이르고 있다.

本法에서 外國公務員이라 함은 任命職 또는 選出職을 불문하고 외국정부(중앙으로부터 지방에 이르는 모든 단계의 정부 포함)의 입법·행정 또는 사법업무에 종사하는 자와 외국정부로부터 공적 업무를 위임받아 수행하는 자, 특정한 공적 업무를 수행하기 위하여 법령에 의하여 설립된 공공단체 또는 공공기관의 업무에 종사하는 자, 外國政府가 納入資本金의 5할을 초과하여 출자하였거나 중요 사업의 결정 및 임원의 任免 등 운영 전반에 관하여 실질적인 지배력을 행사하고 있는 기업체의 임·직원(차별적 보조금 기타 특혜를 받지 아니 하고 일반 사경제 주체와 동등한 경쟁관계에서 사업을 영위하는 기업체의 경우 제외) 그리고 공적 국제기구의 업무를 수행하는 자를 말한다(본법 제2조).

本法에서는 國際商去來와 관련하여 不正한 利益을 얻을 목적으로 외국공무원 등에게 그 업무와 관련하여 뇌물을 약속·공여하거나 공여의 의사를 표시한 때에는 **뇌물공여죄**로 5년 이하의 징역 또는 2천만 원 이하의 벌금에 처한다. 이 경우 범죄행위로 얻은 이익이 1천만 원을 초과하는 때에는 5년 이하의 징역 또는 그 이익의 2배에 상당하는 금액 이하의 벌금에 처한다(본법 제3조 제1항). 징역에 처하는 경우에는 그 소정의 벌금을 병과 한다(본법 제3조 제3항). 다만 外國公務員 등이 속한 國家의 法令에 의하여 그 지급이 허용되거나 요구되는 경우와 일상적·반복적 업무에 종사하는 외국공무원 등에게 同人의 정낭한 업무수행을 촉진할 목적으로 소액의 금전 기타 이익을 약속·공여하거나 공여의 의사를 표시하는 경우에는 벌하지 아니 한다(본법 제3조 제2항).

또한 法人의 代表者나 代理人·使用人 기타 從業員이 그 법인의 업무에 관하여 제3조 제1항의 죄를 범한 때에는 행위자를 벌하는 외에 그 법인에 대하여도 10억 원 이하의 벌금에 처한다. 이 경우 범죄행위로 얻은 이익이 5억 원을 초과하는 때에는 그 이익의 2배에 상당하는 금액 이하의 벌금에 처한다. 다만 犯罪行爲의 防止를 위하여 상당한 주의나 감독을 한 경우에는 벌하지 아니 한다(본법 제4조). 본법에 규정된 범죄행위에 제공된 뇌물로써 법인(제4조의 규정에 처벌되는 법인 포함)이 소유하거나 범인 이외의 자가 정을 알면서 취득한 것은 몰수한다(본법 제5조).

◈ 종합정리(상법, 주식회사의외부감사법, 선박소유자등의책임제한절차
　에관한법, 파산법, 화의법, 회사정리법, 선주상호보험조합법, 보험업
　법, 국제상거래상외국공무원에대한뇌물방지법과 관련된 뇌물죄)

■ 商法과 관련된 賂物罪

1. 立法 趣旨: 본법은 권리행사방해 등에 따른 **증·수뢰죄**를 규
　정을 목적으로 입법한 것이다.

2. 本法 제630조 제1항: 발기인, 이사 기타의 임원의 瀆職罪를
　규정하고 있는데, 제①항에서는 본법 제622조와 제623조에 규
　정된 자, 검사인, 제298조제3항·제299조의2·제310조제3항 또
　는 제313조제2항의 공증인이나 제299조의2, 제310조제3항 또
　는 제422조제1항의 감정인이 그 직무에 관하여 **부정한 청탁**을
　받고 재산상의 이익을 수수, 요구 또는 약속한 때에는 **수뢰죄**
　로 5년이하의 징역 또는 1천500만원이하의 벌금에 처한다.

● **단순수뢰죄로 처벌**

3. 本法 제630조 제2항:　제1항의 이익을 약속, 공여 또는 공여
　의 의사를 표시한 **증뢰죄**를 범한자도 5년이하의 징역 또는 1
　천500만원이하의 벌금에 처한다.

● **단순증뢰죄로 처벌**

4. 本法 제631조 제1항:　창립총회, 사원총회, 주주총회 또는 사
　채권자집회에서의 발언 또는 의결권의 행사와 제3편에 정하는
　소의 제기, 발행주식의 총수의 100분의 1 또는 100분의 3이상
　에 해당하는 주주, 사채총액의 100분의 10이상에 해당하는 사
　채권자 또는 자본의 100분의 3 이상에 해당하는 출자좌수를
　가진 사원의 권리의 행사 그리고 제402조 또는 제424조에 정

하는 권리의 행사에 관하여 부정한 청탁을 받고 재산상의 이익을 수수, 요구 또는 약속한 자는 **단순수뢰죄**로 1년이하의 징역 또는 300만원이하의 벌금에 처한다.

● **단순수뢰죄로 처벌**

5. 本法 제631조 제2항: 이익을 약속, 공여 또는 공여의 의사를 표시한 자도 **단순증뢰죄**로 1년이하의 징역 또는 300만원이하의 벌금에 처한다.

● **단순증뢰죄로 처벌**

6. 本法 제632조: 상법 제622조 내지 전조(제 631조)의 징역과 벌금은 이를 병과할 수 있다.(商法 제632조)

7. 本法 제633조: 제630조제1항 또는 제631조제1항의 경우에는 범인이 수수한 이익은 이를 **몰수**한다. 그 전부 또는 일부를 몰수히기 **불능**한 때에는 ㄱ 가액을 **추징**한다.

■ 株式會社의 外部監査에 관한 賂物罪

1. 立法 趣旨: 株式會社의 外部監査에 관한 法律은 株式會社로부터 獨立된 外部의 監査人이 그 주식회사에 대한 회계감사를 실시하여 회계처리의 적정을 기하게 함으로써 이해관계인의 보호와 기업의 건전한 발전에 기여함을 목적으로 한 죄.

2. 本法 제19조 제1항: 株式會社의 監査人 또는 그에 所屬된 公認 會計士·감사 또는 **감사인선임위원회의** 위원(감사위원회가 설치된 경우에는 감사위원회의 위원을 말한다)가 그 직무에 관하여 부정한 청탁을 받고 금품이나 이익을 수수·요구 또는 약속한 때에는 **단순수뢰죄**로써 3년 이하의 징역이나 또는 3천만 원 이하의 벌금에

처한다. 다만, 벌금형에 처하는 경우 그 직무와 관련하여 얻는 경제적 이익의 5배에 해당하는 금액이 3천만원을 초과하는 때에는 그 직무와 관련하여 얻는 경제적 이익의 **5배**에 상당하는 금액 이하의 벌금에 처한다.

● **단순수뢰죄로 처벌**

3. 本法 제19조 제2항: 본법 제19조 제1항에 규정된 금품이나 이익을 약속·공여 또는 공여의 의사를 표시한 자의 경우도 **증뢰죄**로 처벌한다.

● **단순증뢰죄로 처벌**

4. 本法 제19조 제3항: 본법 제19조 제1·2항에 규정하는 금품이나 이익은 **몰수**하되, 그 전부 또는 일부를 몰수할 수 없는 때에는 그 가액을 **추징**한다.

■ 船舶所有者 등의 責任制限節次에 관한 賂物罪

1. 立法 趣旨: 船舶所有者 등의 責任制限節次에 관한 法律은 상법 제746조 내지 제752조의 2의 규정에 의한 선박소유자 등의 책임제한의 절차에 관하여 필요한 사항을 규정함을 목적으로 한 죄.

2. 本法 제93조 제1항: 管理人 또는 管理人代理가 그 職務에 관하여 뇌물을 수수·요구 또는 약속한 때에는 5년 이하의 징역 또는 500만 원 이하의 벌금에 처한다.

● **단순수뢰죄로 처벌**

3. 本法 제93조 제2항: 수수된 뇌물은 이를 **몰수**하고, 그 전부 또는 는 일부를 몰수할 수 없는 때에는 그 가액을 **추징**한다.

4. 本法 제94조: 관리인의 수뢰죄의 규정에 의한 뇌물을 약속·공
   여 또는 공여의 의사를 표시한 자는 3년 이하의 징역 또는
   200만 원 이하의 벌금에 처한다.

● **단순증뢰죄로 처벌**

■ 破産法에 관한 賂物罪

1. 立法 趣旨: 본법은 선고를 한때로부터 그 효력이 생긴다. 외
   국인 또는 외국법인은 파산에 관하여 한국인 또는 한국법인과
   동일한 지위를 가진다. 다만 本國法에 의하여 韓國人 도는 韓
   國法人이 동일한 지위를 가지는 때에 한한다. 파산은 파산자
   의 재산으로서 한국 내에 있는 것에 대해서만 그 효력이 있
   고, 외국에서 선고한 파산은 한국 내에 있는 것에 대하여서만
   그 효력이 있고, 외국에서 신고한 파산은 한국 내에 있는 재
   산에 대해서는 그 효력이 없다. 또한 民事訴訟法에 의하여 裁
   判上 請求할 수 있는 債權은 한국 내에 있는 것으로 본다. 그
   리고 해산한 법인은 파산의 목적의 범위 내에서는 아직 존속
   하는 것으로 본다. 상속인이나 상속재산에 대한 파산선고는
   한정승인 또는 재산분리에 영향을 미치지 아니 한다. 다만 파
   산의 취소 또는 파산의 폐지의 결정이 확정되거나 파산종결의
   결정이 있을 때까지 그 절차를 중지한다.

2. 本法 제372조 제1항: 破産管財人 또는 監査委員이 그 직무에
   관하여 뇌물을 수수·요구 또는 약속한 때에는 5년 이하의 징
   역 또는 50만 원 이하의 벌금에 처한다.

● **단순수뢰죄로 처벌**

214

3. 本法 제372조 제2항: 파산채권자, 그 대리인 또는 이사나 이
   에 준하는 자가 채권자집회의 결의에 관하여 뇌물을 수수·요
   구 또는 약속한 때에도 5년 이하의 징역 또는 5천만 원 이하
   의 벌금에 처한다.

   ● **단순수뢰죄로 처벌**

4. 本法 제372조 제1, 2항: 수뢰한 뇌물은 이를 **몰수**하며, 그 전부
   또는 일부를 몰수할 수 없는 때에는 그 가액을 **추징**한다.

5. 本法 제373조 제1항: 파산관재인, 감사위원, 파산채권자나 그
   대리인 또는 이사나 이에 준하는 자에게 뇌물을 약속 또는 공
   여하거나 공여의 의사를 표시한 자는 3년 이하의 징역 또는 3
   천만 원 이하의 벌금에 처한다.

   ● **단순증뢰죄로 처벌**

6. 本法 제373조 제2항: 贈賂罪를 범한 자가 **자수**한 때에는 그
   형을 **감경** 또는 **면제**할 수 있다.

■ 和議法에 관한 賂物罪

1. 立法 趣旨: 파산을 예방하기 위하여 하는 강제화의를 규정함
   을 목적으로 한 죄.

2. 本法 제72조 제1항: 本法에서 整理委員·保全管財人 또는 管財
   人이 그 직무에 관하여 뇌물을 수수·요구 또는 약속한 때에는
   5년 이하의 징역 또는 5천만 원 이하의 벌금에 처한다. 그리고
   화의채권자, 그 대리인 또는 이사나 이에 준하는 자가 채권자
   집회의 결의에 관하여 뇌물을 수수·요구 또는 약속한 때에도
   5년 이하의 징역 또는 5천만 원 이하의 벌금에 처한다.

● **단순수뢰죄로 처벌**

3. 本法 제72조 제2항: **단순수뢰죄**의 경우에 收受한 賂物은 이를 **몰수**하며, 그 전부 또는 일부를 몰수할 수 없는 때에는 그 가액을 **추징**한다.

4. 本法 제73조 제1항: 관리위원·정리위원·보전관재인·관재인 또는 화의채권자 그 대리인 또는 이사나 이에 준하는 자에게 뇌물을 교부, 제공 또는 약속한 자는 3년 이하의 징역 또는 3천만 원 이하의 벌금에 처한다.

● **단순증뢰죄로 처벌**

5. 本法 제73조 제2항: 증뢰죄를 범한 자가 **자수**한 때에는 그 형을 **감경** 또는 **면제**할 수 있다.

■ 會社整理法에 관한 賂物罪

1. 立法 趣旨: 財政的 窮乏으로 破綻에 직면하였으나 경제적으로 갱생의 가치가 있는 주식회사에 관하여, 주주 기타의 이해관계인의 이해를 조정하며 그 사업의 정리재건을 도모하는 데 목적이 있다.

2. 本法 제291조 제1항: 관리위원·조사위원·보전관리인·관리인·법률고문 또는 관리인 및 보전관리인의 대리인이 그 직무에 관하여 재산상의 이익을 수수·요구 또는 약속한 때에는 5년 이하의 징역 또는 5천만 원 이하의 벌금에 처한다. 그리고 정리채권자·정리담보권자·주주·대리위원 또는 그 대리인·임원이나 직원이 관계인집회의 결의에 관하여 재산상의 이익을 수수·요구 또는 약속한 때에도 5년 이하의 징역

또는 5천만 원 이하의 벌금에 처한다.

● **단순수뢰죄로 처벌**

3. 本法 제291조 제2항: 管理人·보전관리인 또는 조사위원이 法人인 경우에는 관리인·보전관리인 또는 조사위원의 직무에 종사하는 그 임원 또는 직원이 그 직무에 관하여 재산상의 이익을 수수·요구 또는 약속한 때에도 5년 이하의 징역 또는 5천만 원 이하의 벌금에 처한다. 그리고 관리인·보전관리인 또는 조사위원이 法人인 경우에 그 임원 또는 직원이 관리인·보전관리인 또는 조사위원의 직무에 관하여 관리인·보전관리인 또는 조사위원에게 재산상의 이익을 수수하게 하거나 그 공여를 요구 또는 약속한 때에도 5년 이하의 징역 또는 5천만 원 이하의 벌금에 처한다.

● **단순수뢰죄로 처벌**

4. 本法 제291조 제3항: 범인 또는 법인인 관리인·보전관리인 또는 조사위원이 수수한 재산상의 이익은 **몰수**한다. 그 전부 또는 일부를 몰수하기 불능한 때에는 그 가액을 **추징**한다.

5. 本法 제292조: 제291조 제1항 또는 제2항에 규정하는 재산상의 이익을 약속·공여 또는 공여의 의사표시를 한 자는 **증뢰죄**로 5년 이하의 징역 또는 5천만 원 이하의 벌금에 처한다.

● **단순증뢰죄로 처벌**

6. 本法上 賂物罪: 회사정리법에 관련한 **수증뢰죄**의 처벌을 동일하게 하고 있는 것은 **수뢰자와 증뢰자**의 책임에서 동등하게 보고 있다고 할 수 있다.

■ 船主相互保險組合法에 관한 賂物罪

1. 立法 趣旨: 船主相互保險組合이 실시하는 상호보험사업의 건전한 경영을 확보함으로써 그 조합원 기타 이해관계인의 권익을 보호하고 해운산업의 안정적 성장에 이바지함을 목적이 있다.

2. 本法 제59조 제1항: 本法에서 船主相互保險組合의 檢査人 또는 제56조에서 규정하는 자(조합의 발기인·이사·감사·상법 제386조 제2항의 이사 결원의 경우 법원은 이사·감사 기타의 이해관계인의 청구에 의하여 일시 이사의 직무를 행할 자, 상법 제407조 제1항의 직무대행자, 보험업법 제108조의 보험관리인, 상법 제10조 내지 제14조의 지배인, 기타 사업에 관한 어떠한 종류나 특정한 사항의 위임을 받은 사용인)가 그 직무에 관하여 부정한 청탁을 받아 재산상의 이익을 수수·요구 또는 약속한 때에는 5년 이하의 징역 또는 3천만 원 이하의 벌금에 처한다.

● 단순증뢰죄로 처벌

3. 本法 제59조 제2항: 본법 제59조 제1항의 이익을 약속 또는 공여하거나 공여의 의사를 표시한 때에도 5년 이하의 징역 또는 3천만 원 이하의 벌금에 처한다.

● 단순증뢰죄로 처벌

4. 本法 제60조 제1항: 組合의 總會에 있어서의 發言 또는 議決權의 行使 및 이 法에 의한 訴의 提起 또는 10분의 1 이상의 조합원의 권리의 행사에 관하여 부정한 청탁을 받아 재산상의 이익을 수수·요구 또는 약속한 자는 1년 이하의 징역 또는 1천만 원 이하의 벌금에 처한다.

● 단순수뢰죄로 처벌

5. 本法 제60조 제2항: 본법 제60조 제1항의 이익을 약속 또는
   공여하거나 공여의 의사를 표시한 자도 1년 이하의 징역 또
   는 1천만 원 이하의 벌금에 처한다.

● **단순증뢰죄로 처벌**

6. 本法 제61조: 本法 제56조 내지 제60조의 罪를 犯한 者에게는
   정상에 따라 징역과 벌금을 병과 할 수 있다.

7. 本法 제62조: 본법 제59조 내지 제60조의 경우에 범인이 수수
   하였거나 공여하고자 한 이익은 이를 **몰수**한다. 그 전부 또는
   일부를 몰수할 수 없는 때에는 그 가액을 **추징**한다.

8. 本法 제64조: 본법 제56조·제58조(상법 제366조 제3항의 검
   사인 및 상법 제367조의 검사인, 제56조 제1항에서 규정하는
   자), 제59조 제1항에서 규정한 자가 法人인 때에는 이 章의
   벌칙은 그 행위를 한 **이사** 기타 법인의 업무를 집행하는 **임원**
   또는 지배인에게도 적용한다.

■ 保險業法에 관한 賂物罪

1. 立法 趣旨: 保險事業을 效率的으로 指導·監督하고, 보험계약
   자·피보험자 기타 이해관계인의 권익을 보호하여 보험사업의
   건전한 육성과 국민경제의 균형 있는 발전에 기여함을 목적으
   로 한다.

2. 本法 제201조 제1항: 본법에 瀆職에 관한 罰則을 규정하고 있
   는바, 제197조 및 제198조에 열거된 자 또는 **상호회사의 검사**
   인이 그 직무에 관하여 부정한 청탁을 받아 재산상의 이익을
   수수·요구 또는 약속한 때에는 **단순수뢰죄**로 5년 이하의 징

역 또는 3천만원 이하의 벌금에 처한다.

● **단순수뢰죄로 처벌**

3. 本法 제201조 제2항: 본법 제1항의 이익을 약속 또는 공여하거나 공여의 의사를 표시한 자도 **증뢰죄**로 5년 이하의 징역 또는 3천만원 이하의 벌금에 처한다.

● **단순증뢰죄로 처벌**

4. 本法 제203조 제1항 제1·2호: 保險契約者總會·相互會社의 創立總會 또는 社員總會에 있어서의 발언 또는 의결권의 행사와 본법 제3장 제2절·제3절 및 제8장 제2절에 규정하는 訴의 提起 또는 자본금의 100분의 5 이상에 상당하는 주주나 100분의 5 이상의 사원의 권리의 행사에 관하여 부정한 청탁을 받아 재산상의 이익을 수수, 요구 또는 약속한 자는 **수뢰죄**로 1년 이하의 징역 또는 1천만 원 이하의 벌금에 처한다.

● **단순수뢰죄로 처벌**

5. 本法 제203조 제2항: 본법 제203조 제1항의 이익을 약속 또는 공여하거나 공여의 의사를 표시한 자도 **증뢰죄**로 1년 이하의 징역 또는 1천만 원 이하의 벌금에 처한다.

● **단순증뢰죄로 처벌**

6. 本法 제206조: 본법 제197조 내지 제205조의 罪를 犯한 者에게는 정상에 따라 징역과 벌금을 병과 할 수 있다.

7. 本法 제207조: 본법 제207조 및 제203조의 경우에 범인이 수수하였거나 공여하고자 한 이익은 이를 **몰수**한다. 그 전부 또는 는 일부를 몰수할 수 없는 때에는 그 가액을 **추징**한다.

8. 本法 제208조 제1항: 法人(법인이 아닌 사단 또는 재단으로서 대표자 또는

관리인이 있는 것을 포함한다. 이하 이 항에서 같다)의 대표자 또는 법인이나 개인의 대리인·사용인 그 밖의 종업원이 그 법인 또는 개인의 업무에 관하여 제200조·제202조 또는 제204조의 위반행위를 한 때에는 행위자를 벌하는 외에 그 법인 또는 개인에 대하여 각 해당 조의 벌금형을 과한다.

9. 本法 제208조 제2항: 본법 제 208조 제1항의 규정에 의하여 법인이 아닌 사단 또는 재단에 대하여 벌금형을 과하는 경우에는 그 대표자 또는 관리인이 그 소송행위에 관하여 당해 사단 또는 재단을 대표하는 법인을 피고인으로 하는 경우의 형사소송에 관한 법률의 규정을 준용한다.

■ 國際商去來上 外國公務員에 대한 賂物防止法

1. 立法 趣旨: 國際商去來와 관련하여 外國公務員 등에게 뇌물을 제공하는 행위를 처벌함으로써 건전한 국제상거래질서 확립에 기여하고 경제협력개발기구의 국제상거래에 있어서 외국공무원에 대한 뇌물제공행위방지를 위한 협약의 이행을 위하여 필요한 사항을 규정함을 목적으로 입법한 것이다.

2. 本法 제3조 제1항: 本法에서는 國際商去來와 관련하여 不正한 利益을 얻을 목적으로 외국공무원 등에게 그 업무와 관련하여 뇌물을 약속·공여하거나 공여의 의사를 표시한 때에는 5년 이하의 징역 또는 2천만 원 이하의 벌금에 처한다. 이 경우 범죄행위로 얻은 이익이 1천만 원을 초과하는 때에는 5년 이하의 징역 또는 그 이익의 2배에 상당하는 금액 이하의 벌금에 처한다.

● **뇌물공여죄로 처벌**

3. 本法 제3조 제2항: 外國公務員 등이 속한 國家의 法令에 의하여 그 지급이 허용되거나 요구되는 경우와 일상적·반복적 업무에 종사하는 외국공무원 등에게 同人의 정당한 업무수행을 촉진할 목적으로 소액의 금전 기타 이익을 약속·공여하거나 공여의 의사를 표시하는 경우에는 벌하지 아니 한다.

4. 本法 제3조 제3항: 징역에 처하는 경우에는 그 소정의 벌금을 병과 한다.

5. 本法 제4조: 法人의 代表者나 代理人·使用人 기타 從業員이 그 법인의 업무에 관하여 제3조 제1항의 죄를 범한 때에는 **행위자를 벌**하는 외에 그 **법인**에 대하여도 10억 원 이하의 벌금에 처한다.(**양벌규정**) 이 경우 범죄행위로 얻은 이익이 5억 원을 초과하는 때에는 그 이익의 2배에 상당하는 금액 이하의 **벌금**에 처한다. 다만 犯罪行爲의 防止를 위하여 상당한 주의나 감독을 한 경우에는 벌하지 아니 한다.

6. 本法 제5조: 본법에 규정된 범죄행위에 제공된 뇌물로써 범인(제4조의 규정에 처벌되는 법인 포함)이 소유하거나 범인 이외의 자가 정을 알면서 취득한 것은 **몰수**한다.

◆ 관련판례(상법, 주식회사의외부감사법, 선박소유자등의책임제한절차에관한법, 파산법, 화의법, 회사정리법, 선주상호보험조합법, 보험업법, 국제상거래상외국공무원에대한뇌물방지법과 관련된 뇌물죄)

[1]===

대판 2005. 10. 28. 2005도5822

[1] 피고인이 뇌물로 받은 주식이 압수되어 있지 않고 주주명부상 피고인의 배우자 명의로 등재되어 있으며, 위 배우자는 몰수의 선고를 받은 자가 아니어서 그에 대해서는 몰수물의 제출을 명할 수도 없고, 몰수를 선고한 판결의 효력도 미치지 않는 등의 이유로 위 주식을 몰수함이 상당하지 아니 하다고 보아 몰수하는 대신 그 가액을 추징할 수 있다고 한 사례. [2] 피고인이 뇌물로 받은 주식이 압수되어 있지 않고 주주명부상 피고인의 배우자 명의로 등재되어 있으며, 위 배우자는 몰수의 선고를 받은 자가 아니어서 그에 대해서는 몰수물의 제출을 명할 수도 없고, 몰수를 선고한 판결의 효력도 미치지 않는 등의 이유로 위 주식을 몰수함이 상당하지 아니 하다고 보아 몰수하는 대신 그 가액을 추징할 수 있다고 한 사례.

[2] ══

대판 1995. 12. 12. 95도2320

[1] 과세 대상에 관한 규정이 명확하지 않고 그에 관한 확립된 선례도 없었던 경우, 공무원이 주식회사로부터 뇌물을 받은 후 관계 법령에 대한 충분한 연구, 검토 없이 위 회사에 유리한 쪽으로 법령을 해석하여 감액처분하였더라도 위 감액처분이 위법하지 않으면 그 공무원이 수뢰 후 '부정한 행위'를 한 것으로서 수뢰후부정처사죄를 범하였다고 볼 수는 없다고 한 사례.

[3] ══

대판 1994. 12. 27. 94도618

[1] 1988년 5월경에 있었던 국민주 보급방식에 의한 기업공개로 포항종합제철주식회사에 대한 정부의 출자지분이 20%, 한국산업은행의 출자지분이 15%로서 그 합계가 35%로 줄어들어 전체의 50%에 미달하게 되기는 하였지만, 정부는 국민주 보급 당시 같은 회사에 대한 정부의 지배력을 계속하여 확보하고, 같은 회사가 정부의 승인 없이 정관변경을 하는 것을 막을 수 있도록 하기 위하여 위와 같이 35%의 지분을 확보하여 두었고, 1987년 11월 28일 법률 제3945호로 증권거래법 제199조 제2항을 신설하여 "국가기간산업 등 국민경제상 중요한 산업을 영위하는 법인으로서 대통령령으로 정하는 상장법인"을 "공공적 법인"으로 규정하여 그러한 "공공적 법인"의 주주에 대하여는 의결권의 대 이행사에 일정한 제한을 가하고, 같은 법 제200조 제1항 제2호를 개정하여 "공공적 법인"의 경우에는 누구든지 발행주식의 100분의 3 이내에서 정관이 정하는 비율 이상의 주식을 취득할 수 없도록 규정하였으며, 재무부장관은 1987년 12월 관련법령이 정한 절차를 거쳐 같은 회사를 "공공적 법인"으로 지정하였고, 이에 따라 같은 회사의 정관 제11조는 누구든지 같은 회사의 주식을 100분의 1 이내에서만 취득할 수 있도록 제한하

고 있는바, 정부는 위와 같은 주식분산의 제도적 장치를 바탕으로 하여 국가기간
산업체로서 국민경제에 막대한 영향을 미치는 같은 회사의 대주주로서의 지위에
서 같은 회사의 중요 사업을 국민경제 전반에 대한 정부의 계획과 조화를 이룰
수 있도록 조정하기도 하고, 임원의 임면을 결정하는 등 실질적인 지배력을 행사
하여 오고 있음을 알 수 있으므로, 같은 회사는 특정범죄가중처벌등에관한법률
제4조 제1항이 규정하고 있는 정부관리기업체의 개념에 포함되는 기업이라고 할
것이고, 따라서 같은 회사를 정부관리기업체의 하나로 열거하고 있는 같은 법시
행령 제2조 제22호의 규정을 모법의 위임의 범위를 벗어난 무효의 규정이라고 할
수 없는 것이다.

[4]==

대판 1995. 12. 12. 95도2320

[1] 과세 대상에 관한 규정이 명확하지 않고 그에 관한 확립된 선례도 없었던 경우,
   공무원이 주식회사로부터 뇌물을 받은 후 관계 법령에 대한 충분한 연구, 검토
   없이 위 회사에 유리한 쪽으로 법령을 해석하여 감액처분하였더라도 위 감액처
   분이 위법하지 않으면 그 공무원이 수뢰 후 '부정한 행위'를 한 것으로서 수뢰후
   부정처사죄를 범하였다고 볼 수는 없다고 한 사례.

[5]==

서울중앙지법 2004. 11. 26. 2004고합1068

[1] 뇌물로 주식을 취득한 후 유상증자로 교부받은 주식은 공무원범죄에관한몰수특
   례법 제2조 제3호의 불법수익의 과실이라고 할 수 없어 이를 몰수 또는 추징할
   수 없다고 한 사례.

[2] 뇌물로 취득한 주식과 유상증자로 교부받은 주식이 합하여진 경우, 뇌물로 취득
   한 주식의 비율에 상당하는 부분만을 몰수 또는 추징하여야 한다고 한 사례.

[6]==

서울중앙지법 2004. 11. 26. 2004고합1068

[1] 뇌물로 주식을 취득한 후 유상증자로 교부받은 주식은 공무원범죄에관한몰수특
   례법 제2조 제3호의 불법수익의 과실이라고 할 수 없어 이를 몰수 또는 추징할
   수 없다고 한 사례.

[2] 뇌물로 취득한 주식과 유상증자로 교부받은 주식이 합하여진 경우, 뇌물로 취득
   한 주식의 비율에 상당하는 부분만을 몰수 또는 추징하여야 한다고 한 사례.

[7]==

서울고법 1973. 12. 28. 73노590

[1] 형법 6조 단서의 규정에 의하여 우리나라 형법이 적용될 수 없다고 판시한 사례:

피고인이 미국시민권을 취득하여 한국국적을 상실한 외국인인 이상 그가 미국에서 대한민국 국민에게 뇌물을 공여하였다는 공소사실은 외국인이 외국에서 대한민국 또는 대한민국 국민에 대하여 범한 죄이므로 행위지의 법률에 의하여 범죄를 구성하는지 여부와 소추 또는 형의 집행이 면제된 여부를 살펴보아야 할 것이었는데 그 점에 나아가 살펴보지 않은 것은 위법한 것이다.

제5절 行政法과 關聯된 特別法

Ⅰ. 公職者倫理法에 관한 賂物罪

公職者倫理法은 공직자 및 공직후보자의 재산등록 및 등록재산 공개와 주식백지신탁을 제도화하고, 공직을 이용한 재산취득의 규제·공직자의 선물신고·퇴직공직자의 취업제한 등을 규정함으로써 공직자의 부정한 재산증식을 방지하고, 공무집행의 공정성을 확보하여 국민에 대한 봉사자로서의 공직자의 윤리를 확립함을 목적으로 하여, 1981년 12월 31일 법률 제3520호로 입법·공포된 이래, 2006년 2월에 개정을 거쳐 오늘에 이르고 있다.

> **2001년 7월 24일 본법 제23조**(직무상 비밀을 이용한 재물취득의 죄)**를 삭제함으로써 공직자윤리법에 관한 뇌물죄는 사실상 없게 된다. 다만, 참고로 보존한다.**(논문 참고용)

本法 제2조에서는 國家는 公職者가 公職에 獻身할 수 있도록 공직자의 생활을 보장하고, 공직윤리의 확립에 노력하도록 하고 있고, 공직자의 登錄義務者는 그 직무상 지득한 비밀을 이용하여 재물 또는 재산상 이익을 취득하여서는 안 되고(본법 제14조의 2),

공무원·정부투자기관(재투자 기관 포함) 및 지방공기업법 제5조·제49조·제76조의 규정에 의한 지방직영기업·지방공사 및 지방공단의 임·직원이 그 직무상 지득한 비밀을 이용하여 재물 또는 재산상의 이익을 취득하거나 제3자로 하여금 취득하게 한 때에는 **수뢰죄**로 5년 이하의 징역 또는 5천만 원 이하의 벌금에 처한다(본법 제23조 제1항). 이때는 징역과 벌금을 병과 할 수 있고(본법 제23조 제2항), **수뢰죄**를 범한 자 또는 그 정을 아는 제3자가 취득한 재물 또는 재산상의 이익은 이를 **몰수 또는 추징**한다(본법 제23조 제3항).

II. 消防法에 관한 賍物罪

消防法은 화재를 예방·경계·진압하고 재난·재해 및 그밖의 위급한 상황에서의 구조·구급활동을 통하여 국민의 생명·신체 및 재산을 보호함으로써 공공의 안녕질서의 유지와 복리증진에 이바지함을 목적으로 하여, 1991년 12월 14일 법률 제4419호로 全文改正하였고, 2004년 3월 11일 법률 제7186호로 일부를 개정하여 오늘에 이르고 있다.

本法에서 消防業務에 대한 責任은 특별시·광역시 및 도는 그 지방자치단체의 관할구역 안에 있어서의 소방업무를 수행하는 데 있고, 이 법에 규정된 소방업무를 수행하는 소방본부장 또는 소방서장은 그 소방본부 또는 소방서의 소재지를 관할하는 특별시장·광역시장 또는 도지사의 지휘·감독을 받는다. (본법 제3조).

消防法에 있어서 大統領令이 정하는 규모 이상의 특수 장소에 대한 소방시설의 설계업과 특수 장소에 대한 소방시설공사의 감리업에 해당하는 영업을 하고자 하는 사람은 그 영업의 종류별로 시·도지사에게 등록하여야 하고, 등록사항을 변경하고자 하는 경우에도 또한 같다(본법 제65조의 2 제1항). 또한 제65조의 2 제1항의 규정에 의한 소방시설 설계업 또는 소방공사감리업의 종류와 그 종류별 등록기준·영업범위 및 영업지역의 제한에 관하여는 대통령령으로 정한다(본법 제65조의 2 제2항).

消防施設設計業 및 消防工事監吏業의 登錄節次와 變更登錄事項 기타 필요한 사항은 행정차치부령으로 정하고 당사자 간 설계·감리에 관한 약정을 함에 있어서 그 대가는 엔지니어링기술진흥법 제10조의 규정에 의한 대가기준을 적용하여 산정할 수 있다(본법 제65조의 2 제3항). 소방시설설계업자 및 소방공사감리업자는 등록증을 다른 사람에게 貸與하여서는 안 된다(본법 제65조의 2 제4항).소방시설설계업자는 이 법 또는 이 법에 의한 명령이나 처분에 위반하여 설계하여서는 아니 된다.(본법 제65조의 2 제5항). 소방공사감리업자는 허위로 감리하거나 이 법 또는 이 법에 의한 명령이나 처분에 위반하여 감리하여서는 아니 된다.(본법 제65조의 2 제6항).

本法 제65조의 2의 규정에 의한 消防施設設計業者 또는 消防工事監吏業者가 설계 또는 감리를 허위로 하거나 업무수행과 관련하여 부당한 금품을 수수·요구·약속한 때에는 **단순수뢰죄**로 제3자에게 부당한 금품을 제공하게 하거나 제공을 요구 또는 약속한 때에는 **제3자뇌물제공죄**로 1년 이하의 징역 또는 500만 원 이하의 벌금에 처한다(본법 제114조 11호).

Ⅲ. 土地區劃整理事業法에 관한 賂物罪

土地區劃整理事業法[11]은 土地區劃整理事業의 執行節次·方法 및 費用負擔 등에 관한 사항을 규정함으로써 토지구획정리사업을 촉진하고 도시의 건전한 발전과 공공복리의 증진에 기여함을 목적으로 하여, 1966년 8월 3일 법률 제1822호로 입법·공포된 이래 11차의 개정을 거쳤고, 1999년 2월 8일 제199회 임시국회에서 하천법·공유수면매립법이 통과되어 오늘에 이르고 있다.

본법은 도시개발사업법으로 통합 - 도개법 참조

本法에 있어서 土地區劃事業은 都市計劃法 제12조의 규정에 의하여 결정된 도시계획구역 또는 **토지이용관리법**에 의한 준도시 지역의 토지에 대하여 이를 시행하며, 기간의 계산과 통지에 관하여 필요한 사항은 대통령령으로 정한다. 본법에 의한 建設部長官의 權限은 大統領令이 정하는 바에 의하여 특별시상·광역시장 또는 도지사에게 그 일부를 위임할 수 있다(본법 제3조 내지 제5조). 도시계획구역 안에서의 구획정리사업은 토지소유자[12] 또는 토지소유자

---

11) 토지구획정리사업이란 대지로서 효용증진과 공공시설(대지의 효용증진을 기할 수 있는 것에 한한 도로·공원·광장·하천·초등학교 및 중·고등학교 교육에 필요한 학교 校地 기타 공공의 用에 供하는 시설로서 대통령령이 정하는 것)의 정비를 위하여 이 법의 규정에 의하여 실시할 토지의 교환·分合 기타의 구획변경, 지목 또는 형질의 변경이나 공공시설의 설치·변경에 관한 사업을 말한다(본법 제2조 제1항 1·2호).

12) 토지소유자라 함은 토지구획정리사업시행지구 내의 토지에 관하여 소유권을 가지고 있는 자와 소유권 이외의 권리로서 대통령령이 정하는 권리를 가지고 있는 자를 말한다(본법 제2조 제1항 3호).

가 설립하는 토지구획정리조합이 이를 실시한다.

建設部長官은 區劃整理事業에 관하여 토지소유자가 지정된 기간 내에 또는 인가의 신청을 하지 아니 하거나 신청된 내용이 위법 또는 부당하다고 인정한 때라든가, 인가를 취소한 때, 천재·지변 기타의 사유로 인하여 긴밀히 구획정리사업을 실시할 필요가 있어 건설부장관에 의한 인가의 신청기간을 지정해야 함에도 절차를 취할 수 없다고 인정한 때 그리고 地方自治團體長이 집행하는 도시계획이나 공공시설에 관한 사업과 병행하여 시행할 필요가 있다고 인정한 때 등의 사유가 있을 때에 토지소유자 및 조합의 시행에도 불구하고 지방자치단체 또는 대한주택공사 및 한국토지공사에 대하여 구획정리사업의 시행을 명할 수 있다.

建設部長官이 地方自治團體 등의 施行에 의하여 구획정리사업의 시행을 지방자치단체 등에게 명한 때에는 대통령령이 정하는 바에 의하여 이를 공고하여야 한다. 국토이용관리법에 의한 준도시 지역의 토지에 대한 구획정리사업은 지방자치단체 등의 시행이나 건설부장관이 지방자치단체 등에게 명하여 대통령령이 정하는 바에 공고함에도 불구하고 관계지방자치단체가 이를 시행한다(본법 제6조 내지 제7조). 土地所有者 및 組合의 施行에 의하여 組合을 설립하여 구획정리사업을 실시하고자 할 때에는 대통령령이 정하는 바에 의하여 시행지역안의 토지소유자 7인 이상이 정관 및 사업계획을 정한 후 조합의 설립과 그 구획정리사업의 시행에 관하여 건설부장관의 인가를 받아야 한다(본법 제16조).

組合設立의 認可를 申請할 때에는 시행지구안의 토지면적의 3분의 2 이상에 해당하는 토지소유자의 동의를 미리 받아야 하고, 조합은 조합설립의 인가가 있는 날로부터 30일 이내에 주된 사무소의 소재지에서 대통령령이 정하는 사항을 등기하여야 한다. 組合은 法人으로 하며, 組合의 名稱에 土地區劃整理組合이라는 문자를 사용하여야 한다(본법 제17조 내지 제20조). 조합원이 아닌 자는 토지구획정리조합 또는 이와 유사한 명칭을 사용할 수 없다. 조합의 시행지구안의 토지소유자는 조합원이 되며 조합에 임원을 두되, 이사와 감사의 인원수는 대통령령이 정하는 기준의 범위 안에서 정하는데 조합장 1人·이사·감사로 한다.

任員은 定款이 정하는 바에 의하여 組合員 중에서 총회가 이를 선임하고, 임기는 4년을 초과하지 않는 범위 안에서 정관으로 정한다. 다만 보궐임원의 임기는 전임자의 잔임 기간으로 한다(본법 제21조 내지 제22조). 조합장은 조합을 대표하며, 그 업무를 통괄하고 총회 또는 대의원회의 의장이 된다. 理事는 長官이 정하는 바에 의하여 組合長을 보좌하며, 조합의 업무를 분담한다. 감사는 조합의 재산과 회계 및 이에 관련되는 업무를 감사한다. 조합과 조합장 또는 이사 간의 계약이나 소송에 관하여는 감사가 조합을 대표한다.

任員은 그 組合의 다른 任員 또는 直員을 겸할 수 없다. 조합에 총회를 두며, 총회는 조합원으로 구성한다(본법 제23조 내지 제25조). 조합원의 원수가 100인 이상인 조합은 총회에 갈음하여 그 권한을 행하게 하기 위하여 대의원회를 설치할 수 있고, 대의원회는 대의원으로 구성하며, 대의원의 원수는 정관으로 정하되 조합원 총수의 10분의 1 이상이어야 한다. 代議員會는 大統領令이 정하는 사항을 제외한 모든 총회의 권한을 대행하고 대의원은 정관이 정하는 바에 의하여 조합원 중에서 총회가 이를 선출한다. 대의원의 임기는 4년을 초과하지 아니 하는 범위 안에서 정관으로 정한다. 다만 보궐대의원의 임기는 전임자의 잔임 기간으로 한다(본법 제27조).

本法에 의한 業務를 修行하는 組合의 任員·代議員 및 職員은 형법 제129조 내지 제132조의 적용에 있어서 이를 公務員으로 하는 擬制規定을 두고 있으며(본법 제83조), 본법 제83조에 게기한 자에게 뇌물을 제공·청약 또는 약속한 자는 **증뢰죄**로 3년 이하의 징역 또는 300만 원 이하의 벌금에 처한다(본법 제84조).

◈ 종합정리(공직자윤리법, 소방법, 토지구획정리사업법과 관련된 뇌물죄)

■ 公職者倫理法에 관한 賂物罪
  1. 立法 趣旨: 공직자 및 공직후보자의 재산등록 및 등록재산공개와 주식백지신탁을 제도화하고, 공직을 이용한 재산취득의 규제·공직자의 선물신고·퇴직공직자의 취업제한 등을 규정함으로써 공직자의 부정한 재산증식을 방지하고, 공무집행의 공정성을 확보하여 국민에 대한 봉사자로서의 공직자의 윤리를 확립함을 목적으로 입법화 되었다.

■ **2001년 7월 24일 본법 제23조**(직무상 비밀을 이용한 재물취득의 죄)**를 삭제함으로써 공직자윤리법에 관한 뇌물죄는 사실상 없게 된다. 다만, 참고로 보존한다.**(논문 참고용)
  2. 本法 제23조 제1항: 本法 제2조에서는 國家는 公職者가 公職에 獻身할 수 있도록 공직자의 생활을 보장하고, 공직윤리의 확립에 노력하도록 하고 있고, 공직자의 登錄義務者는 그 직무상 지득한 비밀을 이용하여 재물 또는 재산상 이익을 취득

하여서는 안 되고(본법 제14조의 2), 공무원·정부투자기관 (재투자 기관 포함) 및 지방공기업법 제5조·제49조·제76조 의 규정에 의한 지방 직영기업·지방공사 및 지방공단의 임· 직원이 그 직무상 지득한 비밀을 이용하여 재물 또는 재산상 의 이익을 취득하거나 제3자로 하여금 취득하게 한 때에는 5 년 이하의 징역 또는 5천만 원 이하의 벌금에 처한다.

● **수뢰죄로 처벌**

3. 本法 제23조 제2항: 본법 제23조 제1항의 경우에는 징역과 벌 금을 병과 할 수 있다.

4. 本法 제23조 제3항: 수뢰죄를 범한 자 또는 그 정을 아는 제3자 가 취득한 재물 또는 재산상의 이익은 이를 **몰수 또는 추징**한다.

■ 消防法에 관한 賂物罪

1. 立法 趣旨: 火災를 豫防·警戒·鎭壓하고 재난·재해 및 그 밖의 위급한 상황에서의 구조·구급활동을 통하여 국민의 생명·신체 및 재산을 보호함으로써 공공의 안녕질서의 유 지와 복리증진에 이바지함을 목적으로 입법한 것이다.

2. 本法 제114조 제11호: 本法 제65조의 2의 규정에 의한 消防施 設設計業者 또는 消防工事監吏業者가 설계 또는 감리를 허위 로 하거나 업무수행과 관련하여 부당한 금품을 수수·요구· 약속한 때, 그리고 제3자에게 부당한 금품을 제공하게 하거나 제공을 요구 또는 약속한 때에는 1년 이하의 징역 또는 500만 원 이하의 벌금에 처한다.

● **단순수뢰죄로 처벌(전단), 제3자 뇌물제공죄 처벌(후단)**

■ 土地區劃整理事業法에 관한 賂物罪

1. 立法 趣旨: 土地區劃整理事業의 執行節次・方法 및 費用負擔 등에 관한 사항을 규정함으로써 토지구획정리사업을 촉진하고 도시의 건전한 발전과 공공복리의 증진에 기여함을 목적으로 입법한 것이다.

2. 本法 제83조: 本法에 의한 業務를 修行하는 組合의 任員・代議員 및 職員은 형법 제129조 내지 제132조의 적용에 있어서 이를 公務員으로 하는 擬制規定을 두고 있다.

3. 本法 제84조: 본법 제83조에 게기한 자에게 뇌물을 제공・청약 또는 약속한 자는 3년 이하의 징역 또는 300만 원 이하의 벌금에 처한다.

●단순증뢰죄로 처벌

◈ 관련판례(공직자윤리법(삭제), 소방법, 토지구획정리사업법과 관련된 뇌물죄)

[1] ==

대판 2002. 11. 26. 2002도3539

[1] 재개발주택조합의 조합장이 그 재직 중 고소하거나 고소당한 사건의 수사를 담당한 경찰관에게 액수 미상의 프리미엄이 예상되는 조합아파트 1세대를 분양해 준 경우, 뇌물공여죄에 해당한다고 한 사례: 재개발주택조합의 조합장이 그 재직 중 고소하거나 고소당한 사건의 수사를 담당한 경찰관에게 액수 미상의 프리미엄이 예상되는 그 조합아파트 1세대를 분양해 준 경우, 그 아파트가 당첨자의 분양권 포기로 조합에서 임의분양하기로 된 것으로서 예상되는 프리미엄의 금액이 불확실하였다고 하더라도, 조합, 즉 조합장이 선택한 수분양자가 되어 분양계약을 체결한 것 자체가 경제적인 이익이라고 볼 수 있으므로 뇌물공여죄에 해당한다고 한 사례.

[2] ==

대판 2001. 1. 19. 99도5753

[1] 형법상 뇌물죄의 적용에 있어서 지방공사와 지방공단의 임원 및 직원을 공무원으로 본다고 규정한 지방공기업법 제83조가 헌법상 평등의 원칙, 법률유보의 원칙 및 죄형법정주의에 위배되는지 여부(소극): 지방공기업법은 지방자치단체가 직접 설치·경영하거나, 법인을 설립하여 경영하는 기업의 경영에 관하여 필요한 사항을 정하여 그 경영을 합리화함으로써 지방자치의 발전과 주민의 복리증진에 기여하게 함을 목적으로 하고, 그 적용 범위를 수도사업, 공업용수도사업, 궤도사업, 자동차운송사업, 지방도로사업, 지하도사업, 주택사업, 토지개발사업, 의료사업 등의 공공사업으로 하고 있는 점, 지방공기업법이 규정하는 지방공사 및 지방공단은 위와 같은 공공사업을 수행하기 위하여 설립된 기업으로서 그 임원 및 직원에게는 공무원에 버금가는 정도의 청렴성과 업무의 불가매수성이 요구되고, 이들이 직무와 관련하여 금품수수 등의 비리를 저질렀을 경우에는 이를 공무원으로 보아 엄중하게 처벌함으로써 공공사업의 정상적인 운영과 법인 업무의 공정성을 보장할 필요가 있는 점, 공무원의 신분이 아님에도 불구하고 그 직무의 공공적 성격으로 인하여 청렴성과 불가매수성이 요구되는 경우에 그 직무와 관련된 수재행위를 공무원의 수뢰행위와 같거나 유사하게 처벌하는 사례는, 정부관리기업체의 간부직원에 관한 특정범죄가중처벌등에관한법률 제4조, 금융기관의 임·직원에 관한 특정경제범죄가중처벌등에관한법률 제5조 제1항, 도시재개발조합의 임·직원에 관한 도시재개발법 제61조 등 우리 형사법 체계상 흔히 찾아볼 수 있는 점 등에 비추어 보면, 형법 제129조 내지 132조의 적용에 있어서 지방공사와 지방공단의 임원 및 직원을 공무원으로 본다고 규정한 지방공기업법 제83조는 헌법 제11조 제1항, 제37조 제2항 등에 위반된다고 볼 수 없으며, 또한 지방공기업법은 제3장 제2절과 제4장에서 지방공사와 지방공단의 임원 및 직원에 관하여 구체적인 규정을 두고 있으므로, 위 제83조가 죄형법정주의에 위배되는 것이라고 할 수도 없다.

[3] ==

대판 1991. 7. 23. 91도1190

[1] 토지구획정리사업 등의 업무를 담당하던 시청 도시계장이 토지구획정리사업시행 여부를 결정하기 위하여 현지에 답사 차 내려온 건설부 소속 공무원들에게 청탁하여 사업시행인가가 날수 있도록 하여 달라는 명목으로 지급하는 금원을 교부받았다면 알선수뢰죄에 해당한다고 본 사례.

[4] ==

대판 1983. 3. 22. 82도1922

[1] 피고인 (갑)이 시의 도시과 구획정리계 측량기술원으로 근무하면서 다년간 환지
측량업무에 종사하게 된 결과 얻은 지식과 경험을 기초로 체비지에 관한 공개경
쟁 입찰에서 입찰예정가격이 대략 어느 정도 될 것이라고 추측한 내용을 피고인
(을)에게 알려준 행위는 그의 직무행위 내지는 직무와 밀접하게 관련된 행위라
고 볼 수 없는 것이고, 따라서 피고인 (갑)이 그 대가로 피고인 (을)로부터 받
기로 약속한 이익도 뇌물죄에서 말하는 직무에 관련된 대가라고 보기 어렵다.

제6절 社會法과 關聯된 賂物罪

I. 索道·軌道法에 관한 賂物罪

索道 및 軌道(외줄궤도 포함) 施設의 安全을 확보하고 삭도사업
및 궤도사업의 능률적인 운영과 발전을 기함으로써 공공의 복리를
증진함을 목적으로 하여, 1977년 12월 31일 법률 제3087호로 全文
改正을 거쳐 입법·공포한 이래, 2005년 12월 7일 법률 제7714호로
일부개정으로 오늘에 이르고 있다.

本法에서 索道事業이라 함은 空中에 設置한 밧줄에 운반기를 달
아 여객 또는 화물을 운송하는 사업을 말하고, 軌道事業이란 지상
에 敷設한 궤도에 의하여 여객 또는 화물을 운송하는 사업을 말한
다. 그리고 외줄궤도는 주로 도로상에 설치된 외줄의 궤도에 얹히
거나 매달려 走行하는 운반기에 의하여 여객 또는 화물을 운송하
는 시설을 말한다. 또한 전용삭도는 자기의 사업(삭도사업 및 궤도
사업을 제외)에 사용하기 위하여 설치한 삭도 또는 궤도를 말한다.

軌道用地는 軌道用으로 사용되는 線路用地, 停留場·信號所·車

庫·運搬機具保管所 및 貨物庫 등의 건설에 사용되는 토지, 전용에 공하는 발전소 및 배전소 등의 건설에 사용되는 토지, 운전 및 保線에 종사하는 직원의 상주용에 쓰기 위한 건물의 건설에 사용되는 토지, 차량·운반기구·기계를 수리·제작하는 공장과 그 재료·기계·기구를 저장하는 창고 등의 건설에 사용되는 토지를 말한다(본법 제3조).

安全檢査業務의 委託에 있어서 특별시장·광역시장 또는 시장·군수는 제27조제1항 및 제2항의 규정에 의한 삭도·궤도의 안전검사업무를 대통령령이 정하는 안전검사 전문기관 등에 위탁할 수 있다. (본법 제27조의 2).

本法 제13조제2항 및 제27조의2의 규정에 의하여 준공검사 및 안전검사 업무에 종사하는 안전검사 전문기관 등의 임·직원은 「형법」 제129조 내지 제132조의 적용에 있어서는 이를 **공무원**으로 본다.(본법 제27조의3)

安全檢査業務를 위탁받은 자 또는 그 종사원에게 금전 기타 이익의 제공을 약속하거나 공여의 의사를 표시하고 부정한 검사를 받은 자는 **증뢰죄**로 1년 이하의 징역 또는 300만 원 이하의 벌금에 처하고 있다(본법 제35조 5호)

法人의 代表者, 법인 또는 개인의 대리인·사용인 기타의 종업원이 그 법인 또는 개인의 업무에 관하여 **제35조** 및 제36조의 행위를 한 때에는 행위자를 처벌하는 외에 그 법인 또는 개인에 대하여도 각 본조의 벌금형에 처한다는 **양벌규정**을 두고 있다.(본법 제37조)

Ⅱ. 韓國馬事會法에 관한 賂物罪

韓國馬事會法은 韓國馬事會의 組織·運營과 競馬에 관한 事項을 정함으로써 경마의 공정한 시행과 원활한 보급을 통하여 마사의 진흥 및 축산의 발전에 이바지하고 국민의 여가선용을 도모함을 함을 목적으로 하여, 1990년 8월 1일 법률 제4251호로 입법·공포된 이래, 2005년 5월 31일의 일부개정을 거쳐 오늘에 이르고 있다.

本法에서 사용하는 용어로는 競馬·競走馬·馬主·調教師·騎手·乘馬投票權·還給金·單位投票金額 등이 있는데, 競馬란 기수가 기승한 말의 경주에 승마투표권을 발매하고, 승마 적중 자에게 환급금을 교부하는 행위이고, 競走馬는 경주에 出走시킬 목적으로 한국마사회에 등록한 말을 말한다. 馬主는 경주마를 소유하거나 소유할 목적으로 한국마사회에 등록한 자이며, 助教師는 한국마사회의 면허를 받아 경주마를 관리하고 조련시키는 자를 말한다. 騎手라 함은 한국마사회의 면허를 받아 경마 시행 시 경주마에 기승하는 자이다.

乘馬投票權은 競馬施行時 乘馬를 적중시켜 환급금을 교부받고자 하는 자의 청구에 의하여 한국마사회가 발매하는 승마투표방법·마번 및 금액 등이 기재된 표권을 말한다. 그리고 단위투표금액은 승마투표권 발매의 기본단위로서 최저발매금액을 뜻한다(본법 제2조). 경주마의 調教 또는 騎乘을 하고자 하는 자는 마사회로부터 조교사 또는 기수의 면허를 받아야 하고, 경주마의 裝蹄를 하고자 하는 자는 마사회에 등록하여야 한다. 그리고 조교사·기수 또는 경주마의 장제자에 대한 면허 또는 등록의 요건·취소 등에 관하여 필요한 사항은 마사회가 정한다(본법 제14조).

本法에 있어서 賂物罪는 調敎師·騎手 및 馬匹管理員이 그 업무에 관하여 부정한 청탁을 받고 재물 또는 재산상의 이익을 수수·요구 또는 약속한 때에는 **단순수뢰죄**로 5년 이하의 징역 또는 1천 500만 원 이하의 벌금에 처한다(본법 제53조 제1항). 조교사·기수 및 마필관리원이 제1항의 죄를 범하여 부정한 행위를 한 때에는 **수뢰후부정처사죄**로 7년 이하의 징역 또는 2천만 원 이하의 벌금에 처한다(본법 제53조 제2항). 조교사·기수 및 마필관리원이 그 업무에 관하여 부정한 청탁을 받고 제3자에게 재물 또는 재산상의 이익을 공여하게 하거나 공여를 요구 또는 약속한 때에는 **제3자 뇌물제공죄**로 5년 이하의 징역 또는 1천 500만 원 이하의 벌금에 처한다(제54조).

그리고 제53조 및 제54조에 규정한 財物 또는 財産上의 利益을 약속·공여 또는 공여의 의사를 표시한 자는 **증뢰죄**로 2년 이하의 징역 또는 500만 원 이하의 벌금에 처한다(본법 제55조). 또한 제53조 내지 제55조의 재물은 **몰수**한다. 다만 재물을 몰수하기 불가능하거나, 재산상의 이익을 취득한 때에는 그 가액을 **추징**한다(본법 제56조). 특히 제53조 내지 제55조의 죄에는 10년 이하의 자격정지를 병과 할 수 있다(본법 제57조).

Ⅲ. 競輪·競艇法에 관한 賂物罪

競輪·競艇法은 競輪[13] 및 競艇[14]의 公正한 施行과 원활한 보급

[13) 경륜이라 함은 자전거경주에 승자투표권(경륜 또는 경정개최 시 승자를 적중시켜 환급금을 교부받고자 하는 자의 청구에 의하여 경륜 또

을 통하여 국민의 여가선용과 청소년의 건전육성 및 국민체육의 진흥을 도모하고, 지방재정확충을 위한 재원을 마련하며, 자전거 및 모타보트 경기수준의 향상에 이바지함을 목적으로 하여, 1991년 12월 31일 법률 제4476호로 입법·공포된 이래 3차의 개정과 1999년 2월 8일 제198회 정기국회와 제199회 임시국회의 통과하고, 2005년 3월 24일 법률 제7419로 일부개정을 거쳐 오늘에 이르고 있다.

競走에 선수로 出走하거나 審判으로 從事하고자 하는 者는 진흥공단에 등록하여야 한다. 다만 금치산자·한정치산자 또는 파산선고를 받고 복권되지 아니 한 자, 본법 규정에 위반하여 벌금 이상의 형의 선고를 받은 자, 금고 이상의 형의 선고를 받고 그 집행이 종료되거나 집행을 받지 아니 하기로 확정된 후 5년이 경과되지 아니 한 자는 등록할 수 없다. 경기에 선수로 出走하거나 심판으로 종사하고자 하는 자의 資格·選拔·登錄 및 訓練 등에 관하여 필요한 사항은 대통령령으로 정한다.(본법 제6조)

競走에 使用하는 自轉車 및 모타보트는 진흥공단에 등록하여야 하고, 경주에 사용하는 자전거 및 모타보트의 종류·규격·용구·검사 및 등록 등에 관하여 필요한 사항은 문화관광부령으로 정한

는 경정사업자가 발매하는 승자투표방법·선수번호 및 금액 등이 기재되어 있는 표권)을 발매하고 승자투표적중자에게 환급금(경륜 또는 경정선수의 도착순위가 확정되었을 때에 경륜 또는 경정 사업자가 승자투표권발매금액 중에서 발매 수득금 및 제세 등을 공제한 후 승자적중자 또는 승자투표권을 구매한 자에게 교부하는 금액)을 교부하는 행위를 말한다(본법 제2조 1호).

14) 경정이란 모타보트경주에 승자투표권을 발매하고 승자투표적중자에게 환급금을 교부하는 행위를 말한다(본법 제2조 2호).

다. 진흥공단은 등록을 하는 자에 대하여 문화관광부령이 정하는 바에 의하여 수수료를 징수할 수 있다(본법 제6조). 競走事業者는 競走에 出走하는 선수·심판 기타 경주에 종사하는 자의 복지와 안전을 위하여 필요한 조치를 하여야 하고, 복지 및 안전조치 등에 관하여 필요한 사항은 대통령령으로 정한다(본법 제19조).

선수 또는 審判이 그 業務에 관하여 不正한 請託을 받고 재물 또는 재산상의 이익을 수수·요구 또는 약속한 때에는 **단순수뢰죄**로 5년 이하의 징역 또는 1천 500만 원 이하의 벌금에 처한다(본법 제26조 제1항). 그리고 선수 또는 심판이 제1항의 죄를 범하여 부정한 행위를 한 때에는 **수뢰후부정처사죄**로 7년 이하의 징역 또는 2천만 원 이하의 벌금에 처한다(본법 제26조 제2항). 또한 선수 또는 심판이 그 업무에 관하여 부정한 청탁을 받고 제3자에게 재물 또는 재산상의 이익을 공여하게 하거나 공여를 요구 또는 약속한 때에는 **제3자뇌물제공죄**로 5년 이하의 징역 또는 1천 500만 원 이하의 벌금에 처한다(본법 제27조).

한편 제26조 및 제27조에 규정한 財物 또는 財産上의 利益을 약속·공여 또는 공여의 의사를 표시한 자는 **증뢰죄**로 2년 이하의 징역 또는 500만 원 이하의 벌금에 처한다(본법 제28조). 마지막으로 제26조 내지 제28조의 재물은 **몰수**하고, 몰수하기 불가능하거나 재산상의 이익을 취득한 때에는 그 가액을 **추징**한다(본법 제29조). 특히 제26조 내지 제28조의 죄에는 10년 이하의 자격정지를 병과할 수 있다(본법 제30조).

Ⅳ. 油類汚染損害賠償保障法에 관한 贓物罪

油類汚染損害賠償保障法은 船舶으로부터 流出 또는 排出된 油類에 의하여 유류오염손해가 발생한 경우에 선박소유자의 책임을 명확히 하고 유류오염손해의 배상을 보장하는 제도를 확립함으로써 피해자의 보호와 선박에 의한 유류운송의 건전한 발전을 도모함을 목적으로 하여, 1992년 12월 8일 법률 제4532호로 입법·공포된 이래 2차의 개정을 거쳐, 1999년 2월 5일 제199회 임시국회 통과와 2003년 12울 11일 법률 제7002호로 일부개정을 거쳐 오늘에 이르고 있다.

本法에서 船舶이란 산적유류를 화물로서 운송하기 위하여 건조되거나 개조된 모든 형의 항해선(艀船 포함)을 말한다. 다만 유류 및 다른 화물을 운송할 수 있는 선박은 산적유류를 화물로서 운송하거나 선박 안에 그 산적유류의 잔유물이 있는 경우에는 이 법에 의한 선박으로 본다(본법 제2조 1호). 선박소유자의 의미는 선박법 제8조 제1항의 규정 또는 외국의 법령에 의하여 선박의 소유자로서 등록된 자를 말하며, 등록되어 있지 아니 한 경우에는 선박을 소유하는 자를 말한다.

다만 外國이 所有하는 船舶의 경우에 그 나라에서 그 선박의 운행자로서 등록되어 있는 회사 또는 기타의 단체가 있는 때에는 그 회사 또는 기타의 단체를 이 법에 의한 선박소유자로 보며, 대한민국국민이 외국국적을 가진 선박을 나용선한 경우에는 선박의 소유자로서 등록된 자와 나용선자를 모두 이 법에 의한 선박소유자로 본다(본법 제2조 2호). 油類라 함은 船舶에 貨物로서 運送되거나 선용류로서 사용되는 원유·연료류·윤활류 등 지속성 탄화수소 광물성류로서 대통령령이 정하는 것을 말하고(본법 제2조 3호), 유류오염손해는 유류 또는 배출된 장소에 불구하고 선박으로부터 유류가 유출 또는 배출되어 초래된 오염에 의하여 선박외부에서 발생한 손실 또는 손해이다(본법 제2조 4호).

이 경우 環境損傷으로 인한 利益喪失 이외의 環境損傷에 대한 손실 또는 손해는 그 회복을 위하여 취하였거나 취하여야 할 상당한 조치에 따르는 비용에 한한다. 그리고 방제조치의 비용 및 방제조치로 인한 추가적 손실 또는 손해를 의미한다. 事故란 油類汚染損害를 일으키거나 油類汚染損害를 일으킬 수 있는 중대하고 절박한 위험이 있는 사건 또는 동일한 원인을 가지는 일련의 사건을 말하며, 방제조치는 사고가 발생한 후에 유류오염손해를 방지 또는 경감하기 위하여 당사자 또는 제3자에 의하여 취하여진 모든 합리적 조치를 말한다.

또한 保險者 등이라 함은 이 법에서 정하는 油類汚染損害賠償保障契約에 있어서 선박소유자의 손해를 진보하거나 배상의무의 이행을 담보하는 자를 말한다. 제한채권이라 함은 선박소유자 또는 보험자 등이 이 법의 규정에 따라 그 책임을 제한할 수 있는 채권을 말하고, 수익채무자는 해당 책임제한절차에 있어서 제한채권에 대한 채무자로서 책임 제한절차 개시의 신청을 한 자 이외의 자를 말한다.

責任協約은 1992년 油類汚染損害에 대한 民事責任에 관한 국제협약을 말하며(본법 제2조 10호), 국제기금협약은 국제기금협약 제2조 제1항의 규정에 의한 유류오염손해의 보상을 위한 국제기금을 말한다(본법 제2조 12호). 본법은 대한민국의 영역(영해포함) 및 대한민국의 배타적 경제수역에서 발생한 유류오염손해에 대하여 적용한다. 다만 대한민국의 영역 및 대한민국의 배타적 경제수역에서의 유류오염손해를 방지하거나 경감하기 위한 방제조치에 대하여는 그 장소에 관계없이 이 법을 적용한다(본법 제3조).

本法에서는 管理人에 대한 **수 · 증뢰죄**를 처벌하고 있는바, 責任制限節次法 제20조의 규정에 의하여 선임된 관리인 또는 책임제한절차법 제37조의 규정에 의하여 선임된 관리인대리가 그 직무에 관하여 뇌물을 수수 · 요구 또는 약속한 때에는 **단순수뢰죄**로 5년 이하의 징역 또는 500만 원 이하의 벌금에 처한다(본법 제48조 제1항). 제1항의 경우에 수수된 뇌물은 이를 **몰수**하고, 그 전부 또는 일부를 몰수할 수 없는 때에는 그 가액을 **추징**한다(본법 제48조 제2항).

제48조 제1항의 규정에 의한 賂物을 約束 · 供與 또는 供與의 意思를 표시한 자는 **증뢰죄**로 3년 이하의 징역 또는 200만 원 이하의 벌금에 처한다(본법 제49조). 법인의 대표자 또는 법인이나 개인의 대리인 · 사용인 기타 종업원이 그 법인 또는 개인의 업무에 관하여 제50조 내지 제52조의 위반행위를 한 때에는 행위자를 벌하는 외에 그 법인 또는 개인에 대하여도 각 해당 조의 벌금형을 과하는 **양벌규정**이다.(본법 제53조) 그리고 해양수산부장관이 제47조 제2항의 규정에 의하여 위탁한 업무에 종사하는 해상재해방지전문기관의 임원 및 직원은 형법 제129조 내지 제132조의 적용에 있어서 이를 공무원으로 보는 擬制規定이다(본법 제54조).

V. 電氣工事業法에 관한 賂物罪

電氣工事業法은 電氣工事業과 電氣工事의 施工·技術管理 및 都給에 관한 기본적인 사항을 정함으로써 전기공사업의 건전한 발전을 도모하고 전기공사의 안전하고 적정한 시공을 확보함을 목적으로 하여, 1976년 12월 31일 법률 제2967호 全文改正으로 입법·공포된 이래 5차의 개정을 거쳐 시행해 오다 제198회 정기국회를 통과하여 1997년 7월 1일부터 신법에 따라 시행되어 오다 1999년 1월 29일 개정과 2005년 12월 23일 법률 제7741호로 일부개정을 거쳐 오늘에 이르렀다.

본법에서 **"전기공사"** 라 함은 「전기사업법」 제2조제14호의 규정에 의한 전기설비, 전력사용장소에서 전력을 이용하기 위한 전기계장설비, 전기에 의한 신호표지에 해당하는 설비 등을 설치·유지·보수하는 공사 및 이에 따른 부대공사로서 대통령령이 정하는 것을 말한다.(본법 제2조 1호) **"공사업"**이라 함은 도급 기타 명칭 여하에 불구하고 제1호의 규정에 의한 전기공사를 업으로 하는 것을 말한다.(2호) **"공사업자"**라 함은 제4조제1항의 규정에 의하여 공사업의 등록을 한 자를 말한다.(3호). **"발주자"**라 함은 전기공사를 공사업자에게 도급 주는 자를 말한다. 다만, 수급인으로서 도급받은 전기공사를 하도급 주는 자를 제외한다.(4호) **"도급"**이라 함은 원도급·하도급·위탁 기타 명칭여하에 불구하고 전기공사를 완성할 것을 약정하고, 상대방이 그 일의 결과에 대하여 대가를 지급할 것을 약정하는 계약을 말한다.(5호) **"하도급"**이라 함은 도급받은 전기공사의 전부 또는 일부를 수급인이 다른 공사업자와 체결하는 계약을 말한다.(6호) **"수급인"**이라 함은 발주자로부터 전기공사를 도급받은 공사업자를 말한다.(7호) **"하수급인"**이라 함은 수급인으로부터 전기공사를 하도급 받은 공사업자를 말한다.(8호) **"전기공사기술자"**라 함은 「국가기술자격법」에 의한 전기 분야의 기술자격을 취득한 자, 일정한 학력과 전기 분야에 관한 경력을 가진 자 로서 제17조의2의 규정에 의하여 산업자원부장관의 인정을 받은 자를 말한다.(9호)

本法에 의하면 産業資源部長官의 權限 중 제4조 제1항의 규정에 의한 등록신청의 접수, 제9조 제1항의 규정에 의한 등록사항 변경신고의 접수, 제31조 제1항의 규정에 의한 정보의 종합관리 및 제공, 제31조 제2항의 前段의 규정에 의한 자료의 제출요청, 제31조 제3항의 규정에 의한 공사업자의 시공능력의 평가 및 공시, 제31조 제4항의 규정에 의한 신고의 접수의 업무는 대통령령이 정하는 바에 의하여 공사업자단체 또는 전기 분야 기술자를 관리하는 법인·단체에 위탁할 수 있다(본법 제32조 제2항). 그리고 제31조 제1항의 규정에 의한 情報를 提供받고자 하는 者와 제31조 제3항의 규정에 의하여 시공능력의 평가 및 공시를 받기 위하여 신청하는 자와 시공능력의 공시자료를 이용하는 자는 산업자원부령이 정하는 바에 의하여 수수료를 납부하여야 한다(본법 제35조 제4·5호).

本法에 의하면 工事業者團體의 任員 및 職員은 제32조 제2항의 규정에 의하여 위탁받은 업무를 수행함에 있어서 공사업자에게 공사업자단체에 가입할 것을 강요하거나 제35조 제4호 및 제5호의 규정에 의한 수수료 이외의 금품을 받아서는 안 된다는 제33조 제2항의 규정으로 이에 위반하여 수수료 이외의 금품을 받은 자는 **수뢰죄**로

300만 원 이하의 벌금에 처한다(본법 제44조 제1호). 그리고 指定教育訓練機關의 任員 및 職員과 제32조 제2항 또는 제3항의 규정에 의하여 위탁한 업무에 종사하는 공사업자단체 또는 전기분야기술자를 관리하는 법인·단체의 임원 및 직원은 형법 제129조 내지 제132조의 적용에 있어서는 이를 공무원으로 본다(본법 제33조 제1항).

법인의 대표자나 법인 또는 개인의 대리인·사용인 기타 종업원이 그 법인 또는 개인의 업무에 관하여 제40조 내지 제44조의 위반행위를 한 때에는 행위자를 벌하는 외에 그 법인 또는 개인에 대하여도 각 해당 조의 벌금형을 과하는 **양벌규정**이다 (본법 제45조)

VI. 社會保護法上 賂物罪

社會保護法은 罪를 犯한 者로서 再犯의 危險性이 있고 특수한 교육·개선 및 치료가 필요하다고 인정되는 자에 대하여 보호처분을 함으로써 사회복귀를 촉진하고 사회를 보호함을 목적으로 하여, 1980년 12월 18일 법률 제3286호로 입법·공포된 이래 5차의 개정을 거쳐 오늘에 이르고 있다.

> **2005년 8월 4일 법률 제7656호의 폐지로 본법의 뇌물죄는 사실상 없게 된다. 다만, 참고로 보존한다.(논문 참고용)**

本法에 의한 保護處分對象者는 數 個의 刑을 받거나 수 개의 죄를 범한 자(과실범 제외)와 심신장애자 또는 마약류·알코올 기타 약물중독자로서 죄를 범한 자를 말한다(본법 제2조). 그리고 보호처분의 종류로는 보호감호와 치료감호, 그리고 보호관찰이 있다(본법 제3조). 보호사건의 토지관할은 감호사건과 동시에 심리하거나 심리할 수 있었던 사건의 관할에 따르고, 감호사건의 제1심 재판은 지방법원 및 지방법원지원 합의부의 관할로 한다. 이 경우 被監護請求人에 대한 監護事件과 被告事件의 管轄이 다른 때에는 감호사건의 관할에 따른다(본법 제4조). 보호대상자가 同種 또는 유사한 죄로 2회 이상 금고 이상의 실형을 받고 형기 합계 3년 이상인 자가 최종형의 전부 또는 일부의 집행을 받거나 면제를 받은 후 다시 同種 또는 類似한 罪를 범한 때나 수죄를 범하여 상습성이 인정될 때 그리고 보호감호의 선고를 받은 자가 그 감호의 전부 또는 일부의 집행을 받거나 면제를 받은 후 다시 同種 또는 유사한 죄를 범한 때에 해당하고 재범의 위험성이 있다고 인정되는 때에는 보호감호에 처한다(본법 제5조).

保護對象者가 心神障礙者로서 형법 제10조 제1항의 규정에 의하여 벌할 수 없거나 同條 제2항의 규정에 의하여 벌할 수 없거나 同條 제2항의 규정에 의하여 형이 감경되는 자가 금고 이상의 형에 해당하는 죄를 범한 때와 마약·향정신성의약품·대마 기타 남용되거나 해독작용을 일으킬 우려가 있는 물질이나 알코올을 식음·섭취·흡입·흡연 또는 주입 받은 습벽이 있거나 그에 중독된 자가 금고 이상의 형에 해당하는 죄를 범한 때에 해당하고 재범의 위험성이 있다고 인정되는 때에는 치료감호에 처한다(본법 제8조 제1항 제1호). 그리고 제1항 제2호에 의해 남용되거나 해독작용을 일으킬 우려가 있는 물질은 대통령령으로 정한다(본법 제8조 제2항).

保護對象者인 被保護監護者가 假出所한 때 또는 병과된 형의 집행 중 가석방된 후 그 가석방이 취소되거나 실효됨이 없이 잔형기를 경과한 때나 치료감호가 가종료된 때 또는 피치료감호자가 치료감호시설 외에서의 치료를 위하여 친족에게 위탁된 때에는 보호관찰이 개시된다(본법 제10조 제1항 제1·2호). 제1항 제1호 후단의 경우에는 社會保護委員會의 假出所決定이 있는 것으로 보고, 보호관찰의 기간은 3년으로 한다. 다만 제1항 제2호의 규정에 의한 피보호관찰자에 대하여는 계속 보호관찰이 필요하다고 인정되는 경우 사회보호위원회의 결정으로 보호관찰기간을 1차에 한하여 3년간 연장할 수 있다.

그리고 保護觀察期間 滿了 前이라도 社會保護委員會의 보호감호의 집행면제결정 또는 치료감호의 종료결정이 있거나 보호관찰이 개시된 자가 다시 보호감호 또는 치료감호의 집행을 받게 되어 재수용되거나 금고 이상의 형의 집행을 받게 된 때에는 보호관찰이 종료된다(본법 제10조). 감호를 집행하는 자가 뇌물을 수수·요구 또는 약속하고 피감호자를 도주하게 하거나 이를 용이하게 한 죄를 범한 때에는 **수뢰죄**로 2년 이상의 유기징역에 처한다(본법 제43조 제4항).

◈ 종합정리(삭도및궤도법, 한국마사회법, 경륜및경정법, 유류오염손해배상보장법, 전기공사업법, 사회보호법(폐지)과 관련된 뇌물죄)

■ 索道·軌道法에 관한 賂物罪

 1. 立法 趣旨: 索道 및 軌道(외줄궤도 포함) 施設의 安全을 확보하고 삭도사업 및 궤도사업의 능률적인 운영과 발전을 기함으로써 공공의 복리를 증진함을 목적으로 입법한 것이다.

 2. 本法 제35조 5호: 본법에서 안전검사업무를 위탁받은 자 또는 그 종사원에게 금전 기타 이익의 제공을 약속하거나 공여의

의사를 표시하고 부정한 검사를 받은 자는 1년 이하의 징역
또는 300만 원 이하의 벌금에 처한다.

● **단순증뢰죄로 처벌**

3. 本法 제37조: 法人의 代表者, 법인 또는 개인의 대리인·사용
인 기타의 종업원이 그 법인 또는 개인의 업무에 관하여 **제35
조** 및 제36조의 행위를 한 때에는 행위자를 처벌하는 외에 그
법인 또는 개인에 대하여도 각 본조의 벌금형에 처한다는 **양
벌규정**을 두고 있다.

■ 韓國馬事會法에 관한 賂物罪

1. 立法 趣旨: 韓國馬事會의 組織·運營과 競馬에 관한 事項을
정함으로써 경마의 공정한 시행과 원활한 보급을 통하여 마
사의 진흥 및 축산의 발전에 이바지하고 국민의 여가선용을
도모함을 목적으로 입법한 것이다.

2. 本法 제53조 제1항: 本法에 있어서 賂物罪는 調敎師·騎手 및
馬匹管理員이 그 업무에 관하여 부정한 청탁을 받고 재물 또
는 재산상의 이익을 수수·요구 또는 약속한 때에는 5년 이하
의 징역 또는 1천 500만 원 이하의 벌금에 처한다.

● **단순수뢰죄로 처벌**

3. 本法 제53조 제2항: 조교사·기수 및 마필관리원이 제1항의
죄를 범하여 부정한 행위를 한 때에는 7년 이하의 징역 또는
2천만 원 이하의 벌금에 처한다.

● **수뢰후부정처사죄로 처벌**

4. 本法 제54조: 조교사·기수 및 마필관리원이 그 업무에 관하

여 부정한 청탁을 받고 제3자에게 재물 또는 재산상의 이익을
공여하게 하거나 공여를 요구 또는 약속한 때에는 5년 이하의
징역 또는 1천 500만 원 이하의 벌금에 처한다.

● 제3자 뇌물제공죄로 처벌

5. 本法 제55조: 본법 제53조 및 제54조에 규정한 財物 또는 財
   産上의 利益을 약속·공여 또는 공여의 의사를 표시한 자는 2
   년 이하의 징역 또는 500만 원 이하의 벌금에 처한다.

● 단순증뢰죄로 처벌

6. 本法 제56조: 본법 제53조 내지 제55조의 재물은 몰수한다.
   다만 재물을 몰수하기 불가능하거나, 재산상의 이익을 취득한
   때에는 그 가액을 추징한다.

7. 本法 제57조: 본법 제53조 내지 제55조의 죄에는 10년 이하의
   자격정지를 병과 할 수 있다.

■ 競輪·競艇法에 관한 賂物罪

1. 立法 趣旨: 競輪 및 競艇의 公正한 施行과 원활한 보급을 통
   하여 국민의 여가선용과 청소년의 건전육성 및 국민체육의 진
   흥을 도모하고, 지방재정확충을 위한 재원을 마련하며, 자전거
   및 모타보트 경기수준의 향상에 이바지함을 목적으로 하여 입
   법한 것이다.

2. 本法 제26조 제1항: 선수 또는 審判이 그 業務에 관하여 不正
   한 請託을 받고 재물 또는 재산상의 이익을 수수·요구 또는
   약속한 때에는 5년 이하의 징역 또는 1천 500만 원 이하의 벌
   금에 처한다.

● **단순수뢰죄로 처벌**

3. 本法 제26조 제2항: 그리고 선수 또는 심판이 제1항의 죄를 범하여 부정한 행위를 한 때에는 7년 이하의 징역 또는 2천만 원 이하의 벌금에 처한다.

● **수뢰후부정처사죄로 처벌**

4. 本法 제27조: 선수 또는 심판이 그 업무에 관하여 부정한 청탁을 받고 제3자에게 재물 또는 재산상의 이익을 공여하게 하거나 공여를 요구 또는 약속한 때에는 5년 이하의 징역 또는 1천 500만 원 이하의 벌금에 처한다.

● **제3자뇌물제공죄로 처벌**

5. 本法 제28조: 본법 제26조 및 제27조에 규정한 財物 또는 財産上의 利益을 약속·공여 또는 공여의 의사를 표시한 자는 2년 이하의 징역 또는 500만 원 이하의 벌금에 처한다.

● **단순증뢰죄로 처벌**

6. 本法 제29조: 본법 제26조 내지 제28조의 재물은 **몰수**하고, 몰수하기 불가능하거나 재산상의 이익을 취득한 때에는 그 가액을 **추징**한다.

7. 本法 제30조: 본법 제26조 내지 제28조의 죄에는 10년 이하의 자격정지를 병과 할 수 있다.

■ 油類汚染損害賠償保障法에 관한 賂物罪

1. 立法 趣旨: 船舶으로부터 流出 또는 排出된 油類에 의하여 유류오염손해가 발생한 경우에 선박소유자의 책임을 명확히 하고 유류오염손해의 배상을 보장하는 제도를 확립함으로써 피

해자의 보호와 선박에 의한 유류운송의 건전한 발전을 도모함을 목적으로 입법한 것이다.

2. 本法 제48조 제1항: 本法에서는 管理人에 대한 **수·증뢰죄**를 처벌하고 있는바, 責任制限節次法 제20조의 규정에 의하여 선임된 관리인 또는 책임제한절차법 제37조의 규정에 의하여 선임된 관리인대리가 그 직무에 관하여 뇌물을 수수·요구 또는 약속한 때에는 5년 이하의 징역 또는 500만 원 이하의 벌금에 처한다.

● 단순수뢰죄로 처벌

3. 本法 제48조 제2항: 제1항의 경우에 수수된 뇌물은 이를 몰수하고, 그 전부 또는 일부를 몰수할 수 없는 때에는 그 가액을 추징한다.

4. 本法 제49조: 본법 제48조 제1항의 규정에 의한 賄物을 約束·供與 또는 供與의 意思를 표시한 자는 3년 이하의 징역 또는 200만 원 이하의 벌금에 처한다.

● 단순증뢰죄로 처벌

5. 本法 제53조: 법인의 대표자 또는 법인이나 개인의 대리인·사용인 기타 종업원이 그 법인 또는 개인의 업무에 관하여 제50조 내지 제52조의 위반행위를 한 때에는 행위자를 벌하는 외에 그 법인 또는 개인에 대하여도 각 해당 조의 벌금형을 과하는 **양벌규정**이다.

6. 本法 제54조: 해양수산부장관이 제47조 제2항의 규정에 의하여 위탁한 업무에 종사하는 해상재해방지전문기관의 임원 및 직원은 형법 제129조 내지 제132조의 적용에 있어서 이를 공무원으로 보는 擬制規定이다.

■ 電氣工事業法에 관한 賂物罪

1. 立法 趣旨: 電氣工事業과 電氣工事의 施工·技術管理 및 都給
에 관한 기본적인 사항을 정함으로써 전기공사업의 건전한 발
전을 도모하고 전기공사의 안전하고 적정한 시공을 확보함을
목적으로 입법한 것이다.

2. 本法 제44조 제1호: 本法에 의하면 工事業者團體의 任員 및 職
員은 제32조 제2항의 규정에 의하여 위탁받은 업무를 수행함에
있어서 공사업자에게 공사업자단체에 가입할 것을 강요하거나
제35조 제4호 및 제5호의 규정에 의한 수수료 이외의 금품을 받
아서는 안 된다는 제33조 제2항의 규정으로 이에 위반하여 수수
료 이외의 금품을 받은 자는 300만 원 이하의 벌금에 처한다.

● **단순수뢰죄로 처벌**

3. 本法 제33조 제1항: 指定敎育訓練機關의 任員 및 職員과 제32
조 제2항 또는 제3항의 규정에 의하여 위탁한 업무에 종사하
는 공사업자단체 또는 전기분야기술자를 관리하는 법인·단체
의 임원 및 직원은 형법 제129조 내지 제132조의 적용에 있어
서는 이를 공무원으로 본다.

■ 社會保護法上 賂物罪 **[2005년 8월 4일 법률 제7656호로 폐지]**

1. 立法 趣旨: 罪를 犯한 者로서 再犯의 危險性이 있고 특수한
교육·개선 및 치료가 필요하다고 인정되는 자에 대하여 보
호처분을 함으로써 사회복귀를 촉진하고 사회를 보호함을 목
적으로 입법한 것이다.

2. 本法 제43조 제4항: 감호를 집행하는 자가 뇌물을 수수·요구

또는 약속하고 피감호자를 도주하게 하거나 이를 용이하게 한
죄를 범한 때에는 2년 이상의 유기징역에 처한다.

● 단순수뢰죄로 처벌

◈ 관련판례(삭도및궤도법, 한국마사회법, 경륜및경정법, 유류오염손해배
상보장법, 전기공사업법, 사회보호법(폐지)과 관련된 뇌물죄)

[1]==

대판 1995. 6. 30. 94도993

[1] 매월 3백만 원을 배당받기로 약속한 후 35회에 걸쳐 1억 5백만 원을 교부받은
경우, 5천만 원을 투자함으로써 바로 이익을 얻었다고는 볼 수 없고 매월 3백만
원을 지급받기로 하는 약속, 즉 뇌물의 수수를 약속한 것에 불과하고 현실적으
로 매월 3백만 원씩을 지급받은 것이 뇌물을 수수한 것이라고 보아야 하므로 1
억 5백만 원은 그 자체가 뇌물이 되는데, 다만 실제의 뇌물의 액수는 5천만 원
을 투자함으로써 얻을 수 있는 통상적인 이익을 초과한 금액이라고 보아야 하
며, 여기서 통상적인 이익이라 함은 다른 특별한 사정이 없는 한 그 경찰공무원
의 직무와 관계없이 투자하였더라면 얻을 수 있었을 이익을 말하는데, 구체적으
로는 위 투자의 형태가 실질에 있어서는 금원을 대여하고 그에 대하여 이자를
받은 것과 다를 바 없으므로 슬롯머신 업소 경영자와 같은 사람에게 5천만 원을
직무와 관계없이 대여하였더라면 받았을 이자 상당이 통상적인 이익이 되며 그
이율은 양 당사자의 자금사정과 신용도 및 해당 업계의 금리체계에 따라 심리
판단해야 하며, 그 경찰공무원이 다른 방법으로 그 돈을 투자하였더라면 어느
정도의 이익을 얻을 수 있었을 것인지는 원칙적으로 고려할 필요가 없다.

제7절 賂物罪에서의 公務員擬制

公務員의 擬制란 공무원은 아니지만 형법 제129조 내지 제132조의 벌칙적용에 있어서 공무원으로 의제가 되는 경우를 말한다. 이러한 예로는 行政一般編, 地方制度編, 財經一般編, 通貨·金融編, 敎育編, 文化·體育編, 科學·公報編, 保健福祉編, 環境編, 勞動編, 農林·海洋水産編, 通商産業編, 建設編, 交通編, 情報通信編 特加法, 特經法 等 16個 분야로 고찰하면 다음과 같다.

행정일반편에는 ① 公共機關의 個人情報保護에 관한 法律 제25조에 있어서 이 법에 의한 개인정보의 보유기관 및 개인정보를 위탁받아 처리하는 기관의 종사자 중 공무원이 아닌 자, ② 在外同胞財團法 제27조에 있어서 재단의 임원 및 직원

지방제도편에는 ① 地方公企業法 제83조에서 공사와 공단의 임원 및 직원이다.

재경일반편에는 ① 政府投資機關管理基本法 제18조의 투자기관의 임원 및 대통령령이 정하는 직원, ② 物價安定에 관한 法律 제22조에서 위원회의 위원 중 공무원이 아닌 위원, ③ 流通産業發展法 제57조의 2에서 산업자원부장관이 제57조 제3항의 규정에 의하여 위탁한 업무에 종사하는 대한상공회의소의 임원 및 직원, ④ 消費者保護法 제50조에서 한국소비자보호원의 임원, 조정위원회 위원 및 대통령령이 정하는 직원, ⑤ 人蔘産業法 제30조의 2에 있어서 제9조의 규정에 의한 年根確認業務에 종사하는 조합의 임·직원과 제17조 제1항·제3항의 규정에 의하여 검사업무에 종사하는 인삼류검사기관 및 인삼종자·종묘검사기관의 임·직원이다.

통화·금융편에는 ① 預金者保護法 제42조의 제1항 공사의 임·직원 및 제20조(업무의 대행)의 규정에 의한 대행기관의 임원·직원과 제2항(직원의 범위는 대통령령으로 정한다), ② 金融機關不實資産 등의 效率的 處理 및 成業公社의 設立에 關한 法律 제50조의 제15조 제1항 제3호(금융감독위원회가 금융감독원 집행간부 중에서 지정하는 자 1인)·제4호(예금 보험공사 사장이 지명하는 임원 1인)·제5호(한국산업은행 부총재)·제6호(사단법인 전국은행 연합회 부회장)·제7호(사단법인 전국은행연합회 회장이 소속금융기관 부기관장 중에서 추천하는 자 3인)·제8호(금융산업 및 기업경영 분야에 관한 경험과 지식이 풍부한 자로서 변호사·공인회계사 또는 세무사·대학의 교수 또는 연구기관에 소속된 박사학위 소지자에 해당하는 자 중 공사 사장이 추천에 의하여 금융감독위원회가 위촉하는 자 각 1인), ③ 新技術事業金融支援에 관한 法律 제25조의 기금의 임원

교육편에는 韓國敎育學術情報院法 제22조에서 교육정보원의 임원 및 직원이다.

문화·체육편에는 ① 公演法 제25조의 7에 있어서 제25조의 6의 규정에 의하여 위탁한 사무에 종사하는 협의회의 위원 또는 직원, ② 音盤 및 비디오物에 관한 法律 제30조의 문화체육부장관이 제24조의 규정에 의하여 위탁한 사무에 종사하는 한국공연예술진흥협의회 또는 협회의 임원 및 직원, ③ 靑少年保護法 제48조 제1항에서 청소년보호위원회의 사무에 종사하는 공무원이 아닌 위원 또는 직원과 제2항에서 제46조의 규정에 의하여 위탁한 사무 중 심의업무에 종사하는 한국간행물윤리위원회 또는 법인·단체의 위원, 임원, 직원은 형법상 및 특정범죄가중처벌 등에 관한 법률 제2조의 적용에서 공무원으로 본다.

과학 · 공보편에는 ① 政府出捐硏究機關 등의 設立 · 運營 및 育成에 관한 法律 제33조의 연구기관 및 연구회의 임원 및 대통령령이 정하는 직원(연구기관 및 연구회의 연구원 및 과장급 이상의 직원), ② 엔지니어링技術振興法 제28조의 제26조의 규정에 의하여 위탁을 받아 업무에 종사하는 협회 또는 조합의 임 · 직원, ③ 氣象業務法 제38조의 제24조의 규정에 의한 기상 등의 정보제공업무에 종사하는 법인의 임원 및 직원이다.

보건복지편에는 社會福祉事業法 제57조의 제12조 제1항 또는 제52조 제2항의 규정에 의하여 위탁받은 업무를 수행하는 사회복지관련기관 · 단체의 임 · 직원이다.

환경편에는 ① 環境親和的 産業構造로의轉換促進에 관한 法律 제31조의 인증기관 · 연수기관 또는 심사원인인증기관에 종사하는 단체의 임원 및 직원, ② 環境技術開發에 관한 法律 제19조의 2에 있어서 제19조 제2항의 규정에 의하여 환경부장관의 권한을 위탁받은 환경관리공단, 환경관계기관 · 단체 또는 관계중앙행정기관의 장이 지정하는 기관 · 단체의 임원 및 직원은 위탁받은 권한에 관하여, ③ 海洋汚染防止法 제78조의 제28조 제1항의 규정에 의하여 지정된 검사대행자와 제64조 제6항의 규정에 의하여 지정된 성능시험 · 검정 및 인정대행자의 임원 및 직원은 제24조의 규정에 의한 해양오염방지설비 등의 검사와 제64조 제4항 · 제5항의 규정에 의한 설비 · 자료 또는 약제의 검정 및 인정에 관하여, ④ 環境管理公團法 제12조의 공단의 임원 및 직원, ⑤ 環境紛爭調整法 제14조에서 위원회의 위원 중 공무원이 아닌 위원과 관계전문가, ⑥ 韓國資源再生公社法 제15조에서 공사의 임원 및 직원

노동편에는 ① 障碍人雇傭促進 등에 관한 法律 제65조에 있어서 제61조의 규정에 의하여 이 법의 업무를 위탁받아 행하는 공단의 임원 및 직원, ② 韓國産業人力公團法 제29조에 있어서 공단의 임원 및 직원, ③ 産業災害補償保險法 제27조에서 공단의 임원 및 직원이다.

농림·해양수산편에는 ① 飼料管理法 제34조의 사료검정기관 또는 농림부장관이 제25조의 규정에 의하여 위탁한 업무에 종사하는 법인의 임원 및 직원, ② 漁港法 제38조의 2에 있어서 해양수산부장관이 제35조 제3항의 규정에 의하여 위탁한 사무에 종사하는 제38조의 규정에 의한 어항협회 또는 수산업협동조합법 제2조의 규정에 의한 수산업협동조합의 임원 및 직원, ③ 漁船法 제52조에 있어서 제41조 제1항 및 제3항의 규정에 의하여 해양수산부장관의 업무를 대행하거나 선박 총톤수 측정증명서를 교부하는 기술원 또는 船級법인의 임원 및 직원이다.

통상산업편에는 ① 産業標準化法 제42조의 산업자원부장관이 제38조의 규정에 의하여 위탁한 사무에 종사하는 단체의 임원 및 직원, ② 品質經管促進法 제32조의 인증기관·연수기관 또는 제27조의 규정에 의하여 산업자원부장관이 위탁한 사무에 종사하는 단체의 임원 및 직원, ③ 産業開發法 제43조의 산업자원부장관이 제42조 제2항의 규정에 의하여 위탁한 업무에 종사하는 한국생산성본부, 사업자단체, 대통령령이 정하는 법인 또는 단체의 임원 및 직원, ④ 昇降機製造 및 管理에 관한 法律 제29조에 있어서 제15조 제1항의 규정에 의한 검사기관의 임원 및 직원, ⑤ 鹽管理法 제32조에 있어서 제10조 및 제33조의 규정에 의하여 鹽 품질검사 등의

258

위탁업무를 수행하는 조합의 임원 및 직원, ⑥ 計量 및 側定에 관한 法律 제57조의 산업자원부장관이 제50조의 규정에 의하여 위탁한 사무에 종사하는 특정연구기관육성법에 의한 연구기관·지정검정기관 또는 협회의 임원 및 직원, ⑦ 電氣事業法 제65조의 2에 있어서 산업자원부장관 또는 시·도지사가 제65조 제2항의 규정에 의하여 위탁한 업무에 종사하는 안전공사의 임원 및 직원, ⑧ 電氣工事業法 제33조에서 지정교육훈련기관의 임원 및 직원 또는 제32조 제2항 또는 제3항의 규정에 의하여 위탁한 업무에 종사하는 공사업자단체 또는 전기분야기술자를 관리하는 법인·단체의 임원 및 직원, ⑨ 電力技術管理法 제32조에 있어서 제27조의 규정에 의하여 위탁받은 업무에 종사하는 협회의 임·직원과 제12조 및 제13조의 규정에 의하여 그 업무를 행하는 감리원, ⑩ 發展所周邊地域支援에 관한 法律 제21조에서 이 법에 의한 업무에 종사하는 公社 및 법인의 임원 및 직원, ⑪ 都市가스事業法 제45조의 2에서 산업자원부장관 또는 시·도지사가 제45조 제2항 및 제3항의 규정에 의하여 위탁한 사무에 종사하는 公社 또는 검사기관의 임원 및 직원, ⑫ 高壓가스安全管理法 제37조의 2에서 제36조의 규정에 의하여 위탁한 업무에 종사하는 公社 또는 검사기관의 임원 및 직원, ⑬ 液化石油사스의 安全 및 事業管理法 제41조의 3에서 시·도지사 또는 시장·군수·구청장이 제41조 제2항 또는 제3항의 규정에 의하여 위탁한 업무에 종사하는 公社 또는 검사기관의 임원 및 직원, ⑭ 에너지利用合理化法 제92조의 2에서 산업자원부장관이 제92조 제2항의 규정에 의하여 위탁한 업무에 종사하는 시험기관·공단 또는 시공업자단체의 임원 및 직원, ⑮ 集團에너지事業法 제61

조에서 산업자원부장관이 제53조의 규정에 의하여 위탁한 업무에 종사하는 에너지관리공단의 임원 및 직원, ⑯ 鑛山保安法 제22조의 4에서 산업자원부장관이 제22조의 3 제2항의 규정에 의하여 위탁한 업무에 종사하는 법인의 임원 및 직원, ⑰ 送油管安全管理法 제12조에서 산업자원부장관이 제11조 제2항의 규정에 의하여 위탁한 업무에 종사하는 공사의 임원 및 직원, ⑱ 石油事業法 제39조에 있어서 제32조 제2항의 규정에 의하여 위탁한 업무에 종사하는 법인의 임원 및 직원이다.

　건설편에는 ① 地價公示 및 土地 등의 評價에 관한 法律 제34조의 2에 있어서 제10조 제1항 제1호 내지 제5호의 목적을 위한 토지의 감정평가, 제20조 제1항 제1호 및 제2호의 2의 업무를 행하는 감정평가사, ② 土地區劃整理事業法 제83조에서 이 법에 의한 업무를 수행하는 조합의 임원·대의원 및 직원, ③ 韓國土地公社法 제27조에서 정부투자기관관리기본법 제18조의 규정에 해당하는 임원 및 직원 이외에 제19조의 규정에 의하여 위탁받은 업무에 종사하는 직원, ④ 建設産業基本法 제90조에서 건설분쟁조정위원회의 임원 및 제91조 제3항의 규정에 의한 위탁사무에 종사하는 자, ⑤ 建設技術管理法 제45조에 있어서 제27조의 규정에 의하여 그 업무를 행하는 감리원, ⑥ 施設物의 安全管理에 관한 特別法 제37조에서 공단의 임·직원, 안전점검 또는 정밀안전진단을 실시하는 자 및 유지관리업무를 하는 자, ⑦ 都市再開發法 제61조에서 이 조합의 임·직원, ⑧ 大韓住宅公社法 제10조에서 정부투자기관관리기본법 제18조의 규정에 해당하는 임원 및 직원 이외에 제9조 제2항의 규정에 의하여 위탁받은 업무에 종사하는 직원, ⑨ 住宅建設促進法

제53조의 2에 있어서 제33조의 6의 규정에 의하여 감리업무를 행한 자, ⑩ 建築法 제77조에서 제23조의 규정에 의하여 현장조사·검사 및 확인업무를 대행하는 자 및 제28조의 규정에 의한 건축지도원으로서 공무원이 아닌 자, ⑪ 韓國道路公社法 제13조의 3에서 정부투자기관관리법 제18조의 규정에 해당하는 임원 및 직원 외에 제12조의 2 및 제13조의 2의 규정에 의하여 위탁받은 업무에 종사하는 자, ⑫ 都市開發法 제82조에서 조합의 임원 및 직원이다.

교통편에는 ① 韓國高速鐵道建設公團法 제36조에서 공단의 임원 및 직원, ② 自動車管理法 제77조의 2에서 제30조·제44조·제45조 및 제47조의 규정에 의한 확인검사·완성검사·자동차검사 및 택시미터검정업무에 종사하는 자와 제77조 제4항 내지 제6항의 규정에 의하여 위탁받은 업무에 종사하는 자, ③ 海上交通安全法 제52조의 2에 있어서 제10조의 3의 규정에 의하여 해양수산부장관의 업무를 대행하는 대행기관의 임원 및 직원, ④ 港灣運送事業法 제29조의 4에 있어서 제29조 제2항의 규정에 의하여 위탁받은 업무에 종사하는 사업자단체 또는 법인의 임·직원, ⑤ 韓國컨테이너埠頭公團法 제38조에서 공단의 임원 및 직원, ⑥ 船舶安全法 제16조의 6에 있어서 제8조 제1항·제2항 또는 제16조의 2의 규정에 의한 검정·확인·검사 또는 승인에 관한 해양수산부장관의 업무를 대행하는 대행검사기관의 임원 및 직원, ⑦ 航路標識法 제15조의 5에 있어서 제15조의 3 제1항의 규정에 의하여 검사에 관한 해양수산부장관의 업무를 대행하는 검사기관의 임원 및 직원, ⑧ 油類汚染損害賠償保障法 제54조에서 해양수산부장관이 제47조 제2항의 규정에 의하여 위탁한 업무에 종사하는 해상재해방지전문기관의 임원 및 직원 ⑨韓國鐵道施設公團法 제38조에서 공단의 임원 또는 직원 등이 있다.

정보통신편에는 ① 電氣通信基本法 제52조에서 통신위원회의 위원 중 공무원이 아닌 위원, 제33조의 2 제1항의 규정에 의하여 성능시험업무를 취급하는 자 및 제46조 제2항의 규정에 의하여 수탁업무를 취급하는 자, ② 電波法 제71조의 6에 있어서 제75조의 4의 규정에 의하여 수탁업무를 취급하는 사업단의 임원 및 직원, ③ 情報通信網利用促進 등에 관한 法律 제27조에서 정보통신부장관이 제26조 제2항 내지 제4항의 규정에 의하여 위탁한 업무에 종사하는 협회·기술협회 및 한국전산원의 임원 및 직원, ④ 컴퓨터프로그램保護法 제37조에서 정보통신부장관이 제32조의 규정에 의하여 위탁한 업무에 종사하는 단체의 임원 및 직원, ⑤ 電算網普及擴張과 利用促進에 관한 法律 제32조에서 정보통신부장관이 제28조의 규정에 의하여 위탁한 업무에 종사하는 전문단체·전산원·정보센터·협회·기술협회의 임원 및 직원, ⑥ 情報通信公社業法 제71조에 있어서 제69조 제2항 및 제3항의 규정에 의한 위탁사무에 종사하는 자이다.

특가법에는 ①정부관리기업체의 간부직원(P.111 정부관리기업체범위 참조) ②임원과 과장대리급 이상의 직원(P.112 중앙회·연합회 및 조합 범위 참조) ③임원(공사·회사·조합·연합회 범위 참조) 등이 있다.

특경법에는 ①금융기관의 임·직원(P.112~113 금융기관 정의 참조)이 있다.

제4장 問題點과 改善方案

제1절 統合의 必要性

현대의 생활관계가 날로 복잡해지고 사회구조도 다변화되어감에 따라 국가기관 이외에도 公的 性格을 가진 **기관·단체·정부관리기업체** 등의 활동이 증대되고 있으며 그 중요성도 커지고 있다. 여기에 從事하는 者들의 活動은 공공의 이익에 직·간접적인 관련을 맺고 있으며, 그 직무의 공정성이 사회의 전반적인 영역에 걸쳐 있기 때문이다. 따라서 그 직무에 관해 공무원에 준하여 중립성과 청렴성이 요구되지 않을 수 없다. 그런데 이러한 범주에 속한 **기관·단체·정부관리기업체** 등의 종사자들에 대해서 직무에 관련된 금품수수는 뇌물죄로 처벌하는 규정이 특별형법 등의 형식으로 도처에 산재되어 있다.[1] 뇌물죄의 적용에 있어서 **일반인이지만 공무원으로 의제**되어 뇌물죄로서 처벌받는 법률도 많다. 〈표 2-2〉와 같이 형법과 특가법의 형량을 비교를 해 보고, 특가법을 형법에 흡수·통합하는 방법을 강구해 보고자 한다.

---

[1] 김용세, '뇌물에 대한 법적 규제', 대전대학교 사회과학연구소, 사회과학논문집 제14권 제2호, 통권 23호, 1995, 16면.

〈표 2-2〉 收賂罪에 관한 特加法上 法定刑量

형 법		특정범죄가중처벌 등에 관한 법률
죄 명	형 량	형 량
단순수뢰죄(129 ①) 특가법 제2조 1항에 의한 가중처벌 특가법 제4조 확대적용	5년 이하의 징역 또는 10년 이하의 자격정지	무기 또는 10년 이상의 징역(수뢰액이 5,000만 원 이상)·5년 이상의 유기징역(수 뢰액이 1,000만 원 이상 5,000만 원 이하)
사전수뢰죄(129 ②) 특가법 제2조 1항 1 호·2호에 의한 가중 처벌	3년 이하의 징역 또는 7년 이하의 자격정지	무기 또는 10년 이상의 징역(수뢰액이 5,000만 원 이상)·5년 이상의 유기징역(수 뢰액이 1,000만 원 이상 5,000만 원 이하)
제3자뇌물제공죄(130) 특가법 제2조 1항 1 호·2호에 의한 가중 처벌	5년 이하의 징역 또는 10년 이하의 자격정지	무기 또는 10년 이상의 징역(수뢰액이 5,000만 원 이상)·5년 이상의 유기징역(수 뢰액이 1,000만 원 이상 5,000만 원 이하)
수뢰후부정처사죄 (131 ①) 특가법 제2 조 1항 1호·2호에 의 한 가중처벌*	1년 이상의 유기징역 단, 10년 이하의 자격 정지 가능	무기 또는 10년 이상의 징역(수뢰액이 5,000만 원 이상)·5년 이상의 유기징역(수 뢰액이 1,000만 원 이상 5,000만 원 이하)
부정처사후수뢰죄 (131 ②)	1년 이상의 유기징역 단, 10년 이하의 자격 정지 가능	
사후수뢰죄 (131 ③)	5년 이하의 징역 또는 10년 이하의 자격정지	
알선수뢰죄(132) 특가법 제2조 1항 1 호·2호에 의한 가중 처벌 특가법 제3조	3년 이하의 징역 또는 7년 이하의 자격정지	무기 또는 10년 이상의 징역(수뢰액이 5,000만 원 이상)·5년 이상의 유기징역 (수뢰액이 1,000만 원 이상 5,000만 원 이하·5년 이하의 징역 또는 1,000만 원 이하의 벌금(공무원의 직무에 속한 사 항의 알선에 관하여 금품이나 이익을 수수·요구 또는 약속한 자)

* 진계호, 형법각론(제3판), 대왕사, 1996, 646면: 김일수, 한국형법 Ⅳ, 박영사, 1997, 545면:
이재상, 형법각론(신정판), 박영사, 1996, 645면, 정성근, 형법각론, 법지사, 1990, 875면: 대
판, 1969. 12. 9, 69도1288(특정범죄가중처벌 등에 관한 법률 제2조에 본죄가 포함되어 있지
않으나, 본죄의 취지로 보아 포함된다고 보는 견해).

賂物罪에 관해서는 **刑法뿐만 아니라 特別法에 산재되어 있기 때문에 법률전문가가 아니면 일반인들은 쉽게 뇌물죄의 규정은 물론 적용여부를 찾아보기 어렵다.** 뿐만 아니라 모법인 형법상 뇌물죄는 특별법 등으로 인해 그 실효성이 희박해지는 감이 있다. 사회의 다변화에 따른 특별법 내지는 기타 법률제정이 불가피하겠으나, 범죄처벌에 대한 형법을 등한히 하고 특별법 우선의 원칙에 따른 모법의 死藏은 바람직하지 않다. 법은 범죄결과의 처리도 중요하지만 범죄예방에 중점을 두는 것도 그에 못지않게 중요하다. 그런데 범죄예방을 위해서는 만인이 법의 내용을 알고 지키며 형벌의 규정과 처벌에 대한 취지를 쉽게 인지할 때 그 실효성이 나타난다. 이를 위해서는 모법 위주의 입법이 필요하고, 특별법은 한시적이어야 할 것이다. 여기서 수많은 법률에 산재해 있어 일반인은 쉽게 알 수가 없는 뇌물에 관한 특별법의 규정을 모법인 형법을 중심으로 이에 통합할 필요성이 절실하다.

제2절 統合對象의 特別法

I. 特定犯罪加重處罰 등에 관한 法律

特定犯罪加重處罰 등에 관한 法律의 刑法에 吸收하는 方案으로는 형법 제129조 1항인 **단순수뢰죄**의 구성요건에 공무원 또는 중재인이 그 직무에 관하여 뇌물을 수수·요구 또는 약속한 때에는

5년 이하의 징역 또는 10년 이하의 자격정지에 처하고, 뇌물액이 5,000만 원 이상인 때에는 무기 또는 10년 이상의 징역, 1,000만 원 이상 5,000만 원 미만인 때에는 5년 이상의 유기징역에 처한다고 하여 특가법 제2조 1항을 수용한다. 그리고 特加法 제4조 규정의 收賂罪 主體를 **정부관리기업체의 간부직원**으로 한다는 조항은 뇌물죄의 적용에 있어서 공무원 의제 규정이 있으므로 삭제함이 타당하다. 형법 제129조 2항인 **사전수뢰죄**의 구성요건에 공무원 또는 중재인이 될 자가 그 담당할 직무에 관하여 청탁을 받고 뇌물을 수수·요구 또는 약속한 후 공무원 또는 중재인이 된 때에는 3년 이하의 징역 또는 7년 이하의 자격정지에 처하고, 뇌물액이 5,000만 원 이상인 때에는 무기 또는 10년 이상의 징역, 1,000만 원 이상 5,000만 원 미만인 때에는 5년 이상의 유기징역으로 가중처벌한다로 하여 특가법 제2조 1항 1호·2호를 수용한다.

刑法 제130조인 **제3자뇌물공여죄**의 構成要件에 공무원 또는 중재인이 그 직무에 관하여 부정한 청탁을 받고 제3자에게 뇌물을 공여하게 하거나 공여를 요구 또는 약속한 때에는 5년 이하의 징역 또는 10년 이하의 자격정지에 처하고, 수뢰액이 5,000만 원 이상인 때에는 무기 또는 10년 이상의 징역, 1,000만 원 이상 5,000만 원 미만인 때에는 5년 이상의 유기징역으로 가중처벌한다로 하여 특가법 제2조 1항 1호·2호를 수용한다. 刑法 제131조 1항인 **수뢰후부정처사죄**의 構成要件에 공무원 또는 중재인이 전2조(제129조 1항, 제129조 2항, 제130조)의 죄를 범하여 부정한 행위를 한 때에는 1년 이상의 유기징역에 처하고, 수뢰액이 5,000만 원 이상인 때에는 무기 또는 10년 이상의 징역, 1,000만 원 이상 5,000만 원 미

만인 때에는 5년 이상의 유기징역으로 가중처벌한다로 하여 특가법 제2조 1항 1호·2호를 수용한다. 형법 131조 2항 1호인 **부정처사후 수뢰죄**의 구성요건에 공무원 또는 중재인이 그 직무상 부정한 행위를 한 후 뇌물을 수수·요구 또는 약속하거나 제3자에게 이를 공여하게 하거나 공여를 요구 또는 약속한 때에는 1년 이상의 유기징역에 처한다.

刑法 제132조인 **알선수뢰죄**의 構成要件에 공무원이 그 지위를 이용하여 다른 공무원의 직무에 속한 사항의 알선에 관하여 뇌물을 수수·요구 또는 약속한 때에는 3년 이하의 징역 또는 7년 이하의 자격정지에 처하고, 수뢰액이 5,000만 원 이상인 때에는 무기 또는 10년 이상의 징역, 1,000만 원 이상 5,000만 원 미만인 때에는 5년 이상의 유기징역에 처한다고 하여 특가법 제2조 1항 1호·2호를 수용한다. 공무원 자신의 직무에 속한 사항의 알선에 관하여 금품이나 이익을 수수·요구 또는 약속한 자는 5년 이하의 징역 또는 1,000만 원 이하의 벌금에 처한다고 하여 특가법 제3조를 수용한다.

Ⅱ. 特定經濟犯罪加重處罰 등에 관한 法律

特定經濟犯罪加重處罰 등에 관한 法律의 刑法에 吸收하는 方案으로는 특경법 제5조 1항의 구성요건에 **금융기관의 임·직원**이 그 직무에 관하여 금품 기타 이익을 수수·요구 또는 약속한 때에는 5년 이하의 징역 또는 10년 이하의 자격정지에 처한다고 하고 있으나, 이는 형법 제129조 1항의 **단순수뢰죄**와 법정형이 동일하고,

다만 **단순수뢰죄**의 구성요건상 주체인 공무원 또는 중재인을 금융기관의 임·직원으로 하고 있고, 객체인 뇌물을 구체적으로 금품 기타이익으로 한하였다는 점에서 차이가 있으나, 뇌물죄의 주체를 공무원에서 비공무원까지 확대하여 해결한다면 특경법이 존재할 필요성이 없을 것이다.

또한 特經法 제5조 2항의 構成要件도 刑法 제130조의 구성요건 개정으로 특경법 제5조 3항의 구성요건을 형법 제132조의 구성요건으로 해결될 수 있을 것이다. 특경법 제5조 4항은 특가법을 형법에 통합하게 된다면 법정형이 동일하게 되어 특경법의 존재성이 필요치 않을 것이다. 특경법 제6조 제1·2항은 형법 제133조 제1·2항의 **증뢰죄** 그리고 **증뢰물전달죄**와 구성요건이 동일하나, 법정형에서 차이가 난다. 특경법은 3,000만 원의 벌금이나 형법은 2,000만 원의 벌금이므로, 형법의 법정형을 5년 이하의 징역 또는 2,000만 원의 벌금에 처하고, **금융기관의 임·직원**의 경우에는 5년 이하의 징역 또는 3,000만 원의 벌금에 처한다고 하여 특경법 제6조 제1·2항을 수용한다면 문제가 해결될 수 있을 것이다. 特經法 제7조는 刑法 제130조와 제132조를 처벌하는 규정으로 특경법은 법정형을 5년 이하의 징역 또는 5,000만 원 이하의 벌금에 처하고 있으나, 형법 제130조의 경우는 5년 이하의 징역 또는 10년 이하의 자격정지를 처하고, 제132조는 3년 이하의 징역 또는 7년 이하의 자격정지에 처한다는 점에서 차이가 난다. 이를 해결하기 위해서는 형법 제130조의 경우에는 5년 이하의 징역 또는 10년 이하의 자격정지에 처하고, 금융기관의 임·직원인 경우 자격정지 대신 벌금 5,000만 원에 처한다.

刑法 제132조는 3년 이하의 징역 또는 7년 이하의 자격정지에

처하고, 금융기관의 임·직원의 경우는 5년 이하의 징역, 또는 5,000만 원의 벌금에 처한다고 하여 특경법을 형법에 수용할 수 있겠다. 특경법 제8조 내지 제9조의 경우는 은행법상 벌칙 조항으로 규정하여 뇌물죄를 처벌하는 편이 실효성 면에서 효과가 있겠는데, 형법상 뇌물죄의 구성요건보다는 금융기관의 특수한 면을 구성요건으로서 구체화해야 하기 때문이다.

Ⅲ. 暴力行爲 등 處罰에 관한 法律

폭력행위 등 처벌에 관한 법률을 형법에 흡수하는 방안으로는 형법 제129조 1항인 **단순수뢰죄**의 구성요건에 공무원 또는 중재인이 그 식무에 괸히어 뇌물을 수수·요구 또는 약속한 때에는 5년 이하의 징역 또는 10년 이하의 자격정지에 처한다. 다만 **특수공무원인 재판·검찰·경찰** 등 수사권이 있는 자는 2년 이상의 유기징역에 처한다고 하여 단서 조항을 형법에 흡수시킨다면 폭처법도 존재할 의의가 없을 것이다.

제5장 腐敗와 關聯된 賂物罪

Ⅰ. 腐敗防止法上賂物罪

[1] 立法趣旨: 부패의 발생을 예방함과 동시에 부패행위를 효율
적으로 규제함으로써 청렴한 공직 및 사회풍토의 확립에 이
바지함을 그 목적으로 입법화 한 것.

[2] 適用對象: 공공기관과 공직자의 부패행위를 주된 적용대상
으로 하며..공직자란 공공기관에 근무하는 자를 뜻한다.

[3] 用語定義

① **"공공기관"** - 다음 각목의 1에 해당하는 기관·단체를 말한다.

　가. 정부조직법에 의한 각급 행정기관과 지방자치법에 의한
지방자치단체의 집행기관 및 지방의회

　나. 지방교육자치에관한법률에 의한 교육감, 교육청 및 교육
위원회

　다. 국회법에 의한 국회, 법원조직법에 의한 각급 법원, 헌법
재판소법에 의한 헌법재판소, 선거 관리위원회법에 의한
각급 선거관리위원회, 감사원법에 의한 감사원

　라. 공직자윤리법 제3조제1항 제10호의 규정에 의한 공직유관
단체

② **"공직자"** - 다음 각목의 1에 해당하는 자를 말한다.

　가. 국가공무원법, 지방공무원법에 의한 공무원과 그 밖의 다
른 법률에 의하여 그 자격 임용. 교육 훈련 복무 보수 신
분보장 등에 있어서 공무원으로 인정된 자

　나. 제1호 라 목의 규정에 의한 공직유관단체의 장 및 그 직원

③ **"부패행위"** - 다음 각목의 1에 해당하는 행위를 말한다.

　가. 공직자가 직무와 관련하여 그 지위 또는 권한을 남용하거
나 법령을 위반하여 자기 또는. 제3자의이익을 도모하는

　　행위

나. 공기관의 예산사용, 공공기관 재산의 취득 관리 처분 또는 공공기관을 당사자로 하는 계약의 체결 및 그 이행에 있어서 법령에 위반하여 공공기관에 대하여 재산상 손해를 가하는 행위

[4] 本法 제50조(업무상 비밀이용의 죄)

① 공직자가 업무처리 중 알게 된 비밀을 이용하여 재물 또는 재산상의 이익을 취득하거나 제3자로 하여금 취득하게 한 때에는 7년 이하의 징역 또는 5천만원 이하의 벌금에 처한다.

② 제1항의 경우 징역과 벌금은 이를 병과 할 수 있다.

③ 제1항의 죄를 범한 자 또는 그 정을 아는 제3자가 제1항의 죄로 인하여 취득한 재물 또는 재산상의 이익은 이를 몰수 또는 추징한다.

[5] 本法 제23조(벌칙적용에 있어서 공무원 의제) 위원회의 위원 중 공무원이 아닌 위원과 전문위원은 위원회의 업무와 관련하여 형법 그 밖의 법률에 의한 벌칙의 적용에 있어서 이를 공무원으로 본다.

II. 公職者倫理法上贓物罪

[1] 立法趣旨: 이 법은 공직자 및 공직후보자의 재산등록 및 등록재산공개와 주식백지신탁을 제도화하고, 공직을 이용한 재산취득의 규제·공직자의 선물신고·퇴직공직자의 취업 제한 등을 규정함으로써 공직자의 부정한 재산증식을 방지하고, 공무집행의 공정성을 확보하여 국민에 대한 봉사자로서의 공직자의 윤리를 확립함을 목적으로 한다. ［개정 2005.5.18］［시행일 2005.11.19］［전문개정 93.6.11］

[2] 本法 제15조 (외국 정부 등으로 부터의 선물수령신고)

① 공무원(지방의회의원 및 교육위원을 포함한다) 또는 공직유관단체의 임직원이 외국 또는 그 **직무와 관련**하여 외국인(외국단체를 포함한다. 이하 같다)으로부터 **선물**을 받은 때에는 지체 없이 소속기

관 단체의 장에게 신고하고 당해 선물을 인도하여야 한다. 이들의 가족이 외국 또는 당해 공무원이나 공직유관단체의 **임직원의 직무와 관련**하여 외국인으로부터 **선물**을 받은 경우에 또한 같다.

② 제1항의 규정에 의하여 신고할 선물의 가액은 대통령령으로 정한다.

[3] 本法 제16조 (선물의 국고귀속 등)

① 제15조 제1항의 규정에 의하여 신고 된 선물은 신고 즉시 국고에 귀속된다.

② 신고 된 선물의 관리 유지 등에 관한 사항은 대통령령으로 정한다.

Ⅲ. 國家商去來上外國公務員에대한賂物防止法務上賂物罪

➡ 상법과 관련된 특별법 참조

Ⅳ. 國家公務員法上賂物罪

[1] 立法趣旨: 이 법은 각급 기관에서 근무하는 모든 국가공무원(이하 "공무원"이라 한다)에게 적용할 인사행정의 근본기준을 확립하여 그 공정을 기함과 아울러 공무원으로 하여금 국민전체의 봉사자로서 행정의 민주적이며 능률적인 운영을 기하게 함을 목적으로 한다. [개정 1981.4.20]

[2] 用語定義(제2조)

① 공무원은 이를 경력직공무원과 특수경력직공무원으로 구분한다.

② **"경력직공무원"** - 실적과 자격에 의하여 임용되고 그 신분이 보장되며 평생토록 공무원으로 근무할 것이 예정되는 공무원을 말하며 그 종류는 다음 각호와 같다. [개정 1999.1.21, 2005.3.24]

  1. 일반직공무원: 기술·연구 또는 행정일반에 대한 업무를 담당하며 직군·직렬별로 분류되는 공무원

  2. 특정직공무원: 법관·검사·외무공무원·경찰공무원·소방공무원·교육공무원·군인·군무원·헌법재판소 헌법연구관 및 국가정보원의 직원

과 특수분야의 업무를 담당하는 공무원으로서 다른 법률이 특정직공무
원으로 지정하는 공무원

3. 기능직공무원: 기능적인 업무를 담당하며 그 기능별로 분류되는 공무원

③ **"특수경력직공무원"**- 경력직공무원외의 공무원을 말하며 그 종류
는 다음 각호와 같다.[2004.3.11]

1. 정무직공무원

가. 선거에 의하여 취임하거나 임명에 있어서 국회의 동의를 요하는 공무원

나. 고도의 정책결정업무를 담당하거나 이러한 업무를 보조하는 공무원으
로서 법률 또는 대통령령(대통령비서실의 조직에 관한 대통령령에 한한다)
에서 정무직으로 지정하는 공무원.[다,라,마 삭제]]

2. 별정직공무원: 특정한 업무를 담당하기 위하여 별도의 자격기준에 의하
여 임용되는 공무원으로서 법령에서 별정직으로 지정하는 공무원

3. 계약직공무원: 국가와 채용계약에 의하여 일정한 기간동안 전문지식 ·
기술이 요구되거나 임용에 있어서 신축성 등이 요구되는 업무에 종사하
는 공무원

4. 고용직공무원: 단순한 노무에 종사하는 공무원

④ 제3항의 규정에 의한 별정직공무원 · 계약직공무원 및 고용직 공무원의 채
용조건 · 임용절차 · 근무상한연령 기타 필요한 사항은 국회규칙 · 대법원규
칙 · 헌법재판소규칙 · 중앙선거관리위원회규칙 또는 대통령령으로 정한다.
[개정 1998.2.24][전문개정 1981.4.20]

[3] 本法 제2조의2 (고위공무원단)

① 국가의 고위공무원을 범정부적 차원에서 효율적으로 인사관
리 함으로써 정부의 경쟁력을 제고하기 위하여 고위공무원단
을 구성한다.

② **고위공무원단**-직무의 곤란성과 책임도가 높은 다음 각 호의
직위(이하 고위공무원단 직위라 한다)에 임용되어 재직 중이거나 파견.
휴직 등으로 인사관리 되고 있는 일반직공무원.별정직공무원.
계약직공무원 및 특정직공무원(특정직공무원의 경우 다른 법률에서 고위
공무원단에 속하는 공무원으로 임용할 수 있도록 규정하고 있는 경우에 한한다)의
군을 말한다.

1. 「정부조직법」 제2조의 규정에 의한 중앙행정기관의 실장. 국장 및 이에
상당하는 보좌기관

2. 행정부 각급 기관(감사원을 제외한다)의 직위 중 제1호의 직위에 상당하
는 직위

3. 「지방자치법」 제101조제2항. 제103조제4항 및 「지방교육자치에 관한 법

률」제35조제2항의 규정에 의하여 국가공무원으로 보 하는 지방자치단
체 및 지방교육행정기관의 직위 중 제1호의 직위에 상당하는 직위
  4. 그 밖에 다른 법령에서 고위공무원단에 속하는 공무원으로 임용할 수 있
도록 정한 직위
  ③ 중앙인사위원회는 고위공무원단에 속하는 공무원이 갖추어야
할 능력과 자질을 설정하고 이를 기준으로 고위공무원단 직
위에 임용되고자 하는 자를 평가하여 신규채용. 승진임용 등
인사관리에 활용할 수 있다.
  ④ 제2항의 규정에 의한 인사관리의 구체적인 범위, 제3항의 규
정에 의한 능력과 자질의 내용, 평가대상자의 범위, 평가방법
및 평가결과의 활용 등에 관하여 필요한 사항은 대통령령으
로 정한다.[본조신설 2005.12.29] [[시행일 2006.7.1]]

[4] 本法 제3조 (적용범위)
  ① 이 법의 규정은 제33조, 제46조 내지 제67조 및 제69조의 규
정을 제외하고는 이 법 그 밖의 법률에 특별한 규정이 없는
한 특수경력직공무원에게 적용하지 아니한다. 다만, 제33조
및 제69조의 규정은 제2조제3항 제1호의 공무원에 대하여는
적용하지 아니한다.
  ② 제26조의2 및 제26조의3의 규정은 국회규칙·대법원규칙·헌
법재판소규칙·중앙선거관리위원회규칙 또는 대통령령이 정
하는 공무원에 한하여 적용한다.
  ③ 제65조 및 제66조의 규정은 제1항의 규정에 불구하고 대통령
령으로 정하는 공무원에 대하여는 적용하지 아니한다.[전문개정
2002.1.19]

[5] 本法 제4조 (일반직공무원 및 기능직공무원의 계급구분 등)
  ① 일반직공무원은 이를 1급 내지 9급으로 구분한다. 다만, 고위
공무원단에 속하는 공무원의 경우에는 그러하지 아니하다.
[개정 2005.12.29] [[시행일 2006.7.1]]
  ② 국회규칙·대법원규칙·헌법재판소규칙·중앙선거관리위원회
규칙 또는 대통령령으로 정하는 연구 또는 특수기술직렬의
공무원에 대하여는 제1항의 규정에 의한 계급구분을 적용하
지 아니할 수 있다. [개정 1994.12.22]
  ③ 기능직공무원의 계급구분은 국회규칙·대법원규칙·헌법재판

소규칙·중앙선거관리위원회규칙 또는 대통령령으로 정한다.
[개정 1994.12.22]

④ 제1항 내지 제3항의 규정에 의한 각계급의 직무의 종류별 명
칭은 국회규칙·대법원규칙·헌법재판소규칙·중앙선거관리
위원회규칙 또는 대통령령으로 정한다.[개정 1994.12.22][전문개정
1981. 4.20]

[6] 用語定義 제5조 이 법에서 사용되는 용어의 정의는 다음과
같다. [개정 2005.12.29]

1. **"직위"** - 1인의 공무원에게 부여할 수 있는 직무와 책임을 말한다.
2. **"직급"** - 직무의 종류·곤란성과 책임도가 상당히 유사한 직위의 군을 말
한다.
3. **"정급"** - 직위를 직급 또는 직무등급에 배정시키는 것을 말한다. [[시행일
2006.7.1]]
4. **"강임"** - 동일한 직렬 내에서의 하위의 직급에 임명하거나 하위직급이 없
어 다른 직렬의 하위직급으로 임명하거나 고위공무원단에 속하
는 일반직공무원(제4조제2항의 규정에 의하여 계급을 달리 정
한 공무원을 제외한다)을 고위공무원단 직위가 아닌 하위 직위
에 임명하는 것을 말한다. [[시행일 2006.7.1]]
5. **"전직"**- 직렬을 달리하는 임명을 말한다.
6. **"전보"**- 동일한 직급 내에서의 보직변경 또는 고위공무원단 직위간의 보
직변경(제4조제2항의 규정에 의하여 계급을 달리 정한 공무원의
경우에는 고위공무원단 직위와 대통령령이 정하는 직위간의 보
직변경을 포함한다)을 말한다. [[시행일 2006.7.1]]
7. **"직군"**- 직무의 성질이 유사한 직렬의 군을 말한다.
8. **"직렬"**- 직무의 종류가 유사하고 그 책임과 곤란성의 정도가 상이한 직급
의 군을 말한다.
9. **"직류"**- 동일한 직렬 내에서의 담당분야가 동일한 직무의 군을 말한다.
10. **"직무등급"**- 직무의 곤란성과 책임도가 상당히 유사한 직위의 군을 말한다.

[7] 本法 제61조 (청렴의 의무)

① 공무원은 직무와 관련하여 직접 또는 간접을 불문하고 사례
증여 또는 향응을 **수수할 수 없다.**

② 공무원은 직무상의 관계여하를 불문하고 그 소속 상관에 **증**
여하거나 소속공무원으로부터 증여를 받아서는 아니 된다.

[8] 本法 제73조의2 (직위의 해제)

① 임용권자는 다음 각 호의 1에 해당하는 자에 대하여는 직위

를 부여하지 아니할 수 있다.

 3. 징계의결이 요구중인 자

 4. 형사사건으로 기소된 자(약식명령이 청구된 자는 제외한다)

 ② 제1항의 규정에 의하여 직위를 부여하지 아니한 경우에 그 사유가 소멸된 때 에는 임용권자는 지체 없이 직위를 부여하여야 한다.

[9] 本法 제78조 (징계사유)

 ① 공무원이 다음 각 호의 1에 해당하는 때에는 징계의결을 요구 하여야 하고 동 징계의결의 결과에 따라 징계처분을 행하여야 한다.

 1. 이 법 및 이 법에 의한 명령에 위반하였을 때

 2. 직무상의 의무(다른 법령에서 공무원의 신분으로 인하여 부과된 의무를 포함한다)에 위반하거나 직무를 태만한 때

 3. 직무의 내외를 불문하고 그 체면 또는 위신을 손상하는 행위를 한 때

[10] 本法 제79조 (징계의 종류): 징계는 파면 해임 정직 감봉 견책으로 구분한다.

[11] 本法 제80조 (징계의 효력)

 ① 정직은 1월 이상 3월 이하의 기간으로 하고 정직처분을 받은 자는 그 기간 중 공무원의 신분은 보유하나 직무에 종사하지 못하여 보수의 3분의 2를 감한다.

 ② 감봉은 1월 이상 3월 이하의 기간 보수의 3분의 1을 감한다.

 ④ 견책은 전과에 대하여 훈계하고 회개하게 한다.

 ⑤ 공무원으로서 징계처분을 받은 자에 대하여는 그 처분을 받은 날 또는 그 집행이 종료된 날로부터 국회규칙 대법원규칙 헌법재판소규칙 중앙선거관리위원회규칙 또는 대통령령으로 정하는 기간 승진임용 또는 승급할 수 없다. 다만. 징계처분을 받은 후 직무수행상의 공적으로 포상 등을 받은 공무원에 대하여는 국회규칙 대법원규칙 헌법재판소규칙 중앙선거관리위원회규칙 또는 대통령령이 정하는 바에 따라 승진임용이나 승급의 제한기간을 단축하거나 면제할 수 있다.

[12] 本法 제 83조의2 (징계사유의 시효)

① 징계의결의 요구는 징계사유가 발생한 날로부터 2년(금품 및 향응수수, 공금의 횡령 유용의 경우는 3년)을 경과한 때에는 이를 행하지 못한다.

V. 特定犯罪加重處罰等에關한法律上賂物罪

➡ 형법과 관련된 특별법 참조

VI. 刑法上賂物罪

➡ 형법상 뇌물죄 참조

VII. 公務員犯罪에關한沒收特例法上賂物罪

[1] 立法趣旨: 이 법은 특정공무원범죄를 범한 자가 그 범죄행위를 통하여 취득한 불법수익 등을 철저히 추적·환수하기 위하여 몰수 등에 관한 특례를 규정함으로써 공직사회의 부정부패요인을 근원적으로 제거하고 깨끗한 공직풍토를 조성함을 그 목적으로 한다.

[2] 用語定義(제2조)
 1. **"특정공무원범죄"** - 다음 각목의 1에 해당하는 죄(그 죄와 다른 죄가 형법 제40조의 관계에 있는 경우에는 그 다른 죄를 포함한다)를 말한다.
  가. 형법 제129조 내지 제132조의 죄
  나. 회계관계직원등의책임에관한법률 제2조제1호·제2호 또는 제4호(제1호 또는 제2호에 규정된 자의 보조자로서 그 회계사무의 일부를 처리하는 자에 한한다)에 규정된 자가 국고 또는 지방자치단체에 손실을 미칠 것을 인식하고 그 직무에 관하여 범한 형법 제355조의 죄
  다. 특정범죄가중처벌등에관한법률 제2조 및 제5조의 죄
 2. **"불법수익"** - 특정공무원범죄의 범죄행위로 얻은 재산을 말한다.

3. **"불법수익에서 유래한 재산"**- 불법수익의 과실로서 얻은 재산, 불법수익의 대가로서 얻은 재산, 이들 재산의 대가로서 얻은 재산 등 불법수익의 변형 또는 증식으로 형성된 재산(불법수익이 불법수익과 관련 없는 재산과 합하여져 변형되거나 증식된 경우에는 불법수익에서 비롯된 부분에 한한다)을 말한다.

4. **"불법재산"**- 불법수익 및 불법수익에서 유래한 재산을 말한다.

[3] 本法 제3조 (불법재산의 몰수)

① 불법재산은 이를 몰수한다.

② 제1항의 규정에 의하여 몰수하여야 할 재산에 대하여 재산의 성질, 사용상황, 그 재산에 관한 범인외의 자의 권리유무 기타 사정으로 이를 몰수함이 상당하지 아니하다고 인정될 때에는 제1항의 규정에 불구하고 몰수하지 아니할 수 있다.

③ 제1항의 경우 형사소송법 제333조제1항 및 제2항의 규정은 이를 적용하지 아니한다.

[4] 本法 제4조 (불법재산이 합하여진 재산의 몰수방법) 불법재산이 불법재산외의 재산과 합하여진 경우에 제3조제1항의 규정에 의하여 그 불법재산을 몰수하여야 하는 때에는 불법재산과 그 외의 재산이 합하여진 재산(이하 "혼합재산"이라 한다)중 불법재산의 비율에 상당하는 부분을 몰수한다.

[5] 本法 제5조 (몰수의 요건 등)

① 제3조의 규정에 의한 몰수는 불법재산 또는 혼합재산이 범인외의 자에게 귀속되지 아니하는 경우에 한한다. 다만, 제2조제1호 나목의 죄와 다목의 죄 중 특정범죄가중처벌등에관한법률 제5조의 죄에 있어서 불법재산 또는 혼합재산이 국가 또는 지방자치단체의 소유에 속한 경우 및 범인외의 자가 범죄 후 그 정을 알면서 그 불법재산 또는 혼합재산을 취득한 경우(법령상의 의무이행으로서 제공된 것을 취득하거나 또는 채권자에게 상당한 재산상의 이익을 제공하는 계약시에 그 계약에 관련된 채무이행이 불법재산 또는 혼합재산에 의하여 행하여지는 것이라는 점을 알지 못하고 그 계약에 관련된 채무의 이행으로 제공된 것을 취득한 경우를 제외한다)에는 그 불법재산 또는 혼합재산이 범인외의 자에

　　게 귀속된 경우에도 몰수할 수 있다.

　　② 지상권·저당권 기타의 권리가 그 위에 존재하는 재산을 제3조의 규정에 의하여 몰수하는 경우에 범인외의 자가 범죄 전에 그 권리를 취득한 때 또는 범인외의 자가 범죄 후 그 정을 알지 못하고 그 권리를 취득한 때에는 이를 존속시킨다.

[6] 本法 제6조 (추징) 불법재산을 몰수할 수 없거나 제3조제2항의 규정에 의하여 몰수하지 아니하는 때에는 그 가액을 범인으로부터 추징한다.

[7] 本法 제7조 (불법재산의 입증) 특정공무원범죄 후 범인이 취득한 재산으로서 그 가액이 취득당시의 범인의 재산운용상황 또는 법령에 기한 급부의 수령상황 등에 비추어 현저하게 고액이고 그 취득한 재산이 불법수익금액·재산취득시기 등 제반사정에 비추어 특정공무원범죄로 얻은 불법수익으로 형성되었다고 볼만한 상당한 개연성이 있는 경우에는 특정공무원범죄로 얻은 불법수익이 그 재산의 취득에 사용된 것으로 인정할 수 있다.

[8] 本法 제9조 (몰수된 재산의 처분 등)

　　① 몰수된 재산은 검사가 이를 처분하여야 한다.

　　② 채권의 몰수재판이 확정된 때에는 검사는 그 채권의 채무자에게 몰수재판의 초본을 송부하여 그 요지를 통지하여야 한다.

[9] 本法 제12조 (몰수재산 처분의 특례)

　　① 제2조제1호 나목의 범죄행위 또는 동호 다목 중 특정범죄가중처벌등에관한법률 제5조의 범죄행위와 관련하여 몰수 또는 추징판결이 확정된 경우 피해를 입은 국가의 특별회계 관리 주체 및 지방자치단체는 국가에 대하여 피해액에 상당하는 금원의 지급을 요구할 수 있다.

　　② 국가는 제1항의 요구가 정당하다고 인정되는 경우에는 위 범죄행위와 관련한 몰수 또는 추징으로 국고에 귀속된 금원의 범위 안에서 이를 지급하여야 한다.

[10] 本法 제23조 (몰수보전명령)

　　① 법원은 특정공무원범죄에 관련된 피고인에 대한 형사사건에 관하여 이 법의 규정에 의하여 몰수할 수 있는 재산(이

하 "몰수대상재산"이라 한다)에 해당한다고 판단할만한 상당한 이
유가 있고, 그 재산을 몰수하기 위하여 필요하다고 인정될
때에는 검사의 청구에 의하여 또는 직권으로 몰수보전명령
을 발하여 그 재산에 관한 처분을 금지할 수 있다.

[11] **本法** **제42조** (추징보전명령)

① 법원은 특정공무원범죄에 관련된 피고인에 대한 형사사건
에 관하여 **제6조**의 규정에 의하여 추징하여야 할 경우에
해당한다고 판단할 만한 상당한 이유가 있는 경우에 추징
재판을 집행할 수 없게 될 염려가 있거나 집행이 현저히
곤란할 염려가 있다고 인정될 때에는 검사의 청구에 의하
여 또는 직권으로 추징보전명령을 발하여 피고인에 대하여
재산의 처분을 금지할 수 있다.

[12] **本法** **부칙:** ②(몰수·추징보전에 대한 경과조치) 제5장의 규정은 이 법
시행 전에 행한 형법 제129조 내지 제132조 및 특정범죄가중
처벌등에관한법률 제2조의 범죄행위로 인하여범인 또는 정
을 아는 제3자가 받은 뇌물에 대하여도 적용한다. 이 경우
제23조 **제1항** 중 "이 법"은 "형법 제134조 전단"으로, **제42**
조제1항 중 "**제6조**"는 "형법 제134조 후단"으로 각각 본나.

VIII. 公務員年金法上賂物罪

[1] 立法 趣旨: 이 법은 공무원의 퇴직 또는 사망과 공무로 인
한 부상·질병·폐질에 대하여 적절한 급여를 실시함으로써,
공무원 및 그 유족의 생활안정과 복리향상에 기여함을 목적
으로 한다.

[2] 用語定義 (제3조)

① 이 법에서 사용하는 용어의 정의는 다음과 같다. [2000·12·30]

1. "**공무원**" - 상시 공무에 종사하는 다음 각목의 1에 해당하
는 자를 말한다. [시행일 2001. 1. 1.]

가. 국가공무원법·지방공무원법 그 밖의 법률에 의한 공무원. 다만, 군인
과 선거에 의하여 취임하는 공무원을 제외한다.

나. 대통령령이 정하는 국가 또는 지방자치단체의 기타의 직원

2. **"유족"** - 공무원 또는 공무원이었던 자의 사망당시 그에 의하여 부양되고 있던 다음 각목의 1에 해당하는 자를 말한다.

가. 배우자(재직당시에 혼인관계에 있던 자에 한하며, 사실상 혼인관계에 있던 자를 포함한다)

나. 자녀(퇴직일이후에 출생 또는 입양한 자녀를 제외하되, 퇴직당시의 태아는 재직 중 출생한 자녀로 본다. 이하 같다)

다. 부모(퇴직일이후에 입양된 경우의 부모를 제외한다)

라. 손자녀(퇴직일이후에 출생 또는 입양한 손자녀를 제외하되, 퇴직당시의 태아는 재직 중 출생한 손자녀로 본다. 이하 같다)

마. 조부모(퇴직일이후에 입양된 경우의 조부모를 제외한다)

3. **"퇴직"** - 면직·사직 기타 사망외의 사유로 인한 모든 해직을 말한다. 다만, 공무원의 자격이 소멸된 날 또는 그 다음 날에 다시 자격을 취득하고 이 법에 의한 퇴직급여 및 퇴직수당을 수령하지 아니한 경우에는 예외로 한다.

4. **"보수월액"** - 공무원의 종류 및 급별에 따라 지급되는 월급여액으로서 봉급과 기말수당의 연지급합계액을 12월로 평균한 금액과 대통령령이 정하는 수당액을 합한 금액을 말한다. 다만, 연봉을 받는 공무원의 보수월액은 공무원의 종류 및 급별 등을 고려하여 대통령령이 정하는 금액을 말한다. [시행일 2001. 1. 1.]

5. **"평균보수월액"** - 급여의 사유가 발생한 날(퇴직으로 급여의 사유가 발생하거나 퇴직후에 급여의 사유가 발생한 경우에는 퇴직한 날의 전날을 말한다. 이하 같다)이 속하는 달부터 소급하여 3년간(재직기간이 3년 미만인 경우에는 그 재직기간을 말한다)의 보수월액을 공무원보수인상률 등을 고려하여 대통령령이 정하는 바에 따라 급여의 사유가 발생한 날의 현재가치로 환산한 후 이를 합한 금액을 해당 월수로 나눈 금액을 말한다. 다만, 제46조제1항제1호·제2호·제5호 및 제2항의 규정에 의한 퇴직연금·조기퇴직연금 및 제56조제1항제1호의 규정에 의한 유족연금(공무원이었던 자가 퇴직연금 또는 조기퇴직연금을 받다가 사망하여 그 유족이 유족연금을 받게 되는 경우를 제외한다)의 산정의 기초가 되는 평균보수월액은 급여의 사유가 발생한 당시의 평균보수월액을 공무원보수인상률 등을 고려하여 대통령령이 정하는 바에 따라 연금의 지급이 시작되는 시점의 현재가치로 환산한 금액을 말한다. [시행일 2001. 1. 1.]

6. **"기관장"** - 보수에 관한 예산을 집행하는 기관의 장으로서 대통령령이 정하는 자를 말한다.

7. **"기여금징수의무자"** - 예산지출사무에 종사하는 자로서 대통령령이 정하는 자를 말한다.

8. **"기여금"** - 급여에 소요되는 비용으로 공무원이 부담하는 금액을 말한다.

9. **"부담금"** - 급여에 소요되는 비용으로 국가 또는 지방자치단체가 부담하는 금액을 말한다.

② 제1항 제2호의 규정에 의한 자녀와 손자녀는 다음 각호의 1에 해당하는 자에 한한다. 이 경우 손자녀는 그의 부가 없거나 그의 부가 대통령령이 정하는 정도의 폐질 상태에 있는 경우에 한한다.

  1. 18세미만인 자

  2. 18세이상인 자로서 대통령령이 정하는 정도의 폐질 상태에 있는 자

③ 공무원 또는 공무원이었던 자의 사망 당시의 태아는 이 법에 의한 급여에 있어서는 이미 출생한 것으로 본다.

[3] **本法 제64조** (형벌 등에 의한 급여의 제한)

① 공무원 또는 공무원이었던 자가 다음 각호의 1에 해당하는 경우에는 대통령령이 정하는 바에 의하여 퇴직급여 및 퇴직수당의 일부를 감액하여 지급한다. 이 경우 퇴직급여액은 이미 납부한 기여금의 총액에 민법의 규정에 의한 이자를 가산한 금액이하로 감액할 수 없다.

  1. 재직 중의 사유로 금고이상의 형을 받은 때

  2. 탄핵 또는 징계에 의하여 파면된 때

② 재직 중의 사유로 금고이상의 형에 처할 범죄행위로 인하여 수사가 진행 중에 있거나 형사재판이 계속 중에 있는 때에는 대통령령이 정하는 바에 의하여 퇴직급여 및 퇴직수당의 일부에 대하여 지급을 정지할 수 있다. 이 경우 급여의 제한사유에 해당하지 아니하게 된 때에는 그 잔여금에 대통령령이 정하는 이자를 가산하여 지급한다.

Ⅸ. 公務員行動綱領上賂物罪

[1] 立法 趣旨: 이 영은 「부패방지법」 제8조의 규정에 의하여 공무원이 준수하여야 할 행동기준을 규정함을 목적으로 한다.

[개정 2005.12.9][[시행일 2006.1.1]]

[2] 用語 定義: 이 영에서 사용하는 용어의 정의는 다음과 같다.

[개정 2005.12.9][[시행일 2006.1.1]]

(1) **"직무관련자"** - 공무원의 소관업무와 관련되는 자로서 다음 각 목의 어느 하나에 해당하는 개인(공무원이 사인의 지위에 있는 경우에는 이를 개인으로 본다) 또는 단체를 말한다.

　가. 「민원사무처리에 관한 법률 시행령」 제2조제2항 제1호 및 제4호의 규정에 의한 민원사무를 신청 중에 있거나 신청하려는 것이 명백한 개인 또는 단체

　나. 인가·허가 등의 취소, 영업정지, 과징금 또는 과태료의 부과 등으로 직접 이익 또는 불이익을 받는 개인 또는 단체

　다. 수사·감사·감독·검사·단속·행정지도 등의 대상인 개인 또는 단체

　라. 재결·결정·검정·감정·시험·사정·조정·중재 등으로 직접 이익 또는 불이익을 받는 개인 또는 단체

　마. 징집·소집·동원 등의 대상인 개인 또는 단체

　바. 국가 또는 지방자치단체와 계약을 체결하거나 체결하려는 것이 명백한 개인 또는 단체

　사. 그밖에 중앙행정기관의 장(대통령 소속기관 및 국무총리 소속기관의 장을 포함한다), 지방자치단체의 장 및 특별시·광역시·도의 교육감(이하 "중앙행정기관의 장 등"이라 한다)이 부패방지를 위하여 정하는 업무와 관련된 개인 또는 단체

(2) **"직무관련공무원"** - 공무원의 직무수행과 관련하여 직접 이익 또는 불이익을 받는 다른 공무원(기관이 이익 또는 불이익을 받는 경우에는 그 기관의 관련 업무를 담당하는 공무원을 말한다)으로서 다음 각 목의 어느 하나에 해당하는 공무원을 말한다.

　가. 공무원의 소관업무와 관련하여 직무상 명령을 받는 하급자

　나. 인사·예산·감사·상훈 또는 평가 등의 직무를 수행하는 공무원의 소속기관 공무원 또는 이와 관련되는 다른 기관의 담당 공무원 및 관련 공무원

　다. 사무를 위임·위탁하는 경우 그 사무를 위임·위탁하는 공무원 및 이

를 위임·위탁받는 공무원

라. 그 밖에 중앙행정기관의 장 등이 정하는 공무원

(3) **"선물"** - 대가없이(대가가 시장가격 또는 거래의 관행과 비교하여 현저히 낮은 경우를 포함한다) 제공되는 물품 또는 유가증권·숙박권·회원권·입장권 그밖에 이에 준 하는 것을 말한다.

(4) **"향응"** - 음식물·골프 등의 접대 또는 교통·숙박 등의 편의를 제공하는 것을 말한

[3] 適用範圍: 이 영은 국가공무원(국회·법원·헌법재판소 및 선거관리위원회 소속의 국가공무원을 제외한다) 및 지방공무원에게 적용한다.

[4] 本法 제10조 (이권개입 등의 금지)

① 공무원은 직위를 이용하여 부당한 이익을 얻거나 타인이 부당한 이익을 얻도록 하여서는 아니 된다.

② 공무원은 자기 또는 타인의 부당한 이익을 위하여 소속기관의 명칭 또는 자신의 직위를 이용하게 하여서는 아니 된다.

[5] 本法 제11조 (알선·청탁 등의 금지)

① 공무원은 자기 또는 타인의 부당한 이익을 위하여 다른 공무원의 공정한 직무수행을 저해하는 알선·청탁 등을 하여서는 아니 된다.

② 공무원은 직무수행과 관련하여 자기 또는 타인의 부당한 이익을 위하여 직무관련자를 다른 직무관련자 또는 「부패방지법」 제2조제2호의 규정에 의한 공직자에게 소개하여서는 아니 된다. [개정 2005.12.9][[시행일 2006.1.1]]

[6] 本法제14조 (금품 등을 받는 행위의 제한)

① 공무원은 직무관련자로부터 금전·부동산·선물 또는 향응(이하 "금품 등"이라 한다)을 받아서는 아니 된다. 다만, 다음 각호의 1에 해당하는 경우에는 그러하지 아니하다.

  1. 채무의 이행 등 정당한 권원에 의하여 제공되는 금품 등
  2. 통상적인 관례의 범위 안에서 제공되는 음식물 또는 편의
  3. 직무와 관련된 공식적인 행사에서 주최자가 참석자에게 일률적으로 제공하는 교통·숙박 또는 음식물
  4. 불특정 다수인에게 배포하기 위한 기념품 또는 홍보용 물품
  5. 질병·재난 등으로 인하여 어려운 처지에 있는 공무원을

돕기 위하여 공개적으로 제공되는 금품 등

6. 그밖에 원활한 직무수행 등을 위하여 소속기관의 장이 허용하는 범위 안에서 제공되는 금품 등

② 공무원은 직무관련공무원으로부터 금품 등을 받아서는 아니 된다. 다만, 다음 각호의 1에 해당하는 경우에는 그러하지 아니하다.

1. 제1항 각호의 1에 해당하는 경우
2. 통상적인 관례의 범위 안에서 제공되는 소액의 선물
3. 직원 상 조회 등에서 공개적으로 제공되는 금품 등
4. 상급자가 하급자에게 위로·격려·포상 등 사기앙양을 목적으로 제공하는 금품 등

③ 공무원은 직무관련자이었던 자 또는 직무관련공무원이었던 자로부터 그 당시의 직무와 관련하여 금품 등을 받아서는 아니 된다. 다만, 제1항 및 제2항 각호의 1에 해당하는 경우에는 그러하지 아니하다.

④ 공무원은 배우자 또는 직계 존·비속이 제1항 내지 제3항의 규정에 의하여 수령이 금지되는 금품 등을 받지 아니하도록 하여야 한다.

[7] 本法 제16조 (금전의 차용금지 등)

① 공무원은 직무관련자(4촌 이내의 친족을 제외한다. 이하 이 조에서 같다)로부터 금전을 차용하거나 부동산을 무상(대여의 대가가 시장가격 또는 거래의 관행과 비교하여 현저히 낮은 경우를 포함한다. 이하 이 조에서 같다)으로 대여 받아서는 아니 된다. 다만, 「금융실명거래 및 비밀보장에 관한 법률」 제2조의 규정에 의한 금융기관으로부터 통상적인 조건으로 금전을 차용하는 경우에는 그러하지 아니하다. [개정 2005.12.9][[시행일 2006.1.1]]

② 제1항 본문의 규정에 불구하고 부득이한 사정으로 직무관련자로부터 금전을 차용하거나 부동산을 무상으로 대여 받고자 하는 공무원은 소속기관의 장에게 신고하여야 한다.

[8] 本法 제17조 (경조사의 통지와 경조금품의 수수 제한 등)

① 공무원은 직무관련자 또는 직무관련공무원에게 경조사를 통지하여서는 아니 된다. 다만, 다음 각호의 1에 해당하는 경

우에는 그러하지 아니하다.

1. 친족에 대한 통지
2. 현재 근무하고 있거나 과거에 근무하였던 기관의 소속직원에 대한 통지
3. 신문·방송을 통한 통지

② 공무원은 경조사와 관련하여 중앙행정기관의 장 등이 소속 직원들의 의견을 수렴하여 통상적인 관례의 범위 안에서 정하는 기준을 초과하여 금품 등을 주거나 받아서는 아니 된다. 다만, 다음 각호의 1에 해당하는 경우에는 그러하지 아니하다.

1. 공무원과 친족간에 주고받는 경조사 관련 금품 등
2. 공무원 자신이 소속된 종교단체·친목단체 등에서 그 단체 등의 정관·회칙 등이 정하는 바에 따라 제공되는 경조사 관련 금품 등
3. 그밖에 중앙행정기관의 장 등이 정하는 경조사 관련 금품 등

X. 犯罪收益隱匿의 規制및 處罰등에 關한 法律(돈세탁법)

[1] 立法趣旨: 이 법은 특정범죄외 관련된 범죄수익의 취득 등에 관한 사실을 가장하거나 특정범죄를 조장할 목적 또는 적법하게 취득한 재산으로 가장할 목적으로 범죄수익을 은닉하는 행위를 규제하고, 특정범죄와 관련된 범죄수익의 몰수 및 추징에 관한 특례를 규정함으로써 특정범죄를 조장하는 경제적 요인을 근원적으로 제거하여 건전한 사회질서의 유지에 이바지함을 목적으로 한다. [시행일 2001·11·28]

[2] 用語定義(제2조) 이 법에서 사용하는 용어의 정의는 다음과 같다. [개정 2004.3.22 법률 제7196호(성매매알선등행위의처벌에관한법률)] [시행일 2004.9.23]

1. **"특정범죄"** - 재산상의 부정한 이익을 취득할 목적으로 범한 죄로서 별표에 규정된 죄(이하 "중대범죄"라 한다)와 제2호 나목에 규정된 죄를 말한다. 이 경우 중대범죄 및 제2호 나목에 규정된 죄와 다른 죄가 형법 제40조의 관계에 있는 경우에는 그 다른 죄를 포함하며, 외국인이 대한민국 외에서 한 행위로서 그 행위가 대한민국 내에서 행하여졌다면 중대범

죄 또는 제2호 나목에 규정된 죄에 해당하고 행위지의 법령에 의하여 죄에 해당하는 경우 당해 죄를 포함한다.

2. **"범죄수익"** - 다음 각목의 1에 해당하는 것을 말한다.

　가. 중대범죄의 범죄행위에 의하여 생긴 재산 또는 그 범죄행위의 보수로서 얻은 재산

　나. 성매매알선등행위의처벌에관한법률 제19조제2항제1호(성매매알선등행위중 성매매에 제공되는 사실을 알면서 자금·토지 또는 건물을 제공하는 행위에 한한다), 폭력행위등처벌에관한법률 제5조제2항·제6조(제5조제2항의 미수범에 한한다), 국제상거래에있어서외국공무원에대한뇌물방지법 제3조제1항, 특정경제범죄가중처벌등에관한법률 제4조의 죄에 관계된 자금 또는 재산

3. **"범죄수익에서 유래한 재산"** - 범죄수익의 과실로서 얻은 재산, 범죄수익의 대가로서 얻은 재산 및 이들 재산의 대가로서 얻은 재산 그 밖에 범죄수익의 보유 또는 처분에 의하여 얻은 재산을 말한다.

4. **"범죄수익등"** - 범죄수익, 범죄수익에서 유래한 재산 및 이들 재산과 이들 재산외의 재산이 혼화된 재산을 말한다. [시행일 2001·11·28]

[3] 本法 제3조 (범죄수익 등의 은닉·가장)

① 다음 각호의 1에 해당하는 자는 5년 이하의 징역 또는 3천만원 이하의 벌금에 처한다.

1. 범죄수익 등의 취득 또는 처분에 관한 사실을 가장한 자
2. 범죄수익의 발생 원인에 관한 사실을 가장한 자
3. 특정범죄를 조장하거나 또는 적법하게 취득한 재산으로 가장할 목적으로 범죄 수익 등을 은닉한 자

② 제1항의 미수범은 처벌한다.

③ 제1항의 죄를 범할 목적으로 예비 또는 음모한 자는 2년 이하의 징역 또는 1천만원 이하의 벌금에 처한다.[시행일 2001·11·28]

[4] 本法 제4조 (범죄 수익 등의 수수) 정을 알면서 **범죄 수익 등을 수수**(수수)**한** 자는 3년 이하의 징역 또는 2천만원 이하의 벌금에 처한다. 다만, 법령상의 의무이행으로서 제공된 것을 수수한 자 또는 계약(채권자가 상당한 재산상의 이익을 제공하는 것에 한한다)

시에 그 계약에 관련된 채무의 이행이 범죄 수익 등에 의하여 행하여지는 것이라는 정을 알지 못하고 그 계약에 관련된 채무의 이행으로서 제공된 것을 수수한 자의 경우에는 그러하지 아니하다.[시행일 2001·11·28]

[5] 本法 제8조 (범죄 수익 등의 몰수)

① 다음 각호의 재산은 이를 몰수할 수 있다.

1. 범죄수익

2. 범죄수익에서 유래한 재산

3. 제3조 또는 제4조의 범죄행위에 관계된 범죄 수익 등

4. 제3조 또는 제4조의 범죄행위에 의하여 생긴 재산 또는 그 범죄행위의 보수로서 얻은 재산

5. 제3호 또는 제4호의 규정에 의한 재산의 과실 또는 대가로서 얻은 재산 또는 이들 재산의 대가로서 얻은 재산 그 밖에 그 재산의 보유 또는 처분에 의하여 얻은 재산

② 제1항의 규정에 의하여 몰수할 수 있는 재산(이하 "몰수대상재산"이라 한다)이 몰수대상재산외의 재산과 혼화된 경우에 그 몰수대상재산을 몰수하여야 하는 때에는 혼화에 의하여 생긴 재산(이하 "혼화재산"이라 한다)중 몰수대상재산(당해 혼화에 관련된 부분에 한한다)의 금액 또는 수량에 상당하는 부분을 몰수할 수 있다.

③ 제1항의 규정에 불구하고 동항 각호의 재산이 범죄피해재산(재산에 관한 죄, 특정범죄가중처벌등에관한법률 제5조의2제1항제1호·제2항제1호의 죄 또는 「채무자 회생 및 파산에 관한 법률」 제650조·제652조 및 제654조의 죄의 범죄행위에 의하여 그 피해자로부터 취득한 재산 또는 그 재산의 보유·처분에 의하여 얻은 재산을 말한다. 이하 같다)인 때에는 이를 몰수할 수 없다. 제1항 각호의 재산의 일부가 범죄피해재산인 경우에는 그 부분에 대하여도 또한 같다. [개정 2005.3.31 법률 제7428호(「채무자 회생 및 파산에 관한 법률」)] [시행일 2006.4.1]

[6] 本法 제9조 (몰수의 요건 등)

① 제8조제1항의 규정에 의한 몰수는 몰수대상재산 또는 혼화재산이 범인외의 자에게 귀속되지 아니하는 경우에 한한다. 다만, 범인외의 자가 범죄 후 그 정을 알면서 그 몰수대상

재산 또는 혼화재산을 취득한 경우(그 몰수대상재산 또는 혼화재산의 취득이 제4조 단서에 해당하는 경우를 제외한다)에는 그 몰수대상재산 또는 혼화재산이 범인외의 자에게 귀속된 경우에도 이를 몰수할 수 있다.

[7] 本法 제10조 (추징)

① 제8조제1항의 규정에 의하여 몰수할 재산을 몰수할 수 없거나 그 재산의 성질, 사용상황, 그 재산에 관한 범인외의 자의 권리유무 그 밖의 사정으로 인하여 이를 몰수함이 상당하지 아니하다고 인정될 때에는 그 가액을 범인으로부터 추징할 수 있다.

② 제1항의 규정에 불구하고 제8조제1항의 재산이 범죄피해재산인 경우에는 그 가액을 추징할 수 없다.[시행일 2001·11·28]

부 록

[1] 뇌물죄의 주체와 직무관련성

뇌물 범죄	주 체	직무관련
단순수뢰죄 (제129조 1항)	공무원 또는 중재인	그 직무에 관하여
사전수뢰죄 (제129조 2항)	공무원 또는 중재인이 될 자	그 담당할 직무에 관하여
제3자뇌물제공죄 (제130조)	공무원 또는 중재인	그 직무에 관하여
수뢰후부정처사죄 (제131조 1항)	공무원 또는 중재인	그 직무에 관하여 (제129조 1항) 그 담당할 직무에 관하여 (제129조 2항) 그 직무에 관하여 (제130조)
부정처사후수뢰죄 (제131조 2항)	공무원 또는 중재인	그 직무상 부정행위를 한 후
사후수뢰죄 (제131조 3항)	공무원 또는 중재인이 될 자	그 재직 중 청탁을 받고 부정한 행위를 한 후
알선수뢰죄 (제132조)	공무원	그 지위를 이용하여 다른 공무원의 직무에 속한 사항의 알선에 관하여
단순증뢰죄 (제133조 1항)	일반인 (공무원이건 비공무원이건 불문)	직무에 관하여
증뢰물전달죄 (제133조 2항)	일반인 (공무원이건 비공무원이건 불문)	증뢰죄에 쓸 목적으로

★ 공무원의 신분 범위에 의제된 자도 포함

[2] 뇌물죄의 구성요건 중 행위

뇌물 범죄	구성요건 중 행위
단순수뢰죄 (제129조 1항)	[그 직무에 관하여] - 뇌물을 수수 · 요구 또는 약속
사전수뢰죄 (제129조 2항)	[청탁을 받고] - 뇌물을 수수 · 요구 또는 약속
제3자뇌물제공죄 (제130조)	[부정한 청탁을 받고 제3자에게] - 뇌물을 공여하거나 공여를 요구 · 약속
수뢰후부정처사죄 (제131조 1항)	[제129조 1 · 2항 및 제130조의 행위 후] - 추가로 부정한 행위
부정처사후수뢰죄 (제131조 2항)	[먼저 부정한 행위를 한 후] - 뇌물을 수수 · 요구 또는 약속, 제3자에게 이를 공여케 하거나 공여를 요구 또는 약속
사후수뢰죄 (제131조 3항)	[청탁을 받고 부정한 행위를 한 후 - 신분 없는 상태에서] - 뇌물을 수수 · 요구 또는 약속
알선수뢰죄 (제132조)	[그 지위를 이용 · 알선하고] - 뇌물을 수수 · 요구 또는 약속
단순증뢰죄 (제133조 1항)	[그 직무상 관련하여] - 뇌물을 약속 · 공여 또는 공여의 의사표시
증뢰물전달죄 (제133조 2항)	[증뢰죄에 쓸 목적으로] - 금품을 교부 또는 그 정을 알면서 교부 받는 행위

[3] 뇌물죄와 배임수·증죄의 비교

항 목	뇌물죄	배임수·증죄
해당조문	형법 제129조 내지 133조 중 제129조 1항(단순수뢰죄) 제133조 1항(단순증뢰죄)	형법 제357조 제 1항(배임수재죄) 제357조 제 2항(배임증재죄)
의 의	공무원 또는 중재인이 그 직무에 관하여 뇌물을 수수, 요구 또는 약속한 죄(제129조 1항), 제129조 내지 제132조에 기재한 뇌물을 약속, 공여 또는 공여의 의사를 표시한 자의 죄(제133조 1항)	타인의 사무를 처리하는 자가 그 임무에 관하여 부정한 청탁을 받고 재물 또는 재산상의 이익을 취득한 자의 죄(제357조 1항) 제1항의 재물 또는 이익을 공여한 자의 죄(제357조 2항)
행위주체	(1) 공무원 또는 중재인 (2) 공무원으로 의제된 자 (P. 254~ 261 참조) (3) 정부관리기업체의 간부직원 등 (P. 110~113 참조)	(1) 타인의 사무를 처리한 자 (공무원 또는 중재인이 아닌 자) (2) 사인(私人), 일반기업체 직원 등
공소시효	단순수뢰죄(5년) 단순증뢰죄(5년)	배임수재죄(5년) 배임증재죄(3년)
처 벌	단순수뢰죄: 5년 이하의 징역 또는 10년 이하의 자격정지 단순증뢰죄: 5년 이하의 징역 또는 2천만원 이하의 벌금	배임수재죄: 5년 이하의 징역 1천만원 이하의 벌금 배임증재죄: 2년 이하의 징역 500만원 이하의 벌금
특 징	(1) 몰수·추징(제134조) (2) 예비·음모 및 미수범의 처벌 규정이 없음	(1) 몰수·추징(제357조 3항) (2) 미수범은 처벌하나 예비·음모죄의 처벌 규정은 없음
사 례	[1] 부정한 청탁과 함께 금품을 받았다. ● 공무원이 받은 경우 - 수뢰죄 ● 회사원이 받은 경우 - 배임수재죄 [2] 부정한 청탁과 함께 금품을 주었다. ● 농지개량조합 과장이 준 경우 - 증뢰죄 ● 사립학교 교감이 준 경우 - 배임증재죄	

· 저자 ·

이중백   · 약 력 ·
(李中白)

全州大學校 大學院 法學科 卒業(法學博士)
松源大·草堂大·光州大·湖南大 講師
韓國法學會 會員
현 동성고(법과 사회 담당)겸임
      호남대학교 법학과(형사법 담당)

· 주요논저 ·

「A Study on the Bribery in the Criminal Law(博士)
「賂物罪의 沿革과 保護法益」
「刑法上의 賂物犯罪에 關한 硏究」
「賂物罪에 있어서 賂物」
『解說 刑法典』
『改訂解說 刑法典』
『社會福祉法制論』
외 多數

韓國의 賂物罪
『刑法 및 特別法上 賂物罪』

· 초판 인쇄 2007년 1월 2일
· 초판 발행 2007년 1월 2일

· 지 은 이 이중백
· 펴 낸 이 채종준
· 펴 낸 곳 한국학술정보㈜
    경기도 파주시 교하읍 문발리 526-2
    파주출판문화정보산업단지
    전화 031) 908-3181(대표)·팩스 031) 908-3189
    홈페이지 http://www.kstudy.com
    e-mail(출판사업부) publish@kstudy.com
· 등   록 제일산-115호(2000. 6. 19)
· 가   격 19,000원

ISBN 89-534-6112-X 93360 (Paper Book)
        89-534-6113-8 98360 (e-Book)